Wolfgang Oswald / Michael Tilly

Geschichte Israels

GESCHICHTE KOMPAKT

Wolfgang Oswald, geb. 1958, ist Professor für Altes Testament an der Eberhard Karls Universität Tübingen; Herrschafts- und Staatskonzeptionen in Israel bilden hier einen seiner Forschungsschwerpunkte.
Michael Tilly, geb. 1963, studierte Evangelische Theologie in Mainz und Heidelberg und ist Professor für Neues Testament und Antikes Judentum und Leiter des Instituts für antikes Judentum und hellenistische Religionsgeschichte an der Eberhard Karls Universität Tübingen.

Herausgegeben von
Kai Brodersen, Martin Kintzinger,
Uwe Puschner, Volker Reinhardt

Herausgeber für den Bereich Antike:
Kai Brodersen

Beratung:
Ernst Baltrusch, Peter Funke,
Charlotte Schubert, Aloys Winterling

Wolfgang Oswald
Michael Tilly

Geschichte Israels

Von den Anfängen bis zum 3. Jahrhundert n. Chr.

Die Deutsche Nationalbibliothek verzeichnet diese Publikation in der Deutschen Nationalbibliografie; detaillierte bibliografische Daten sind im Internet über http://dnb.de abrufbar.

Die Herausgabe dieses Werkes wurde durch
die Vereinsmitglieder der WBG ermöglicht.
Lektorat: Tobias Gabel, Heppenheim
Satz: Lichtsatz Michael Glaese GmbH, Hemsbach
Einbandabbildung: Die zwölf Stämme Israels. Mosaik in der Beit Habad Gallery,
Jerusalem © Yael Portugheis/zeevveez, Wikimedia Commons
Einbandgestaltung: schreiberVIS, Bickenbach
Gedruckt auf säurefreiem und alterungsbeständigem Papier
Printed in Germany

Besuchen Sie uns im Internet: www.wbg-wissenverbindet.de

ISBN 978-3-534-26805-4

Elektronisch sind folgende Ausgaben erhältlich:
eBook (PDF): 978-3-534-74165-6
eBook (epub): 978-3-534-74166-3

Inhaltsverzeichnis

Geschichte kompakt 7

I. Einleitung 8

II. Die Vor- und Frühgeschichte Israels 12
1. „Israel“ - Volk, Staat und Land 12
2. Die südliche Levante in der mittleren und späten Bronzezeit 15
3. Die südliche Levante im 11. Jahrhundert 19

III. Die Anfänge der Monarchien in Israel und Juda im 10. Jahrhundert 22
1. Die Erzählungen über David und Salomo im Licht der Archäologie ... 22
2. Der frühe Staat - sozial- und politikwissenschaftliche Annäherungen 25
3. Die Herrschaft Davids und Salomos - ein mögliches Szenario 26
4. Die Entstehung zweier Monarchien in Israel und Juda 28

IV. Das Königreich Israel (Nordreich) 30
1. Die Dynastien in Israel und in Juda gemäß den Samuel- und Königebüchern 31
2. Die Frühzeit des Nordreiches Israel und sein föderaler Charakter ... 32
3. Die Omri-Dynastie 33
4. Die Jehu-Dynastie 38
5. Die letzten Jahrzehnte des Nordreiches Israel 41

V. Das Königreich Juda (Südreich) 46
1. Die Anfänge des Königtums in Juda gemäß den Samuel- und Königebüchern 47
2. Juda im Einflussbereich Israels und Arams 48
3. Juda unter assyrischer Oberherrschaft 52
4. Juda unter ägyptischer Oberherrschaft 59
5. Juda unter babylonischer Oberherrschaft 62

VI. Die babylonische Epoche 66
1. Die Judäer in Babylon 67
2. Die Judäer und Benjaminiter in Juda und Benjamin 69
3. Das benjaminitisch-judäische Gemeinwesen in der zweiten Hälfte des 6. Jahrhunderts 72

VII. Die persische Epoche 76
1. Der Beginn der persischen Herrschaft im Orient 77
2. Die Provinz Jehud in der frühen Perserzeit 79

3. Benjamin-Juda in der frühen und mittleren Perserzeit 81
4. Die Provinz Jehud am Ende des 5. Jahrhunderts 86
5. Die Provinz Samaria in früh- und mittelpersischer Zeit 90
6. Die Provinz Jehud und der Jerusalemer Tempelstaat im 4. Jahrhundert 92

VIII. Alexander der Große und die Diadochenherrschaft 99
1. Die Eroberung Koilesyriens durch Alexander den Großen 99
2. Die Herrschaft der Diadochen 103

IX. Judäa unter ptolemäischer Herrschaft 106
1. Die ptolemäische Provinz Syrien und Phönizien 107
2. Politische und gesellschaftliche Strukturen in Judäa 108
3. Der Tobiaden-Clan 110

X. Judäa unter seleukidischer Herrschaft 113
1. Die Eroberung Koilesyriens durch Antiochos III. 114
2. Die „Religionsverfolgung“ unter Antiochos IV. 117
3. Der Kampf der Judäer gegen die syrische Oberherrschaft 119

XI. Die Hasmonäerherrschaft 125
1. Die hasmonäische Expansionspolitik 125
2. Innenpolitische Konflikte in Judäa 127
3. Das Eingreifen Roms 130

XII. Die römisch-herodianische Epoche 133
1. Das römische Klientelfürstentum Jerusalem-Judäa 133
2. Die Partherinvasion 134
3. Herodes der Große 136

XIII. Vom Ende Herodes' des Großen bis zum Jüdischen Krieg 140
1. Die Herrschaft der Herodessöhne 141
2. Herodes Agrippa I. und sein Königreich 146
3. Herodes Agrippa II. 146
4. Der Jüdische Krieg und die Neuordnung in Judäa 147

XIV. Die römische Provinz Syria Palaestina 151
1. Vom Ende des Jüdischen Krieges bis zu Kaiser Hadrian 151
2. Der Bar-Kochba-Aufstand und seine Folgen 154
3. Die römische Provinz Syria Palaestina im 2. und 3. Jahrhundert 157

Verzeichnis der Siglen und Abkürzungen 161

Auswahlbibliographie 163

Bibelstellenregister 166

Geschichte kompakt

Das Interesse an Geschichte wächst in der Gesellschaft unserer Zeit. Historische Themen in Literatur, Ausstellungen und Filmen finden breiten Zuspruch. Immer mehr junge Menschen entschließen sich zu einem Studium der Geschichte, und auch für Erfahrene bietet die Begegnung mit der Geschichte stets vielfältige, neue Anreize. Die Fülle dessen, was wir über die Vergangenheit wissen, wächst allerdings ebenfalls: Neue Entdeckungen kommen hinzu, veränderte Fragestellungen führen zu neuen Interpretationen bereits bekannter Sachverhalte. Geschichte wird heute nicht mehr nur als Ereignisfolge verstanden, Herrschaft und Politik stehen nicht mehr allein im Mittelpunkt, und die Konzentration auf eine Nationalgeschichte ist zugunsten offenerer, vergleichender Perspektiven überwunden.

In der Geschichte, wie auch sonst, dürfen Ursachen nicht postuliert werden, man muss sie suchen.
(Marc Bloch)

Interessierte, Lehrende und Lernende fragen deshalb nach verlässlicher Information, die komplexe und komplizierte Inhalte konzentriert, übersichtlich konzipiert und gut lesbar darstellt. Die Bände der Reihe „Geschichte kompakt“ bieten solche Information. Sie stellen Ereignisse und Zusammenhänge der historischen Epochen der Antike, des Mittelalters, der Neuzeit und der Globalgeschichte verständlich und auf dem Kenntnisstand der heutigen Forschung vor. Hauptthemen des universitären Studiums wie der schulischen Oberstufen und zentrale Themenfelder der Wissenschaft zur deutschen und europäischen Geschichte werden in Einzelbänden erschlossen. Beigefügte Erläuterungen, Register sowie Literatur- und Quellenangaben zum Weiterlesen ergänzen den Text. Die Lektüre eines Bandes erlaubt, sich mit dem behandelten Gegenstand umfassend vertraut zu machen. „Geschichte kompakt“ ist daher ebenso für eine erste Begegnung mit dem Thema wie für eine Prüfungsvorbereitung geeignet, als Arbeitsgrundlage für Lehrende und Studierende ebenso wie als anregende Lektüre für historisch Interessierte.

Die Autorinnen und Autoren sind in Forschung und Lehre erfahrene Wissenschaftlerinnen und Wissenschaftler. Jeder Band ist, trotz der allen gemeinsamen Absicht, ein abgeschlossenes, eigenständiges Werk. Die Reihe „Geschichte kompakt“ soll durch ihre Einzelbände insgesamt den heutigen Wissensstand zur deutschen und europäischen Geschichte repräsentieren. Sie ist in der thematischen Akzentuierung wie in der Anzahl der Bände nicht festgelegt und wird künftig um weitere Themen der aktuellen historischen Arbeit erweitert werden.

Kai Brodersen
Martin Kintzinger
Uwe Puschner
Volker Reinhardt

I. Einleitung

Antike Texte als historische Quellen

Das zentrale Problem jeder Darstellung der Geschichte Israels ist die Beurteilung des historischen Quellenwerts sowohl der Bücher der Hebräischen Bibel, des christlichen Alten Testaments, als auch der jüdischen und frühchristlichen Schriften aus hellenistisch-römischer Zeit. In gewisser Weise steht der Historiker bei jedem Text und bei jedem archäologischen Fund vor dieser Frage, doch im Falle der biblischen Texte ist der Sachverhalt ungleich schwieriger. Denn hierbei handelt es sich nicht um in situ gefundene Monumentalinschriften oder um leicht datierbare Annalen, und auch nicht um Werke von namentlich bekannten Historikern, sondern um mehrheitlich anonyme Texte, die sich zum Teil keiner bekannten Gattung zuordnen lassen und die – wie etwa das Alte Testament – in einem Jahrhunderte langen Prozess abgefasst und fortgeschrieben wurden. Selbst die ältesten, meist nur fragmentarisch erhaltenen Handschriften dieser Texte sind viele Jahrzehnte, meist sogar Jahrhunderte jünger als ihre mutmaßliche Abfassungszeit. Eine einfache Antwort, die für alle Bibeltexte zutrifft, kann es nicht geben, denn dazu sind sie zu unterschiedlich. Wer die antiken jüdischen und christlichen Schriften im Hinblick auf historische Fragen auswerten will, muss zuerst exegetisch an ihnen arbeiten und ihre jeweiligen Intentionen verstehen.

Samuel- und Königebücher

Unter den erzählenden Büchern des Alten Testaments wird man den Königebüchern am ehesten einen historischen Informationswert zubilligen können, zumal diese ab 1 Kön 14 immer wieder auf die Annalen der Könige von Israel und auf die der Könige von Juda Bezug nehmen. Doch sind auch die Königebücher nicht geschrieben worden, um die Geschichte der beiden Königreiche zu erzählen; vielmehr zielen sie darauf ab, den Herrschaftsanspruch des davidischen Herrscherhauses auf Juda und Israel zu begründen. Dieselbe Intention lässt sich für die Erzählungen der Samuelbücher namhaft machen, die den Herrschaftsanspruch Davids und seiner Nachfolger gegenüber den benjaminitischen Nachbarn verteidigen. Gleichwohl gibt es gute Gründe anzunehmen, dass die Grundkonstellation der Erzählungen, der Aufstieg des Judäers David zum König, historisch ist.

Pentateuch und Josua

Das ist in den Erzählungen des Pentateuch und des Josuabuches anders. Bei diesen handelt es sich nicht, wie man früher gelegentlich annahm, um legendarisch ausgeschmückte Ereignisberichte, deren historischer Kern durch die Subtraktion jener Ausschmückungen wieder freigelegt werden könnte. Vielmehr handelt es sich überwiegend um Erzählungen, die von vornherein darauf abzielten, drei für die Adressaten aktuell wichtige Fragen zu beantworten: „Was ist Israel? Wie ist Israel organisiert? Wer gehört zu Israel?“ Diese

Texte sind daher keine Quellen für die Zeit der Erzählung, sehr wohl aber für die Zeit ihrer Abfassung. Sie bieten reiche Informationen über politische Strukturen und Prozesse in Juda bzw. Israel im assyrischen, babylonischen und persischen Zeitalter und werden daher im Folgenden zur Rekonstruktion dieser Epochen herangezogen.

Esra-Nehemia und Chronik

Das soeben Gesagte gilt für auch die Chronikbücher, die historisch ausschließlich als Quelle für die Zeit ihrer Abfassung im 3. Jahrhundert in Frage kommen. Differenziert müssen hingegen die Teilkompositionen des Esra-Nehemia-Buches behandelt werden. Einige von ihnen geben nicht nur über ihre Abfassungszeit Aufschluss, sondern auch über ihre Erzählungszeit.

Prophetenbücher und Psalmen

Die Prophetenbücher nehmen immer wieder Bezug auf soziale Konstellationen und politische Ereignisse ihrer Zeit. Wo solche ermittelt und mit hinreichender Wahrscheinlichkeit datiert werden können, sind diese Texte gute historische Quellen, oft sogar bessere als die erzählenden Bücher. Die weiteren Bücher des Alten Testaments, etwa die Psalmen oder die Proverbien, geben einen Einblick in die Kultur einer bestimmten Epoche und sind für kulturgeschichtliche Fragen gute Quellen, nur ganz selten aber für einzelne Ereignisse.

Die alttestamentliche Wissenschaft, aber auch die Altorientalistik, haben sich auf Grund ihrer primär historischen Ausrichtung lange schwer getan, den weitgehend nicht-historischen Charakter der Texte des Alten Testaments zu akzeptieren. Die Akzeptanz dieser exegetischen Erkenntnis bedeutet jedoch nicht die Unmöglichkeit, eine Geschichte Israels zu schreiben. Sie bedeutet lediglich, nur solche Textabschnitte auszuwerten, die nach Maßgabe exegetischer Analyse und historischer Wahrscheinlichkeitsabwägung historische Informationen enthalten.

Primär- und Sekundärquellen

Hilfreich ist die Unterscheidung zwischen Primär- und Sekundärquellen. Primärquellen stammen aus der Zeit, über die sie informieren, Sekundärquellen sind spätere Berichte über frühere Ereignisse. Die Texte des Alten Testaments sind ab dem 9. Jahrhundert entstanden und haben für die Zeiten davor, wenn überhaupt, als Sekundärquellen zu gelten. Die Königschroniken beginnen an der Wende vom 10. zum 9. Jahrhundert und stellen für die folgenden Jahrhunderte der Monarchien in Israel und Juda das historische Grundgerüst bereit, das durch zahlreich vorhandenes inschriftliches Material ergänzt wird. Für die Zeiten davor sind jedoch die archäologischen Funde sowie die epigraphischen Quellen aus der Levante und aus Ägypten die einzigen Primärquellen. Für die Epochen nach dem Ende der Monarchien stehen zwar keine annalistischen Quellen zur Verfügung; die Tatsache jedoch, dass die meisten Texte des Alten Testaments aus dieser Zeit stammen, macht sie neben den archäologischen Funden, die natürlich für den gesamten hier behandelten Zeitraum vorliegen, zu Primärquellen und erlaubt ihre Auswertung für die Rekonstruktion der babylonischen, persischen und hellenistischen Zeit.

Chronologie

Eine Bemerkung ist notwendig zu den im Hauptteil A angegeben Jahreszahlen. Die vorhellenistische Chronologie der Könige Israels und Judas ist im Großen und Ganzen recht gut gesichert, auch wenn für viele Ereignisse Details noch diskutiert werden. Die folgende Darstellung orientiert sich für die Könige von Israel und Juda bei gelegentlichen Vereinfachungen und Abweichungen von maximal einem Jahr an den Datierungen, die Herbert Donner in der ersten Auflage seiner Geschichte Israels verwendet hat. Auf Detaildiskussionen wird nicht eingegangen, auch auf das allfällige „etwa“ wurde verzichtet, denn der damit ausgedrückte Vorbehalt gilt generell.

Der Name des Gottes Israels

In den zitierten Passagen aus dem Alten Testament kommt gelegentlich der Name des Gottes Israel vor, der in den üblichen Bibelübersetzungen mit „Herr“ wiedergegeben wird. Tatsächlich stehen im Originaltext jeweils die vier Buchstaben JHWH, die jedoch schon im Altertum nicht mehr ausgesprochen wurden. Man vermutet, dass der Name ursprünglich „Jahwe“ gelautet hat. In diesem Band steht immer „Jhwh“, so dass die Leser und Leserinnen selbst entscheiden können, ob sie „Jahwe“ oder „Herr“ oder etwas anderes hören wollen.

Die Übersetzungen der altorientalischen Quellen sind überwiegend der Sammlung „Historisches Textbuch zum Alten Testament“ (HTAT) sowie gelegentlich der Sammlung „Texte aus der Umwelt des Alten Testaments“ (TUAT) entnommen. Sie werden aber in der Regel nur auszugsweise und zudem in vereinfachter Darstellung wiedergegeben. Sie wollen die tiefer gehende Lektüre der Quellen nicht ersetzen, sondern dazu anregen.

Schriften aus hellenistisch-römischer Zeit

Auch die Verfasser der jüdischen Schriften aus hellenistisch-römischer Zeit und des Neuen Testaments waren durchweg an aktuellen Fragestellungen ihrer Zeit interessiert. Der Bezugsrahmen ihrer jeweiligen Gegenwart und ihre kulturelle Enzyklopädie, aber nicht eine Ansammlung von realgeschichtlichen Daten und Fakten, prägten ihre erinnernde Wahrnehmung der Geschichte Israels. Auch die von ihnen beschriebene „Vergangenheit“ war stets das Ergebnis einer kulturellen Konstruktion; sie wurde immer von spezifischen Motiven, Erwartungen, Hoffnungen, Zielen geleitet und von dem Bezugsrahmen der spezifischen Lebenswirklichkeit der Autoren geformt.

Antike Texte als historische Quellen

Heutige Historiker befragen die antiken Quellen oftmals daraufhin, was sie zu unserem heutigen Verständnis der Geschichte Israels beitragen, blenden dabei viele Dinge aus, die sie nicht interessieren, und gehen anderen intensiv nach, weil sie diese als besonders aktuell und spannend erachten. Ebenso haben bereits die antiken jüdischen und christlichen Verfasser die sie umgebende Wirklichkeit und ihre Erinnerungen an die Vergangenheit nicht photographisch abgebildet, sondern grundsätzlich mit ihren ganz persönlichen Sichtweisen, Hoffnungen und Erwartungen vermischt. Die antiken Quellentexte sind also ihrerseits oft auswählend, deutend, verzerrend oder pointierend. Sie bilden die historischen Gegenstände ihrer Darstellung nicht selten so ab, wie sie ihrer Auffassung nach sein sollten, und nicht so, wie sie wirklich sind.

Fiktionale Dichtungen

Dieser methodische Vorbehalt betrifft zunächst sämtliche relevanten jüdischen Schriften aus hellenistisch-römischer Zeit. Unbeschadet ihres hohen historischen und religionsgeschichtlichen Quellenwerts als Zeugnisse sowohl der umfassenden Inkulturation der älteren Überlieferungen Israels in die pagane Welt als auch der unterschiedlichen Glaubensvorstellungen und kulturellen Prägungen im antiken Judentum zu hellenistisch-römischer Zeit sind sie zunächst keine Mitteilungstexte, sondern fiktionale Dichtungen. Ihre Wahrnehmung als „geschichtliche" Dokumente, denen innerhalb eines bestimmten historischen Kontexts bestimmte textpragmatische Funktionen zukommen, bedingt deshalb die konsequente historisch-kritische Interpretation ihres eigentlichen Erzählinhalts.

Neues Testament

Auch die Schriften des Neuen Testaments sind zunächst als literarischer Ausdruck der historisch, situativ und kommunikativ bedingten Glaubensvorstellungen, religiösen Weltdeutungen und Praktiken innerhalb des Christentums in seiner formativen Phase zu betrachten. Auch sie waren nicht als Historiographie im neuzeitlichen Sinne gedacht, sondern wurden aufgeschrieben, um Orientierungspunkte für die lebendige Predigt und Lehre in den christlichen Gemeinden zu schaffen.

Flavius Josephus

Die umfangreichen Geschichtswerke des jüdischen Schriftstellers Flavius Josephus (37/38-nach 100) enthalten indes genaue Beobachtungen vieler Vorgänge und Ereignisse und zahlreiche authentische Dokumente und Quellen. Insbesondere gibt Josephus als vornehmer Priestersohn viele „Insiderinformationen" aus dem Umkreis des Jerusalemer Tempels wieder und beweist zugleich eindrücklich, wie tiefgehend die Verflechtung des antiken Judentums mit der hellenistisch-römischen Kultur tatsächlich war. Für die Erhellung der jüngeren Geschichte Israels ist er zwar einer der wichtigsten Gewährsleute; er lässt aber bei seiner Darstellung der historischen Ereignisse und Zusammenhänge durchweg auch ein deutliches Bestreben erkennen, die erzählten Inhalte dem Geschmack und dem Wertekanon seiner römischen Leser anzupassen, was deren Quellenwert zuweilen schmälert.

Rabbinische Traditionsliteratur

Was schließlich die seit dem 3. Jahrhundert n. Chr. entstandene rabbinische Traditionsliteratur anbelangt, so liegt das wesentliche historiographische Problem darin, dass sich zu der Zeit, als diese Texte in ihrer heute greifbaren Form aufgeschrieben wurden, die äußeren Verhältnisse und die innere Struktur der jüdischen Gesellschaft bereits einschneidend verändert hatten. Weder gab es nach dem Jahr 70 unserer Zeitrechnung noch einen Tempel in Jerusalem noch einen regelmäßigen Opferkult gemäß den Geboten der Tora. Zudem wollten auch die jüdischen Gelehrten weniger die Vergangenheit dokumentieren oder die sie umgebende Gegenwart beschreiben, als vielmehr aus ihren zahlreichen Erinnerungen und Beobachtungen, Überlieferungen und Lehren eine umfassende und geordnete Quelle der Halacha (= jüdischer Lebensregeln) schaffen, die zuweilen sogar utopische Züge trägt. ■

II. Die Vor- und Frühgeschichte Israels

Überblick

Die Region, in der sich die Geschichte Israels überwiegend abgespielt hat und auch noch abspielt, ist die südliche Levante. In der Bronzezeit konzentrierte sich die Bevölkerung vor allem auf die Küstengebiete, das Bergland hingegen war nur spärlich besiedelt. Während des ägyptischen Neuen Reiches (18.–20. Dynastie, ca. 1550–1069 v. Chr.) beherrschten die Pharaonen große Teile der Levante. Der Stadtkönig von Jerusalem war einer von vielen ägyptischen Vasallen. Pharao Merenptah unternahm um 1200 v. Chr. einen Feldzug nach Kanaan, worüber er eine Siegesinschrift schreiben ließ. Darin wird „Israel" zum ersten Mal erwähnt, und zwar als ein in der Region ansässiger Stamm, der besiegt wurde. Nach dem Ende der ägyptischen Oberherrschaft über die Region veränderte sich die Siedlungsstruktur in der südlichen Levante erheblich. Die Bevölkerung in den Stadtstaaten der Küstenebene ging zurück, dagegen entstanden im ephraimitischen und judäischen Bergland im Laufe des 11. Jahrhunderts sehr viele kleine Siedlungen.

1650–1550	Zweite Zwischenzeit in Ägypten / Herrschaft der „Hyksos"
1550–1069	Neues Reich: Dauerhafte ägyptische Oberherrschaft in der Levante
1479–1425	Thutmosis III.: Kriegszüge in die Levante
1352–1336	Amenophis IV. Echnaton / Amarnabriefe / Abdu-Ḫeba von Jerusalem
1279–1213	Ramses II.: Kriegszüge in die Levante
1213–1203	Merenptah: Erwähnung von „Israel" auf der Siegesstele
1184–1153	Ramses III.: Ansiedlung der Philister in der Südlevante
ab ca. 1100	Niedergang der ägyptischen Oberherrschaft in der Levante und des kanaanäischen Stadtstaatensystems; Aufsiedlung im palästinischen Bergland
1069–664	Dritte Zwischenzeit in Ägypten

1. „Israel" – Volk, Staat und Land

Der Name „Israel"

Der Begriff „Geschichte Israels" bezeichnet den Inhalt der vorliegenden und anderer Darstellungen nur ungenau, er wird aber beibehalten, weil er seit Langem in der Wissenschaft etabliert ist. Tatsächlich geht es um die Geschichte zweier eng aufeinander bezogener Größen, Israel und Juda. In den

Königebüchern des Alten Testaments bezeichnet „Israel" das nördliche Königreich, dessen Hauptstadt Samaria war, während das südliche Königreich mit seiner Hauptstadt Jerusalem als „Juda" bezeichnet wird. Gleichwohl wird der Ausdruck „Israel" in vielen Texten des Alten Testaments auch auf das Volk angewandt, das in diesen beiden Regionen ansässig ist oder ansässig werden soll. In den programmatischen Texten des Pentateuch bezeichnet „Israel" das gesamte Volk und das Gemeinwesen, das dieses Volk im verheißenen Land etablieren wird. Diesen Sprachgebrauch findet man auch in zahlreichen anderen Texten ab der Babylonierzeit. Als Bezeichnung für ein bestimmtes Territorium wird der Ausdruck „Israel" im hier behandelten Zeitraum nicht verwendet; dafür stehen der moderne geographische Begriff „südliche Levante", die ursprünglich ägyptische Bezeichnung „Kanaan" oder der römische Name „Palästina".

Ausdehnung des Landes

Das Land, in dem sich die Geschichte Israels abspielt, ist im Westen durch das Mittelmeer begrenzt. Im Osten bilden der Jordan sowie seine Fortsetzung im Toten Meer und im Trockental der Araba eine gewisse, aber nicht absolute Grenze, da sich ein Landstrich östlich des Jordans zeit- und teilweise auch unter israelitischer bzw. judäischer Herrschaft befunden hat. Im Süden stellen die Wüstenlandschaft des Negev eine natürliche und die Kleinstaaten der Philisterstädte am Mittelmeer eine politische Grenze dar. Im Nordwesten endet Israel am Herrschaftsgebiet der Phönizierstädte im heutigen Libanon, im Nordosten am Herrschaftsgebiet des Aramäerstaates von Damaskus. Damit ist aber lediglich ein grober Rahmen benannt; tatsächlich haben die beiden Königreiche und später die beiden Provinzen stets nur Teile des umrissenen Gebietes umfasst.

Landschaftsformen

Dieses Gebiet, das im Wesentlichen dem Territorium des heutigen Staates Israel unter Einschluss der Westbank entspricht, ist geographisch stark gegliedert. Im Westen erstreckt sich die Küstenebene von Süden nach Norden und wird nur auf Höhe des heutigen Haifa durch den Karmel unterbrochen, einen in Ost-West-Richtung verlaufenden Bergrücken, der sich bis an das Meer vorschiebt. Auf die Küstenebene folgt das Hügelland, das in seinem südlichen Teil „Schefela" genannt wird. Dieses wird in östlicher Richtung vom Bergland abgelöst, im Süden vom Judäischen Gebirge, im Mittelteil vom Gebirge Ephraim und im Norden von den Bergen Galiläas. Zwischen dem mittleren und dem nördlichen Gebirge liegt die Jesreel-Ebene, die direkt in das Jordantal übergeht. Vor allem im Süden fällt das Gebirge relativ schroff zum Jordantal hin ab. Auf der östlichen Seite des relativ breiten Jordantales wiederum steigt das Gelände schnell steil an.

Niederschlag und Vegetation

Die Niederschlagsmenge ist im Norden und generell auf der dem Mittelmeer zugewandten Westseite wesentlich höher als im Süden und auf der dem Jordangraben zugewandten Ostseite. Die Vegetationsfülle ist im Norden (Libanon, Hermon, Galiläa, See Genezareth) relativ hoch und sinkt, je mehr man

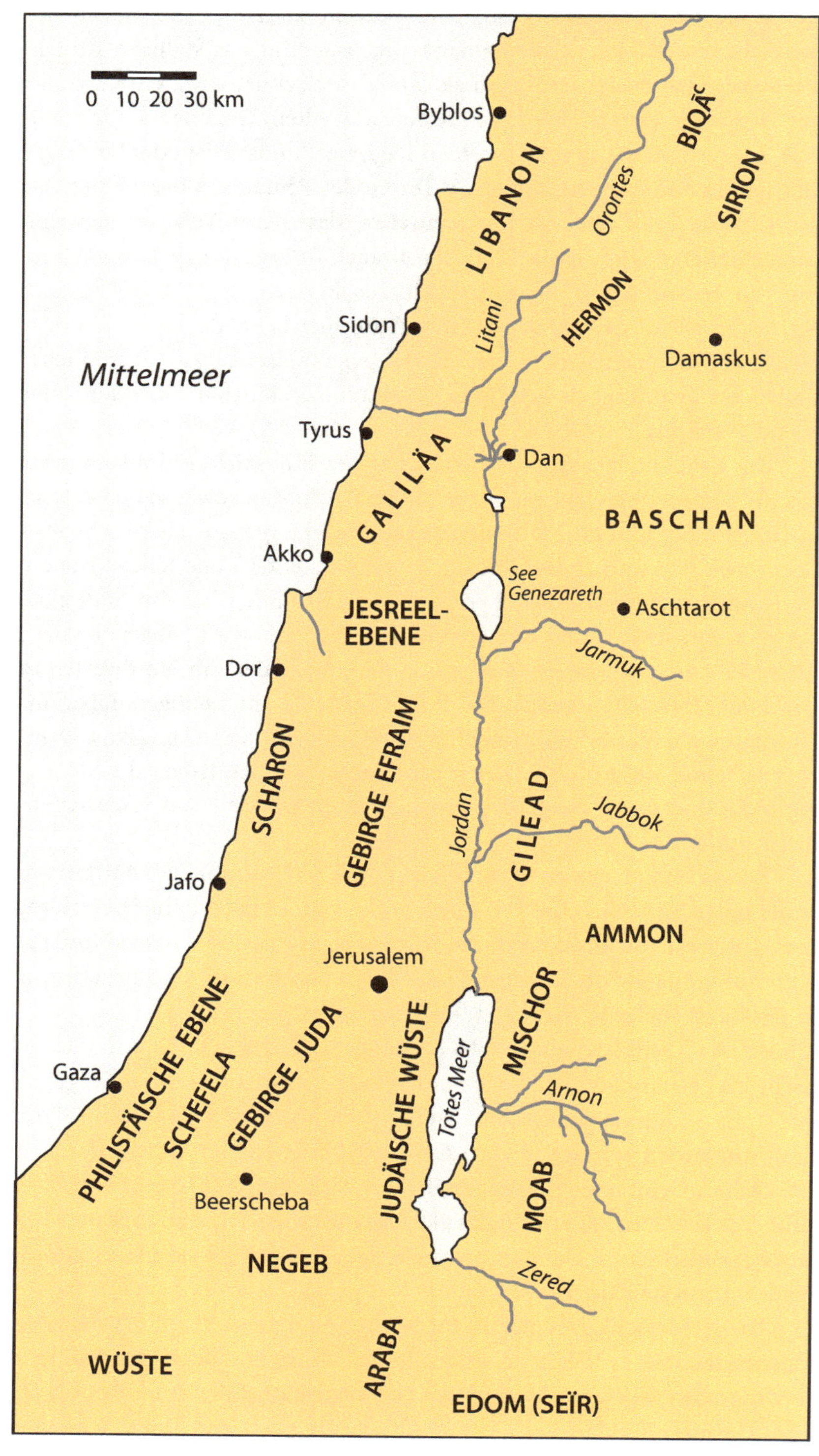

Die Landschaften des Alten Israel und seiner Nachbarregionen

nach Südosten (Totes Meer, Araba, Negev) kommt. Das Jordantal bietet um den See Genezareth herum ein Bild üppigsten Wachstums, während sich flussabwärts im Gebiet um das Tote Meer eine ausgetrocknete und unwirtliche Landschaft ausbreitet.

Bevölkerung

Die Bevölkerung des Gesamtgebiets einschließlich Israels und Judas ist überwiegend westsemitisch-kanaanäischen Ursprungs. Die Philister im Südwesten sind am Ende des 2. Jahrtausends aus dem Mittelmeerraum eingewandert, haben sich danach aber recht schnell kanaanäisch akkulturiert. Im Nordosten siedelten sich zu Beginn des ersten Jahrtausends die aus dem nordsyrischen Raum stammenden Aramäer an.

2. Die südliche Levante in der mittleren und späten Bronzezeit

Kanaanäisches Stadtstaatensystem

Die südliche Levante ist seit Jahrtausenden besiedelt, aber wegen ihrer kleinräumigen Gliederung haben sich nur selten ausgreifende Territorialherrschaften gebildet. Vielmehr war die Region in der Spätbronzezeit (bis etwa 1100 v. Chr.) von einer Vielzahl von kleinen und kleinsten Stadtstaaten geprägt. Man spricht daher vom „Kanaanäischen Stadtstaatensystem“, das sich vor allem in der Küstenebene und im Hügelland ausbildete. Das judäische und ephraimitische Bergland, wo später die beiden Königreiche Israel und Juda entstehen sollten, war zunächst nur sehr dünn besiedelt.

Das „Mittlere Reich“ Ägyptens

Seit jener Epoche der ägyptischen Geschichte, die man das „Mittlere Reich“ nennt (11.-12./13. Dynastie, ca. 2055-1773 v. Chr.), war die Levante immer wieder Ziel von Feldzügen der Pharaonen. Sie errichteten während des Mittleren Reiches dort jedoch keine permanente Herrschaft. Vielmehr kehrten die Ägypter mit Tributen und Kriegsgefangenen wieder in ihr Reich zurück, ohne im Norden eine Besatzung zurückzulassen. In einer ägyptischen Quelle aus dem 19./18. Jahrhundert, den sogenannten Ächtungstexten, taucht zum ersten Mal der Name der Stadt Jerusalem auf („Rūšalimum“, vgl. HTAT 003), die offensichtlich zu jener Zeit im ägyptischen Machtbereich lag. Über die bloße Erwähnung des Namens hinaus ist aber nichts bekannt. Die Politik des Ausgreifens in die Levante hatte jedoch auch den umgekehrten Effekt, dass vor allem im Nildelta vermehrt Kanaanäer ansässig wurden.

Die „Zweite Zwischenzeit“ und die Hyksos

Auf das Mittlere Reich folgte die sogenannte „Zweite Zwischenzeit“. Die Zwischenzeiten der ägyptischen Geschichte zeichneten sich dadurch aus, dass es keinen Monarchen gab, der das gesamte Land von Theben im Süden bis in das Nildelta im Norden unter seiner Herrschaft vereinigen konnte. Vielmehr herrschten in diesen Epochen oft mehrere Regionalfürsten gleichzeitig, die gelegentlich auch einen gewissen Teil des Landes unter ihre Kontrolle bringen konnten. Um die Mitte des 17. Jahrhunderts gelang es einem dieser Regionalfürsten, der der kanaanäischen Bevölkerungsgruppe angehörte, die Herrschaft über das Nildelta zu erringen. Die Hauptstadt dieser Dynastie war Avaris im östlichen Nildelta, und sie benutzte die Selbstbezeichnung „Herrscher der Fremdländer" (*ḥq*^{3}*.w ḫ*^{3}*ś.wt*), was später von den griechisch schreibenden Autoren mit „Hyksos" wiedergegeben wurde. Während der etwa einhundert Jahre währenden Herrschaft der Hyksos ist ein gewisser kanaanäischer Kultureinfluss in Unterägypten zu beobachten. Mit dem Auftreten der ersten Herrscher der 18. Dynastie, die den Beginn des „Neuen Reiches" markiert, ging diese Episode der ägyptischen Geschichte allerdings zu Ende.

Flavius Josephus und die Hyksos

Die für die Geschichte Israels an sich irrelevante Herrschaft der Hyksos hatte eine spätes und folgenreiches Nachspiel, weil der jüdische Schriftsteller Flavius Josephus im 1. Jahrhundert unserer Zeitrechnung die Hyksos mit den Vorfahren der Israeliten identifizierte (*Contra Apionem* 1,73–105). Diese Gleichsetzung basierte freilich nicht auf historischer Forschung, sondern auf dem apologetischen Interesse, das hohe Alter des Judentums beweisen zu wollen. Gleichwohl wurde sie auch von modernen Historikern aufgegriffen und mit der biblischen Josephserzählung in Verbindung gebracht. Doch diese Hypothese hat weder einen exegetischen Anhaltspunkt in den Texten noch eine historische Wahrscheinlichkeit für sich.

Das „Neue Reich" Ägyptens

Mit dem Auftreten der 18. Dynastie und dem damit verbundenen Beginn des „Neuen Reiches" (18.–20. Dynastie, ca. 1550–1069 v. Chr.) änderte sich die ägyptische Präsenz in der Levante erheblich, denn nun wurden in mehreren Städten Garnisonen und Stützpunkte eingerichtet, die eine permanente Herrschaftsausübung ermöglichten. Hauptorte waren Gaza am Mittelmeer und Beth-Schean im mittleren Jordantal. Zu nennen ist insbesondere Pharao Thutmosis III. (1479–1425), der mehrfach im palästinisch-syrischen Raum intervenierte. Im Jahr 1458 eroberte er die später israelitische Stadt Megiddo und ließ die Fürsten der Region einen Loyalitätseid schwören, der auf einer seiner Siegesstelen dokumentiert ist: „Wir werden nichts Böses wiederholen gegen *Mn-ḫpr-Rʿ* (= Thutmosis), er lebe ewig, unseren Herrn, in unserer Zeit des Lebens; denn wir haben seine Macht gesehen. Er hat uns Atem gegeben, wie er wollte." (nach HTAT 032, vgl. auch die Annalen HTAT 031; TUAT.NF 2, 212–220).

Jerusalem in den „Amarnabriefen"

Aus der Zeit der Pharaonen Amenophis III. (1390–1352) und Amenophis IV. (= Echnaton, 1352–1336) sind zahlreiche Briefe aus der Staatskanzlei erhalten geblieben, die nach ihrem Fundort „Amarna-Briefe" genannt werden. Sie geben einen guten Einblick in die politische Lage Kanaans während des Neuen Reiches. Absender der Briefe sind etliche der Stadtfürsten in der Region, die den Pharao über Probleme vor Ort unterrichten und häufig auch um Hilfe bitten. Die Briefe zeigen, dass die Stadtfürsten der Levante einerseits dem Pharao untertan waren, andererseits aber untereinander in heftiger Fehde lagen. Manche von ihnen strebten danach, ihr Herrschaftsgebiet auszudehnen, also eine Territorialherrschaft zu errichten, mithin das zu tun, was später Israel und

Juda gelingen sollte. Ein weiteres Problem jener Epoche waren Bevölkerungselemente, die sich der Kontrolle des Pharaos, aber auch der seiner Vasallen, entzogen und für Unruhe und gelegentlich sogar Aufruhr sorgten. Diese Personen werden in den Briefen „Hapiru" genannt. Dieser Ausdruck ist etymologisch wohl mit dem Begriff „Hebräer" verwandt. Diese „Hapiru" waren freilich keine Ethnie, sondern lose, soziologisch als *outlaws* zu bezeichnende Gruppen und auch keine einmalige Erscheinung, sondern immer wieder anzutreffen.

König Abdu-Ḫeba von Jerusalem

Unter den Absendern der „Amarna-Briefe" ist auch der Stadtfürst von Jerusalem, Abdu-Ḫeba, der sich gegen eine Koalition der Stadtfürsten von Sichem und Gezer zur Wehr setzen muss und dazu eine Garnison Soldaten vom Pharao erbittet. Der Name „Abdu-Ḫeba" bedeutet „Diener der (Göttin) Ḫeba", die seit dem 3. Jahrtausend als Hauptgöttin der Hurriter bekannt ist. Die Hurriter hatten im 3. und 2. Jahrtausend in Nordmesopotamien/Nordsyrien mehrere Königreiche errichtet, die ihr Einflussgebiet zeitweise bis in die südliche Levante ausweiten konnten. Möglicherweise gab es in Jerusalem eine hurritische Herrscherschicht über der ansonsten kanaanäischen Bevölkerung. Allerdings war Jerusalem in jener Zeit keine bedeutende Stadt: Die Zentren lagen weiter nördlich in Hazor, Megiddo und Sichem sowie in den Küstenstädten.

Quelle

Zum König, meinem Herrn, sprich: Folgendermaßen Abdu-Ḫeba, dein Diener: Zu den Füßen meines Herrn falle ich sieben- und (noch einmal) siebenmal nieder.
Siehe, Milki-ilu (= Stadtfürst von Gezer) trennt sich nicht von den Söhnen Lab'āyas (= Stadtfürst von Sichem) und von den Söhnen Arzāyas (= unbekannter Stadtfürst), die auf das Land des Königs für sich aus sind. Warum zieht der König einen Stadtherrn, der derartiges tut, nicht zur Rechenschaft? Siehe, die Tat Milki-ilus und Tagis, die sie verübt haben, ist, dass sie Rubūtu genommen haben und nun Jerusalem nehmen wollen. Wenn dieses Land dem König gehört, warum liegt es dann dem König nicht wie Gaza am Herzen? Siehe, das Land Ginti-Kirmil gehört Tagi und Leute von Gintu befinden sich als Garnison in Beth-Sean. Sollen wir etwa handeln wie Lab'āya, als er das Land Sichem den 'Apirū (= Hapiru) gab? Milki-ilu hat an Tagi und die Söhne Lab'āyas geschrieben: „... Gebt alles, was sie wünschen, den Leuten von Kegila, damit wir Jerusalem (*ú-ru-sa-lim*) isolieren!"
... So möge der König sich erinnern und es möge der König 50 Mann als Garnison schicken, um sein Land zu schützen. Das ganze Land des Königs ist abgefallen. ...
(EA 289 nach HTAT 058, vgl. TUAT II/5, 514–516)

Ramses II. und Merenptah

Auch die Pharaonen der 19. Dynastie hielten die Kontrolle über den syrisch-palästinischen Raum aufrecht. Für einen der größten Pharaonen, Ramses II. (1279-1213), war er das Aufmarschgebiet für seine Auseinandersetzungen mit dem hethitischen Großreich, die schließlich mit dem Friedensvertrag von 1259 endeten, dem ersten und zudem gut erhaltenen Friedensvertrag der Weltgeschichte. Ramses' Nachfolger Merenptah (1213-1203) hat eine Siegesinschrift aus seinem fünften Regierungsjahr hinterlassen, in der er zahlreiche von ihm beherrschte Länder und Völker aufzählt.

Quelle

Die Häuptlinge werfen sich nieder und rufen „Schalom" (*š3-r-m*). Keiner von den Neun Bögen (= Feindvölker) hebt sein Haupt. Tjehenu (= Libyen) ist erobert. Cheta (= Hethiterreich) ist befriedet. Kanaan ist mit allem Übel erbeutet. Askalon ist herbeigeführt. Gezer ist gepackt. Inuam (= Stadt südlich des Sees Genezareth) ist zunichte gemacht. Israel ist verwüstet, ohne Samen. Charue (= Hurriterreich) ist zur Charet (= Witwe) des Geliebten Landes geworden. Alle Länder insgesamt sind in Frieden. Wer als Fremdling herumzieht, wird gebändigt vom König von Ober- und Unterägypten: Meri-Amun, Ba-en-Re, dem Sohn des Re: Mer-en-Ptah, Hetep-her-Maat, der mit Leben beschenkt ist wie Re (= Sonnengott) alle Tage. (nach TUAT I/6, 551, und HTAT 066)

Der Name „Israel" auf der Siegesstele

Bemerkenswert ist die Erwähnung von „Israel" (*jj-s-i-r-j-*^{3}*-r*), das hier als Menschengruppe, etwa als Stamm oder Volk, klassifiziert wird und nicht wie Askalon, Gezer und Inuam als Stadt bzw. Stadtstaat. Damit wird Israel von den kanaanäischen Stadtstaaten kategorial abgesetzt, was in gewisser Weise dem entspricht, was sich im 10. Jahrhundert dann auch zeigen wird, dass nämlich Israel nicht als Stadtstaat, sondern als Regionalherrschaft entsteht. Es wird diskutiert, ob man dieses „Israel" auf Grund der Abfolge der Namen in der Inschrift lokalisieren kann. Das hängt zum einen an der nicht sicheren Lokalisierung der Stadt Inuam und zum andern an der Frage, ob der Text ein Feldzugsbericht oder eine hymnische Aufzählung von beherrschten Ländern und Völkern ist. Je nachdem muss man dieses Israel im ephraimitischen Bergland oder weiter nördlich um den See Genezareth suchen. Wie dem auch sein mag: Diese Inschrift gibt einen kleinen Blick frei auf das, was später einmal das Nordreich Israel werden sollte.

Ursprung der Exodustradition?

Möglicherweise enthält die Merenptah-Inschrift sogar den Kern dessen, was sehr viel später zur Gründungslegende Israels werden sollte, nämlich der Exodustradition. Nach diesem hypothetischen Szenario könnte es Pharao Merenptah gewesen sein, der nach einem Feldzug in die Levante Israeliten als Kriegsgefangene nach Ägypten gebracht hat. Nach seinem Tod brachen länger anhaltende Nachfolgekämpfe mit mehreren schnellen Wechseln auf dem Thron aus (Amenmesse, Sethos II., Siptah, Tausret, ca. 1203–1186). Vielleicht sind im Laufe dieser Unruhen einige der Kriegsgefangenen entkommen und wieder in ihre Heimat zurückgekehrt. Es gibt zwar keinerlei Belege für einen solchen Ablauf der Ereignisse, doch stellt diese Rekonstruktion eine Möglichkeit dar, die Entstehung der Exodustradition zu erklären.

Ansiedlung der Philister

Während der Herrschaft der 20. Dynastie, insbesondere unter Ramses III. (1184–1153), erlebte die Levante den sogenannten „Seevölkersturm", eine frühe Völkerwanderung. Diese Menschen kamen aus verschiedenen Regionen des Mittelmeerraumes und zerstörten unter anderem das Hethiterreich in Anatolien sowie zahlreiche Städte in der Levante. Ramses III. konnte ihren Expansionsdrang schließlich eindämmen und einige von ihnen in der südlichen Levante ansiedeln. Darunter waren die Philister, die ab dem 12. Jahrhundert im Südwesten Kanaans mehrere Städte gründeten bzw. übernahmen, u.a. Gaza, Aschdod, Aschkelon, Ekron und Gat, die für die Geschichte Israels fortan eine wichtige Rolle spielen sollten.

Beginn der „Dritten Zwischenzeit"

Die ägyptische Oberherrschaft über die kanaanäischen Stadtstaaten endete mit dem Untergang der 20. Dynastie, und auch in der darauf folgenden „Dritten Zwischenzeit“ (21.-25. Dynastie, ca. 1070-664 v. Chr.) erschienen die Pharaonen nur gelegentlich in der Levante. Der letzte Herrscher der 20. Dynastie, Ramses XI., regierte von 1099-1069, und seine Herrschaft war wie die seiner Vorgänger von Aufständen und wirtschaftlichen Problemen geprägt. Die Schwächephase Ägyptens sowie der Seevölkersturm hatten erhebliche Auswirkungen auf die gesamte Levante, die in einem deutlichen Rückgang des Handels, der städtischen Siedlungen und der Bevölkerung resultierten. Der Niedergang des kanaanäischen Stadtstaatensystems in den Jahren um 1100 führte aber im Gegenzug dazu, dass andere Regionen stärker besiedelt wurden, und darin liegt die Wiege Israels.

3. Die südliche Levante im 11. Jahrhundert

Aufsiedlung im Bergland

War das Bergland während der Spätbronzezeit nur sehr spärlich besiedelt, so ändert sich dies ab dem 11. Jahrhundert etwa zeitgleich mit dem Niedergang des kanaanäischen Stadtstaatensystems. Nach zögerlichem Anfang im 12. Jahrhundert ist ab etwa 1100 eine starke Zunahme von kleinen und kleinsten dörflichen Siedlungen zu verzeichnen, die sich zunächst im galiläischen und ephraimitischen Bergland ausbreiten, mit einer gewissen Verzögerung aber auch im südlicher gelegenen judäischen Bergland. Begünstigt wurde diese Besiedlung vormals unwirtlicher Regionen durch außergewöhnlich hohe Niederschläge, die man für die Zeit zwischen 1100 und 950 in den Sedimenten nachgewiesen hat.

Herkunft der Berglandbewohner

Wer waren diese Berglandbewohner? Schriftliche Zeugnisse haben sie nicht hinterlassen, und ihre materielle Kultur zeigt gegenüber der benachbarten Kultur der kanaanäischen Städte im Tiefland sehr viel Kontinuität und nur wenig Eigenes. Ihre bevorzugte Wohnform etwa war das sogenannte Vierraumhaus, in dem eine ganze Familie samt Vieh unterkommen konnte.

Israel Finkelstein

Manche Forscher, deren führender Vertreter der israelische Archäologe Israel Finkelstein ist, sehen hier Parallelen zur Wohnform von Nomaden und vermuten, dass diese Dörfler vormals Nomaden gewesen waren. Nach dieser Theorie hätten während der Bronzezeit im Bergland (relativ wenige) Nomaden gelebt, die ihre tierischen Produkte gegen die ackerbaulichen der Städte in den

Ebenen eintauschten. Mit dem Zusammenbruch des Kanaanäischen Stadtstaatensystems sei diese Symbiose zu Ende gegangen, und die Berglandbewohner seien gezwungen gewesen, nun ihrerseits sesshaft zu werden und Ackerbau zu betreiben.

William Dever

Eine andere Gruppe von Forschern, die von dem amerikanischen Archäologen William Dever angeführt wird, weist darauf hin, dass das Vierraumhaus wie auch andere kulturelle Eigenarten nicht nur im Bergland, sondern in der gesamten Region angetroffen werden können. Nach dieser Theorie führte der wirtschaftliche Niedergang im 11. Jahrhundert dazu, dass die Zahl der Menschen, denen die Städte eine Lebensgrundlage bieten konnten, stark zurückging. Die Verlierer dieses Verarmungsprozesses hätten nach neuen Existenzmöglichkeiten gesucht und diese im Bergland gefunden.

„Protoisraeliten"?

Beide Szenarien stimmen sowohl darin überein, dass diese Berglandbewohner Teil der kanaanäischen Kultur waren, als auch darin, dass am Ende dieses über hundert Jahre währenden Prozesses der Aufsiedelung im Bergland dort zwei neue Machtzentren entstanden waren, nämlich Israel und Juda. Die Berglandbewohner des 11. Jahrhunderts werden gern als „Protoisraeliten" bezeichnet. Es ist aber strittig, inwieweit, ja sogar ob diese Menschen überhaupt ein Identitätsbewusstsein hatten, das sie von den Kanaanäern des Tieflandes absetzte.

Die Stämme Israels

Sehr viel wahrscheinlicher ist, dass die Berglandbewohner zunächst nur in Sippen und später darüber hinaus in Stämmen organisiert waren. Diese Stämme werden im Alten Testament vielfach erwähnt, meist jedoch in Gestalt eines hierarisch differenzierten Zwölf-Stämme-Systems, das bereits eine enge Zusammengehörigkeit und damit auch das Königtum voraussetzt – so etwa in der Jakobserzählung (Gen 29,31–30,24; 35,16–20; 35,22b–26a) oder in den Stämmesegen (Gen 49; Dtn 33). Ein älterer, vermutlich aus der frühen Königszeit stammender Text, das Deboralied (Ri 5), erwähnt dagegen ganz unsystematisch einige Regionalgruppen, die darüber beraten, ob sie gemeinsam in den Krieg ziehen wollen – bemerkenswerterweise noch ohne den Begriff „Stamm" und noch ohne die später wichtige, symbolische Zwölfzahl.

Quelle

5,14 Aus Ephraim, dessen Wurzel in Amalek ist,
hinter dir, Benjamin, mit deinen Volksscharen,
aus Machir zogen herab Gebieter
und aus Sebulon die den Führerstab halten.
15 Und die Obersten in Issachar waren mit Debora
und wie Issachar so Baraq.
In die Ebene wurde er gechickt mit seinen Fußtruppen,
in den Sippen Rubens waren große Beratungen des Herzens.
16 Warum bliebst du zwischen den Hürden,
das Flötenspiel bei den Herden zu hören? [...]

17 Gilead blieb untätig jenseits des Jordan.
Und Dan, warum diente er auf fremden Schiffen?
Asser saß an der Küste der Meere,
und an seinen Buchten blieb er untätig.
18 Aber Sebulon ist ein Volk, das seine Seele dem Tod preisgab,
auch Naftali, auf den Höhen des Gefildes.

Stämme und Geographie

Die Namen der meisten Stämme sind wohl Landschaftsnamen. „Ephraim" etwa bedeutet „lockere Erde" und meint die Region im mittelpalästinischen Bergland, in der der Stamm zu Hause war. Auch der Name des Stammes Benjamin ist geographisch konnotiert, denn er bedeutet „Sohn des Südens" und muss ihm von seinem nördlichen Nachbarn, dem lange Zeit dominierenden Hauptstamm der Israeliten, Ephraim, gegeben worden sein.

Die Stämme in der Geschichte Israels

Die Stämme hat es vor, während und nach der Epoche der Monarchie gegeben. Als Einzelstamm waren sie ein relativ konstanter Faktor, der auch durch den Aufbau einer zentralen monarchischen Administration nicht eliminiert wurde. Was sich mehrfach geändert hat, ist ihr Verhältnis untereinander, also unter anderem die Anwort auf die Frage, welchem Stamm der Primat zukommt (das Thema der Josephserzählung Gen 37-50), und ihre Bedeutung für das Selbstverständnis Israels. ■

Auf einen Blick

Die Region, die Schauplatz der Geschichte Israels im Altertum war, ist die südliche Levante. Was war die Rolle Ägyptens in der Levante im 2. Jahrtausend v. Chr.? Wann und wo wird der Name „Israel" zum ersten Mal erwähnt? Welche Entwicklungen haben im 11. Jahrhundert in der südlichen Levante stattgefunden? In welcher Weise wird der Name „Israel" im Alten Testament verwendet?

Literaturhinweis

Frevel, Christian: Geschichte Israels (StTh 2), Stuttgart 2016, 42–65 und 66–92.
Die neueste ausführliche Darstellung der Geschichte Israels, die vor allem für die Vor- und Frühgeschichte sowie für die Königszeit überall vertiefend herangezogen werden kann.

III. Die Anfänge der Monarchien in Israel und Juda im 10. Jahrhundert

Überblick

Die Erzählungen über die ersten Könige Saul, David und Salomo sind außerordentlich umfangreich und detailliert. Aber gerade diese Eigenschaften zeigen an, dass sie nicht mit historischer Absicht verfasst wurden. Gleichwohl gibt es Hinweise darauf, dass David im 10. Jahrhundert in Jerusalem eine Herrschaft aufgerichtet und eine Dynastie gegründet hat. Schwierige Interpretationsfragen werfen auch die archäologischen Funde aus jener Zeit auf. Die Vertreter der sogenannten *„standard chronology"* meinen, dass David und Salomo im 10. Jahrhundert v. Chr. für eine gewisse Zeit die Herrschaft in der südlichen Levante ausgeübt haben. Die Vertreter der sogenannten *„lower chronology"* ordnen die archäologischen Zeugnisse für eine regionale Herrschaftsausübung dagegen der im 9. Jahrhundert in Samaria regierenden Omriden-Dynastie zu. Generell gilt, dass der frühe Staat ein Übergangsphänomen ist und sich nur wenig von einer Stammesherrschaft unterscheidet.

um 1000?	König Saul
nach 1000	König David
um 950	König Salomo
926–910	Rehabeam, König des Südreiches Juda
927–907	Jerobeam I., erster König des Nordreiches Israel

1. Die Erzählungen über David und Salomo im Licht der Archäologie

Die Erzählungen der Samuelbücher

Die Erzählungen der Samuelbücher über die ersten Könige Saul, David und Salomo sind außerordentlich umfangreich und ausführlich. Die Leser erfahren selbst kleinste Details aus dem Leben der Protagonisten; man ist Zeuge von Ereignissen, die im Verborgenen stattfinden; lange wörtliche Reden und Dialoge machen die Erzählung lebendig. Man könnte daher meinen, die Quellenlage für das 10. Jahrhundert sei erfreulich gut. Doch die auffällige literarische Eigenart dieser Texte zwingt zu einem anderen Schluss: Diese Erzählungen sind weder Augenzeugenberichte, noch stammen sie aus den Jerusalemer Hofannalen. Vielmehr handelt es sich um Lehrerzählungen, die sehr viel später zum Zwecke der Unterweisung von Prinzen und anderen Eliten geschaffen wurden. Sie drehen sich um Themen wie Herrschaftslegitimation und Loyalität, um Themen also, die jeden König von Israel und Juda betreffen, nicht allein die Gründergestalten. Saul, David und Salomo sind vielmehr paradigmatische Figuren, deren traditionelle Autorität bei den Adressaten der Erzählungen die rechte Haltung zum Königtum hervorrufen soll. Die älteren Erzählungen der Samuelbücher um Saul und David klären das Verhältnis zwischen Benjamin und Juda, die jüngeren Erzählungen, die überwiegend in den Königebüchern zu finden sind, das Verhältnis zwischen Ephraim, d.h. dem ehemaligen Nordreich Israel, und Juda. Beide literarischen Komplexe laufen jedoch darauf hinaus, dass ein legitimes Königtum in Israel nur aus dem Haus David und damit aus Juda kommen kann.

Historischer Kern

Gleichwohl wäre es verfehlt, diese Erzählungen als reine Fiktion zu betrachten. Vielmehr gibt es etliche Hinweise, dass den Erzählungen der Samuelbücher, anders als den Texten in den Büchern Genesis bis Josua, ein historischer Kern innewohnt. Zwei Hinweise stammen aus Inschriften des 9. Jahrhunderts, der Tel-Dan-Inschrift und der Mescha-Stele (ausführlich zu diesen Texten, s. IV.3), die beide das Königreich Juda als „Haus David“ bezeichnen. Hier erscheint David als Dynastiegründer, wie ihn auch die Samuelbücher darstellen. Über die näheren Umstände seiner Herrschaft lassen uns diese Inschriften allerdings im Unklaren.

Historiographische Probleme

Den biblischen Erzählungen zufolge sollen David und Salomo im 10. Jahrhundert v. Chr. geherrscht haben. Archäologische Zeugnisse für moderat ausgebaute Herrschaftsstrukturen im Bergland sind aber erst im 9. Jahrhundert unzweifelhaft vorhanden. Die Frage ist, wann diese Entwicklung von der Dorfkultur zum frühen Staat begonnen hat: bereits im 10. Jahrhundert (zur Zeit Davids und Salomos) oder erst ein Jahrhundert später? Und fand diese Entwicklung auf dem Gebiet des späteren Südreichs Juda statt oder zunächst auf dem Gebiet des Nordreichs Israel?

David und Salomo – biblisch

Gemäß den Erzählungen der Samuel- und der Königebücher über David und Salomo war es diesen beiden Königen gelungen, für eine gewisse Zeit die Vorherrschaft in der südlevantinischen Region zu erlangen. Diese Erzählungen sind als Ganze literarische Kompositionen aus späteren Zeiten und konstruieren politische Konstellationen, die nicht historisch sind: die idealen Regierungszeiten von jeweils vierzig Jahren, die staatsrechtliche Konstruktion eines Vertrages zwischen den Nordstämmen und David, die sogenannte Reichsteilung nach dem Tod Salomos. Die Frage ist also, ob die regionale Hegemonie Davids und Salomos eine rein literarische Konstruktion ist, die den legitimatorischen Interessen der sehr viel später verfassten literarischen Werke dient, oder ob schon die historischen Gestalten eine gewisse Dominanz in der Region ausübten.

Sechskammer-Stadttore

Auf archäologischer Seite dreht sich die Diskussion vor allem um die Datierung einer Reihe von Funden. In landesweiter Perspektive geht es um die sogenannten Sechskammer-Stadttore, die man in Hazor, Megiddo und Geser gefunden hat. Die ersten Ausgräber korrelierten diese Funde mit der Notiz 1 Kön 9,15, wonach König Salomo neben anderen auch diese drei Städte ausgebaut habe. Die Ausgräber datierten daher diese Sechskammertore in das 10. Jahrhundert und werteten diese Koinzidenz als Beweis für eine zentrale, vom Salomonischen Hof aus gesteuerte Bautätigkeit und damit als Bestätigung der regionalen Vorherrschaft Davids und Salomos.

„Standard Chronology" und „Low Chronology"

Andere Archäologen datieren die Sechskammertore hingegen in das 9. Jahrhundert und schreiben sie der damals im Nordreich Israel regierenden Omriden-Dynastie zu. Sie weisen zudem darauf hin, dass Sechskammertore auch an anderen Orten und aus anderen Zeiten gefunden worden sind. Man nennt diese Hypothese die „*low chronology*", während die traditionelle als „*standard chronology*" bezeichnet wird. Gemäß den Vertretern der *low chronology* begann die Entwicklung zu einem zentral verwalteten Königreich erst im 9. Jahrhundert, und dies vor allem im Nordreich. Im 10. Jahrhundert, als David und Salomo mutmaßlich regiert haben, waren nach diesem Modell die Bergländer noch dörflich geprägt. Erst im frühen 9. Jahrhundert hätten die Herrscher der Omridendynastie in Samaria einen zentral organisierten Staat errichtet.

Archäologie Jerusalems

In Jerusalem ist nahezu jeder lokale archäologische Befund aus dieser Zeit umstritten. In Frage steht etwa, ob die Stadt vor der Mitte des 8. Jahrhunderts überhaupt befestigt war. Beispielhaft für diese umstrittene Diskussionslage sind etwa die sogenannte „*stepped stone structure*", eine gestufte Stützmauer, und die sogenannte „*large stone structure*", ein großes öffentliches Gebäude, beide am Südhang des Tempelberges gelegen, die von manchen Archäologen als Teile des Palastes von David und Salomo interpretiert werden. Andere datieren sie jedoch etwa 100 Jahre später, also in das 9. Jahrhundert. Die archäologische Gesamtsituation scheint jedoch darauf hinzudeuten, dass Jerusalem vielleicht schon im 10., sicher aber im 9. Jahrhundert eine gewisse administrative und politische Bedeutung für das judäische Bergland hatte.

Ausdehnung Jerusalems

Jerusalem hatte zur Zeit Davids etwa dieselbe Ausdehnung wie zur Mitte des zweiten Jahrtausends, es umfasste nur einen südlich des Tempelberges gelegenen Sporn westlich des Kidrontales, d.h. einen Teil der später sogenannten „Davidstadt". Auf diesen etwa 4,5 ha lebten vielleicht 1000-1500 Personen. Unter Salomo - falls die biblischen Erzählungen zutreffen, sonst etwas später - kamen der Tempel- und Palastbereich sowie der „Ophel" (= Akropolis) dazu. Nunmehr umfasste Jerusalem etwa 17 ha und bot 5000-7000 Personen Lebensraum. Die in der Literatur genannten Bewohnerzahlen schwanken freilich beträchtlich je nach Berechnungsgrundlage.

Khirbet Qeiyafa

Kontrovers diskutiert werden derzeit auch die Funde aus dem 25 km südwestlich von Jerusalem gelegenen Khirbet Qeiyafa. Ein dort gefundenes Ostrakon (eine beschriftete Tonscherbe) soll nach der einen Auffassung die Existenz einer ausgeprägten Schreiberkultur im davidzeitlichen Juda beweisen, nach der anderen handelt es sich bei der Sprache gar nicht um Hebräisch und bei den Bewohnern der Siedlung nicht um Judäer.

Für Nichtarchäologen sind diese teilweise von Weltanschauungen geprägten und mit politischen Interessen vermischten Debatten nur schwer nachzuvollziehen. Daher seien mit Blick auf Juda und Jerusalem zwei moderate Positionen noch einmal knapp umrissen.

Zwei Hypothesen zu David und Salomo

Die Vertreter der *low chronology* zeichnen das Bild eines langsamen kontinuierlichen Wachstums in Juda und Jerusalem, der erst Ende des 8. Jahrhunderts ein zentral verwaltetes Königreich hervorbrachte. Israel Finkelstein schreibt: „The kingdom of David and Solomon was no more than a poor, demographically depleted chiefdom centered in Jerusalem, a humble village." (*The Quest for the Historical Israel*, 115). Die Vertreter der *standard chronology* akzeptieren auch, dass Juda und Jerusalem bis in das späte 8. Jahrhundert infrastrukturell gegenüber dem Nordreich im Rückstand waren, sie ergänzen jedoch, dass – mittelfristige Entwicklungen hin oder her – im 10. Jahrhundert mit David und Salomo zwei außergewöhnliche Herrschergestalten aufgetreten sind, denen es gelang, auch ohne extensive administrative Infrastruktur die Vorherrschaft in der Region für eine gewisse Zeit an sich zu reißen. David war nach Amihai Mazar „a talented, charismatic, and politically astute leader in control of a small yet effective military power", der als solcher „could have ... united diverse population groups under his leadership" (*Quest*, 139).

2. Der frühe Staat – sozial- und politikwissenschaftliche Annäherungen

Segmentäre Gesellschaft

Wie auch immer die Prozesse im Einzelnen verlaufen sein mögen: Israel und Juda stellten im 10. und 9. Jahrhundert Gesellschaften im Übergang dar. Die dörfliche Kultur jener Jahrhunderte kannte keine Zentralinstanz; man spricht daher von einer „segmentären Gesellschaft". Die Errichtung der Territorialherrschaften veränderte diese Struktur nur langsam; staatstypologisch spricht man daher von einem „Häuptlingstum" oder von einem „frühen Staat". Anders als in einem gefestigten dynastischen Königtum muss der Häuptling seine Position immer wieder neu bewähren, es kommt daher nicht zur Verstetigung der Herrschaft einer Sippe und auch zu keiner Ausbildung eines Herrschaftsapparates. Man hat daher die Herrschaften des 10. Jahrhunderts auf nordisraelitischem Boden und die des 10. und 9. Jahrhunderts auf judäischem Boden als Häuptlingstümer bezeichnet (Niemann). Die Königebücher benutzen freilich andere Konzepte für ihre Darstellung der beiden Herrschaften. Danach sind im Nordreich mehrfach sehr kurzlebige Dynastien aufeinander gefolgt, während im Südreich die David-Dynastie nahezu ununterbrochen an der Macht war. Sollte dies historisch zutreffen, müsste man wohl besser von einem „frühen Staat“ sprechen (Kessler).

Früher Staat

Die Gesellschaft eines frühen Staates unterscheidet sich nur graduell von der einer segmentären Gesellschaft. Beides sind verwandtschaftsbasierte Gesellschaften; die maßgeblichen sozialen Strukturen sind Stamm, Sippe und Familie. Im frühen Staat werden Ämter nach Verwandtschaft vergeben: Der Heerführer von König Saul war sein Vetter Abner, Davids Heerführer war sein Neffe Joab. Die Menschen leben von den Erzeugnissen ihres Bodens, der Handwerks- und der Dienstleistungssektor sind nur schwach ausgeprägt. Selbst der eben erwähnte Heerführer Joab, der wichtigste Amtsträger Davids, bestellt seine eigenen Felder (2 Sam 14,30). Die Ortslagen des Berglandes haben bis in das 10. Jahrhundert hinein keine Befestigungen und nur wenige öffentliche Funktionsbauten. Inschriftliches Material wurde bislang nur ganz vereinzelt gefunden; für ausgeprägte Literaturproduktion fehlte die Infrastruktur. Doch war auch die frühkönigszeitliche Gesellschaft nicht vollkommen illiterat: Schon der vorisraelitische Stadtkönig Abdu-Ḫeba hatte einen Schreiber, wie die Amarnabriefe beweisen (s. II.2), und auch in Davids und Salomos Beamtenlisten taucht jeweils ein Schreiber auf (2 Sam 8,17; 20,25; 1 Kön 4,3).

Merkmale eines Staates

Eine auf archäologischen Daten basierende Definition des Staates nennt folgende Merkmale: eigene Verwaltungssprache und -schrift, Monumentalarchitektur in Stein, Massenproduktion von Keramik, staatliche Funktionalbauten, zentrale Organisation, Grenzsicherung durch Festungen, überregionale Vorratshaltung (Berlejung). Diese Bedingungen sind im Nordreich Israel etwa ab dem zweiten Viertel des 9. Jahrhunderts erfüllt, im Südreich Juda etwa ab der zweiten Hälfte des 8. Jahrhunderts.

3. Die Herrschaft Davids und Salomos – ein mögliches Szenario

David und Salomo – historisch

In Anbetracht der schwierigen Quellenlage lässt sich mit Hilfe eines gewissen Maßes an historischer Imagination folgendes Szenario entwickeln: Nach einer hundertfünfzigjährigen Phase der Aufsiedelung im Bergland waren die Bevölkerungszahlen und der Ausbaustand der Ortschaften im 10. Jahrhundert v. Chr. so weit gestiegen, dass erstmals die Voraussetzungen für eine regionale Herrschaftsausübung gegeben waren. Ermöglicht wurde diese Entwicklung durch den wirtschaftlichen Rückgang der Stadtstaaten in der Ebene und durch einen ausgeprägten Klimawandel.

David und seine outcasts

Neben den Bewohnern der Dörfer und Städte muss es nichtsesshafte Personen gegeben haben, die in Analogie zu den in den Amarnabriefen erwähnten „Hapiru“ zu verstehen sind. Der Judäer David aus Bethlehem scharte wohl eine Truppe von solchen *outcasts* um sich und wurde zunächst zu ihrem Anführer, aber in der Folge auch zu einem Machtfaktor in der Region.

Quelle

22,2 Und es sammelten sich um ihn (David) lauter Bedrängte und solche, die verschuldet waren, und andere mit erbittertem Gemüt. Und er wurde ihr Anführer. Und es waren bei ihm etwa vierhundert Mann. (1 Sam 22,2)

David und die Philister

Weiter kann als historisch wahrscheinlich gelten, dass David enge Beziehungen zu den Philistern hatte, sei es als deren Vasall oder als deren Söldner. Die Tradition, die im Hintergrund der Erzählung über den Aufenthalt Davids beim Stadtfürsten von Gat (1 Sam 27) steht, muss wohl auf die Davidzeit selbst zurückgehen, da Gat bereits um das Jahr 830 zerstört wurde (2 Kön 12,18) und zudem das, was da erzählt wird, trotz oder gerade wegen seiner apologetischen Tendenz zu erkennen gibt, dass David mit den Philistern in Verbindung gestanden haben muss. Möglicherweise beruht auch die für die Samuelbücher wichtige Stilisierung des Benjaminiters Saul zu seinem Hauptkonkurrenten auf einer historischen Konstellation. Auch Davids Wirken in Jerusalem muss einen historischen Kern haben, da sich anders der spätere Name „Stadt Davids" für die Stadt bzw. den ältesten Teil der Stadt nicht erklären lässt.

Die Herrschaft Davids

David muss es um die Mitte des 10. Jahrhunderts gelungen sein, sich sowohl von den Philistern als auch von Häuptlingen des Berglandes zu emanzipieren und seine Herrschaft auszubauen. Aus strategischen Gründen verließ er Hebron, den Hauptort des judäischen Berglandes, und machte die zentraler gelegene, altehrwürdige Stadt Jerusalem zu seiner Residenz. Mit Hilfe seiner Kämpfertruppe konnte er im Hügelland gegen die Philister, im Bergland gegen die benjaminitischen und ephraimitischen Nachbarn sowie im Ostjordanland gegen die Edomiter und Moabiter gewisse Erfolge erringen. Diese Unternehmungen muss man sich freilich eher als Raubzüge vorstellen, von denen man Beute und Kriegsgefangene mitbrachte, nicht als Errichtung einer permanenten Herrschaft. Das „Reich" Davids war weder ein Territorial- noch ein Nationalstaat.

Die Herrschaft Salomos

David gelang es, seine Herrschaft soweit zu festigen, dass er sie auf seinen Sohn Salomo übertragen konnte. Dieser wirkte wohl weniger als Eroberer denn als Bauherr und Konsolidator. Doch auch bei Salomo kommt man in historischer Hinsicht über gut begründete Spekulationen nicht hinaus. Denn auch die Salomoerzählung 1 Kön 3–10 ist eine literarische Komposition aus sehr viel späterer Zeit, die das Bild eines orientalischen Märchenkönigs entwirft, der einen ebenso märchenhaften Tempel baut.

Beamtenlisten

Historisch relevant sind allenfalls zwei Listen von Beamten, die in 1 Kön 4 eingearbeitet sind. Die erste Liste in 1 Kön 4,2–6 ähnelt den Beamtenlisten Davids (2 Sam 8,16–18 und 2 Sam 20,23–26), ist aber gegenüber jenen ausgebaut.

Zur Zeit Davids soll es demnach folgende Funktionäre gegeben haben: Priester, Heerführer, Leibwachenoberst, Schreiber, Herold und Fronaufseher. Unter Salomo kommen als Hofämter der Hausmeier und der Berater hinzu, vor allem aber eine Gruppe von „Vorsteher“ genannten Personen, die in einer zweiten Liste (1 Kön 4,8–19) enthalten sind. Sie waren über das ganze Land verteilt und fungierten vor Ort als Verbindungsleute zu Salomo. Natürlich gibt es keine Garantie, dass diese Listen auf das 10. Jahrhundert zurückgehen, aber wenn überhaupt Nachrichten über die frühkönigszeitliche Administration erhalten geblieben sind, dann in diesen Listen. Für eine Herkunft der Listen in 1 Kön 4 aus dem 10. oder 9. Jahrhundert spricht, dass sie einerseits gegenüber der Davidzeit einen Zuwachs an Komplexität anzeigen, andererseits aber gegenüber dem opulenten Bild der Salomoerzählung eine vergleichsweise bescheidene Gesellschaft abbilden.

4. Die Entstehung zweier Monarchien in Israel und Juda

Die sog. „Reichsteilung“

Nach dem Tod Salomos fährt die biblische Darstellung fort mit der Erzählung von der sogenannten „Reichsteilung“ (1 Kön 12). Diese ist ganz darauf konzentriert, den Nachweis führen, dass das Nordreich Israel keinerlei Legitimation besitzt. Sie kann daher nicht als historische Quelle verwendet werden. So wird dem ersten König des Nordreiches die Gründung des Heiligtums in Bethel zugeschrieben, doch war der Ort um 900 v. Chr. gar nicht besiedelt. Der Text will vielmehr sagen, dass sowohl die Dynastien als auch das Heiligtum des Nordreiches grundsätzlich, und das heißt hier: von Anfang an, illegitim sind. Doch die Grundkonstellation, wonach nunmehr zwei Königreiche existierten, das Nordreich Israel mit der späteren Hauptstadt Samaria und das Südreich Juda mit der Hauptstadt Jerusalem, scheint historisch korrekt zu sein.

Annalenschreibung in Israel und Juda

Der erste König des Nordreiches Israel trug den Namen Jerobeam, genauer: Jerobeam ben Nebat oder Jerobeam I. (927–907). Der erste König des Südreiches Juda war der Sohn Salomos, Rehabeam (926–910). Mit diesen beiden Königen ändert sich der Charakter der Darstellung im ersten Königebuch tiefgreifend. Die Herrscher sind nicht mehr märchenhaft reich und sie sind auch keine Gründergestalten mehr, auf die Dynastie und Tempel zurückgeführt werden; und anders als David und Salomo regieren sie auch nicht mehr die ideale Zeit von vierzig Jahren. Das liegt daran, dass den Autoren der Königebücher nunmehr die Annalen der Könige von Israel und die Annalen der Könige von Juda zur Verfügung standen, denen sie historische Informationen entnehmen konnten. Der erste Hinweis auf die Annalen des Nordreiches findet sich in 1 Kön 14,19 in der Darstellung von Jerobeam I., der erste Hinweis auf die Annalen des Südreichs Juda in 1 Kön 14,29 bei Rehabeam.

Quelle

14,19 Und der Rest der Taten Jerobeams, wie er gekämpft und wie er regiert hat – siehe, sie sind geschrieben im Buch der Annalen der Könige von Israel. (1 Kön 14,19)
14,29 Und der Rest der Taten Rehabeams und alles, was er getan hat – sind sie nicht geschrieben im Buch der Annalen der Könige von Juda? (1 Kön 14,29)

Annalenschreibung und Pharao Scheschonq

Dem entspricht, dass in 1 Kön 14,25 die erste historisch überprüfbare Information des Alten Testaments steht: „Und im fünften Jahr von König Rehabeam zog Schischaq/Schuschaq, der König von Ägypten, gegen Jerusalem herauf." Alle bislang in den Büchern Genesis bis 1. Könige genannten Pharaonen sind anonym, hier wird nun zum ersten Mal im Zusammenhang mit einem historisierbaren Ereignis ein Name genannt und das ermöglicht seine Identifikation. Es handelt sich um Pharao Scheschonq I. (ca. 945-924), den Begründer der 22. Dynastie. Dieser hat eine Monumentalinschrift über seine Eroberungen in Palästina hinterlassen, die eine lange Liste von Ortsnamen enthält (mehr dazu s. V.2). Jerusalem kommt darin nicht vor, und diese Abweichung wie auch die Unmöglichkeit, den Feldzug genau zu datieren, zeigen, dass die Quellen zwar nach wie vor keine detaillierte Geschichtsschreibung erlauben; aber an der prinzipiellen Korrelationsmöglichkeit von biblischer und ägyptisch-epigraphischer Information besteht kein Zweifel. ■

Auf einen Blick

Die Erzählungen über die ersten Könige Saul, David und Salomo berichten über die Anfänge der Monarchien in Israel und Juda. Im 10. und 9. Jahrhundert befanden sich Israel und Juda im Übergang von einer Stammesgesellschaft zum frühen Staat. Welche Eigenschaften weist ein früher Staat und welche ein voll ausgebildeter Staat auf? Wie mag die Herrschaft Davids und Salomos ausgesehen haben? Wie wird diese Phase der Geschichte Israels nach der „standard chronology" und wie nach der „low chronology" rekonstruiert? Inwiefern ändert sich die Quellenlage nach Salomo?

Literaturhinweis

Frevel, Christian: Geschichte Israels (StTh 2), Stuttgart 2016, 93–171.

IV. Das Königreich Israel (Nordreich)

Überblick

Die Königebücher beschreiben die beiden Königreiche im Rückblick unter zwei Gesichtspunkten: zum einen der andauernden Legitimität der judäischen Davididendynastie und zum andern der Verwerfung aller Könige und Dynastien des Nordreiches Israel. Historisch muss man davon ausgehen, dass das Nordreich Israel in den ersten Jahrzehnten noch kein konsolidiertes Gebilde war. Erst unter der Omriden-Dynastie in der ersten Hälfte des 9. Jahrhunderts wurde Israel mit seiner neuen Hauptstadt Samaria zu einer Regionalmacht. Unter der Jehu-Dynastie war Israel in der zweiten Hälfte des 9. Jahrhunderts zunächst assyrischer, dann aramäischer Vasall. Erst zu Beginn des 8. Jahrhunderts erholte sich Israel wieder und erlebte in den folgenden Jahrzehnten seine zweite Blütezeit. Nach zwei assyrischen Schlägen in den Jahren 732 und 722 erlosch die Monarchie und Samaria wurde zur assyrischen Provinz.

927–907	Jerobeam I., erster König des Nordreiches Israel
907–906	Nadab
906–883	Bascha
883–882	Ela
882–871	Omri: Samaria wird Hauptstadt, Israel wird Regionalmacht
871–852	Ahab: Kampf gegen Salmanassar III. (858–824)
852–851	Ahasja
851–845	Joram
845–818	Jehu: rebelliert gegen Joram im Bund mit Hasaël von Aram (845/3–803)
818–802	Joahas: Zeit der Aramäerkriege
802–787	Joasch: erobert Jerusalem
787–747	Jerobeam II.: zweite Glanzzeit Samarias
747	Sacharja
747	Schallum
747–738	Menachem: unterwirft sich Tiglat-Pileser III. (745–727)
737–736	Pekachja
735–732	Pekach
732–722	Hosea ben Ela: rebelliert gegen Salmanassar V. (727–722)
722	Sargon II. macht das Nordreich Israel zur assyrischen Provinz

1. Die Dynastien in Israel und in Juda gemäß den Samuel- und Königebüchern

Die ersten Könige des Nordreichs Israel

Nach Darstellung der Königebücher standen am Anfang der Geschichte des Nordreiches Israel zwei kurzlebige Dynastien. Der erste König Jerobeam ben Nebat regierte vermutlich von 927-907; ihm folgte sein Sohn Nadab auf dem Thron. Der regierte aber nicht einmal zwei Jahre und fiel dann einem Putsch zum Opfer (1 Kön 15,25-32). Der Usurpator war ein gewisser Bascha, der von etwa 906-883 regierte. Ihm folgte ebenfalls sein Sohn nach, Ela, aber auch der regierte nicht einmal zwei Jahre, bis er seinerseits im Jahr 882 einem Putsch zum Opfer fiel (1 Kön 15,33-16,14).

Legitimation der Dynastien

Für die Königebücher geht es bei diesen und allen anderen Dynastien aber nicht einfach um die Beschreibung der Abfolge der Königshäuser, sondern um den Nachweis, dass alle im Nordreich wirkenden Dynastien vom Gott Israels verworfen wurden. Dazu werden immer wieder an den entscheidenden Stellen Gottesworte in die Erzählung eingeflochten, die meist von Propheten überbracht werden und die zum einen die Einsetzung, aber vor allem die Verwerfung jeder der Dynastien des Nordreiches beinhalten. Instruktiv ist die Verwerfung der Bascha-Dynastie durch den Propheten Jehu:

Quelle

16,1 Und es war das Wort Jhwhs zu Jehu ben Hanani gegen Bascha: 2 „Weil ich dich aus dem Staub erhoben und dich zum Fürsten über mein Volk Israel gemacht habe, du aber auf dem Weg Jerobeams gegangen bist und mein Volk Israel zur Sünde verführt hast, so dass sie mich durch ihre Sünden zum Zorn reizen, 3 siehe, so werde ich hinter Bascha und hinter seinem Haus her ausfegen lassen und werde dein Haus machen wie das Haus Jerobeams ben Nebat. 4 Wer von Bascha in der Stadt stirbt, den werden die Hunde fressen, und wer von ihm auf freiem Feld stirbt, den werden die Vögel des Himmels fressen." (1 Kön 16,1–4)

Annalenschreibung und Königebücher

Die Königebücher benutzen zwar in Teilen Auszüge aus den Annalen der beiden Königreiche, sie sind aber selbst alles andere als Annalengeschichtsschreibung. Ihnen geht es um die Delegitimation der Nordreich-Dynastien und umgekehrt um die dauerhafte, auch nicht durch ungerechte Herrschaft zerstörbare Legitimation der David-Dynastie in Juda. Letzterem dient die Verheißung, die der Prophet Nathan dem Dynastiegründer David gibt:

Quelle

7,11b So verkündigt dir nun Jhwh, dass Jhwh dir ein Haus machen wird. 12 Wenn deine Tage erfüllt sind und du dich zu deinen Vätern gelegt hast, dann werde ich deinen Nachkommen, der aus deinem Leib kommt, nach dir aufstehen lassen und

> werde sein Königtum festigen. [13] Er wird meinem Namen ein Haus bauen. Und ich werde den Thron seines Königtums festigen für ewig. [14] Ich will ihm Vater sein, und er soll mir Sohn sein. Wenn er verkehrt handelt, werde ich ihn mit einer Menschenrute und mit Schlägen der Menschenkinder züchtigen. [15] Aber meine Gnade soll nicht von ihm weichen, wie ich sie von Saul habe weichen lassen, den ich vor dir weggetan habe. [16] Dein Haus aber und dein Königtum sollen vor mir Bestand haben für ewig, dein Thron soll feststehen für ewig." (2 Sam 7,11–16)

Diese Texte wie überhaupt das politisch-theologische Anliegen, die David-Dynastie gegenüber Ansprüchen aus dem Nordreich zu legitimieren, stammen von den Autoren, die das Gesamtwerk der Samuel- und Königebücher in einer ersten Grundschicht in der Mitte des 6. Jahrhunderts v. Chr. verfasst haben.

2. Die Frühzeit des Nordreiches Israel und sein föderaler Charakter

Israel vor den Omriden

Die unterschiedliche Herkunft der „Dynastien" und die zahlreichen Kämpfe untereinander in der Anfangszeit des Nordreiches Israel lassen erkennen, dass die Jahrzehnte vor dem Aufstieg der Omridendynastie sehr unruhig und von einer Konsolidierung noch weit entfernt waren. Offensichtlich rangen Anführer aus verschiedenen Regionen um die Vorherrschaft. Jerobeam I. stammte aus Zereda, das im Südwesten von Ephraim liegt, Bascha dagegen aus dem Stamm Issachar in Untergaliläa. Die erste Hauptstadt Tirza lag auf der östlichen Seite des ephraimitischen Berglandes, die spätere Hauptstadt Samaria hingegen auf der westlichen Seite.

Konsolidierungskämpfe in Israel

Darüber hinaus ist es wahrscheinlich, dass einige der Erzählungen, die später in das Richterbuch Eingang fanden, ihren Ursprung in den Kämpfen des späten 10. und frühen 9. Jahrhunderts haben. Nach Ri 4 und Ri 5 waren es zwei Anführer, nämlich Debora aus dem Süden Ephraims und Baraq aus dem Stamm Naphtali in Obergaliläa, die mit einem Freiwilligenheer, vor allem aus Sebulon und Naphtali, gegen einen kanaanäischen König namens Jabin kämpften, der in Hazor, nördlich des Sees Genezaret, residiert haben soll. Was auch immer daran historisch ist, auf jeden Fall weisen etliche kanaanäische Städte in der Ebene Zerstörungshorizonte aus der Zeit um 900 auf. Man kann vermuten, dass diese mit der Ausbreitung der Berglandbewohner in die Ebene, d.h. mit der Etablierung der Regionalherrschaften Israels (und Judas?), zusammenhängen. Möglicherweise gehen auch die Erzählung von Gideons Schlacht in der Jesreelebene, in der Naphtali, Asser und Manasse genannt werden (Ri 7), sowie die Überlieferungen von Jephta (Ri 11-12) und Simson (Ri 14-16) auf jene Zeit vor der endgültigen Konsolidierung der neuen Territorialherrschaften zurück.

Föderale Struktur in Israel

Das Nordreich war alles andere als ethnisch einheitlich. Menschen aus dem Bergland und Menschen aus der Ebene lebten neben Gruppen mit phönizischen oder aramäischen Wurzeln. In Beth-Schean im Jordantal hielt sich über Jahrhunderte hinweg eine ägyptischstämmige Bevölkerung. Auffällig sind die starke regionale Diversität und die Rolle der verschiedenen Stämme in den Geschehnissen. Man hat daher vermutet, dass auch nach der Etablierung der Monarchie im Nordreich Israel - anders als in Juda! - eine föderale Struktur erhalten blieb. Das Stämmesystem der Jakobserzählung (Gen 25-35*), das in der vorliegenden Form zwar aus der Zeit nach dem Ende der israelitischen Monarchie im Jahr 722 stammt, greift diese nie verloren gegangene Tradition auf und gibt ihr eine neue Gestalt. Man mag auch in der Szene 2 Sam 5,1-3 eine Erinnerung an diese Form von kollektiver Herrschaftsausübung sehen, wenn man hinter der judäisch geprägten Darstellung eine Tradition erkennen möchte, nach der die Ältesten der nördlichen Stämme in Hebron erschienen und David als König über ganz Israel huldigten.

Kriege zwischen Israel und Juda

Die frühe Phase des Nordreiches Israel war, wie gesehen, von anhaltenden Konsolidierungskämpfen geprägt, in die offensichtlich auch Juda einbezogen war. Das erste Königebuch berichtet mehrfach von kriegerischen Auseinandersetzungen zwischen dem Nordreich Israel und dem Südreich Juda. Nach 1 Kön 14,30 soll es dauernden Krieg zwischen Jerobeam ben Nebat und Rehabeam gegeben haben, nach 1 Kön 15,7 solchen zwischen Jerobeam und dem Nachfolger Rehabeams, Abiam. Und 1 Kön 15,32 spricht abermals von einem dauernden Krieg, nun zwischen Bascha von Israel und Asa, dem Nachfolger Abiams in Jerusalem. Im letzteren Fall soll es König Asa von Juda (908-868) gelungen sein, mit Hilfe eines Aramäerkönigs seinen Kontrahenten Bascha von Israel (906-883) zu besiegen. Anschließend soll Asa im Gebiet des Stammes Benjamin, das wie eine Pufferzone zwischen der Nordgrenze Judas und der Südgrenze des Nordreichs Israel liegt, zwei Städte ausgebaut haben (1 Kön 15,16-22). Diese Hinweise auf kriegerische Auseinandersetzungen zwischen Juda und Israel finden im weiteren Verlauf der Königebücher noch eine Fortsetzung. Solange es die beiden Königreiche gab, war es überwiegend so, dass entweder Krieg zwischen ihnen herrschte oder aber der judäische König Vasall des mächtigeren Nachbarn im Norden war.

3. Die Omri-Dynastie

König Omri von Israel

In den 80er-Jahren des 9. Jahrhunderts kam es zu Kämpfen zwischen mehreren militärischen Anführern, aus denen schließlich ein Heeresoberst namens Omri als Sieger hervorging. Die Erzählung betont mehrfach die Rolle des Volkes bei den Königserhebungen (1 Kön 16,16.21f), was wiederum darauf deuten könnte, dass der kollektive Aspekt in der Herrschaftslegitimation weiterhin eine gewisse Rolle spielte. Mit König Omri beginnt eine neue Ära in der Geschichte Israels, denn unter seiner und seines Sohnes Ahab Ägide entwickelte sich das Nordreich Israel zur regionalen Mittelmacht. Omri regierte insgesamt zwölf Jahre (882-871), zunächst einige Jahre in Tirza in Auseinandersetzung mit einem Gegenkönig namens Tibni. Nach dessen Tod um 875 riss Omri allein die Macht an sich und gründete Samaria, das strategisch günstig am Abhang des ephraimitischen Berglandes zum Mittelmeer hin gelegen ist, als neue Hauptstadt. Die archäologische Fundsituation in Samaria belegt den nun folgenden wirtschaftlichen und kulturellen Aufschwung; man kann von einer ersten Blütezeit des Nordreichs unter den Omriden sprechen.

König Ahab von Israel

Omris Nachfolger war sein Sohn Ahab, der in den Königebüchern besondere Aufmerksamkeit erfährt. Allerdings nicht, weil es über ihn viel Historisches zu berichten gäbe, sondern weil er und seine phönizische Frau Isebel als Gegner des Propheten Elia zu Prototypen verwerflicher Herrscher stilisiert werden (1 Kön 17-19). Ahab regierte von 871-852 und weil er in den Königebüchern so im Fokus steht, wird darin die gesamte Dynastie „Haus Ahab" genannt. Die Assyrer sprechen jedoch in ihren Inschriften vom „Haus Omri".

Damit ist schon ein entscheidendes Stichwort gefallen: Ab jetzt ist das Nordreich Israel mit seiner Hauptstadt Samaria ein bedeutender Machtfaktor in der Region und wird daher mehrfach in Inschriften erwähnt, anhand deren im Zusammenspiel mit den alttestamentlichen Quellen die weitere Geschichte rekonstruiert werden kann.

König Ahab und die Assyrer

Im Norden des Zweistromlandes hatten schon seit Anfang des 1. Jahrtausends die Assyrer ihre Macht stetig ausgebaut, und Mitte des 9. Jahrhunderts streckten sie zum ersten Mal ihre Fühler nach Westen in die Levante aus. Im Jahr 853 kam es zu einer Schlacht zwischen dem assyrischen König Salmanassar III. (858-824) und einer Koalition von Herrschern der nördlichen Levante. Über diese Schlacht bei Qarqar im heutigen Syrien hat der Assyrer eine Inschrift hinterlassen, die unter anderem folgende Passagen enthält:

Quelle

Den Städten des Irḫuleni von Hamath näherte ich mich. ... Seiner Königsstadt Qarqār näherte ich mich. Seine Königsstadt Qarqār riss ich nieder, zerstörte ich, verbrannte ich mit Feuer.
1200 Streitwagen, 1200 Reiter, 20.000 Fußsoldaten des Adad'idri von Aram, 700 Streitwagen, 700 Reiter, 10.000 Fußsoldaten des Irḫuleni von Hamath, 2000 Streitwagen, 10.000 Fußsoldaten des Ahab von Israel, 500 Fußsoldaten aus Byblos, 1000 Fußsoldaten aus Ägypten, 10 Streitwagen aus Irqanāt, 2000 Fußsoldaten des Mattinba'l von Arwad, 200 Fußsoldaten aus Ušanāt, 30 Streitwagen, x00 Fußsoldaten des Adōnba'l von Siyānu, 1000 Kamele (= Kamelreiter) des Arabers Gindibu', x00 Fußsoldaten des Ba'ša von Bīt-Ruḫūb vom Amana-Gebirge. Diese zwölf Könige nahm er zu Hilfe.

Um Kampf und Schlacht zu schlagen, gingen sie gegen mich vor. Mit der strahlenden Kraft, die mir mein Herr Assur gegeben hat, mit meinen mächtigen Waffen, die Urigal (Nergal), der vor mir hergeht, mir geschenkt hat, kämpfte ich mit ihnen. Von Qarqār bis Kilza'u brachte ich ihnen eine Niederlage bei. (nach HTAT 106, Z. 87–97, vgl. TUAT I/4, 361)

Regionale Hegemonie Israels

Wenn auch die Zahlenangaben wie immer in solchen Fällen zweifelhaft sind, so wird doch deutlich, dass Ahab von Israel nunmehr ein bedeutender Machtfaktor in der Region geworden war. Der assyrische Vorstoß in die Levante blieb zunächst eine Episode; dauerhaft etablieren konnten sich die Assyrer erst hundert Jahre später. Omri und Ahab aber gelang es, eine Reihe von Nachbarn zu unterwerfen: die Aramäer von Damaskus im Nordosten, die Moabiter im Südosten und die Judäer im Süden.

Juda als Vasall Israels

Um mit den Letzteren zu beginnen: Die Hinweise auf eine Abhängigkeit des Südreiches Juda von Nordreich Israel sind allesamt recht knapp und nur dort zu finden, wo Traditionen aus dem Nordreich ihren Weg in die judäisch geprägten Erzählwerke des Alten Testaments gefunden haben. So etwa in 2 Kön 3,7, wo der judäische König Joschaphat (868-847) dem israelitischen König Heeresfolge zusichert, eine Tradition, die auch in dem viel jüngeren Text 1 Kön 22,2-4 aufgenommen wird. Auch in 2 Kön 8,29 erscheint der judäische König Ahasja (um 845) als Vasall von Joram, dem Sohn Ahabs (851-845). Die enge Verbindung der beiden Reiche kommt auch darin zum Ausdruck, dass eine Tochter Ahabs, Atalja, Frau von König Jehoram von Juda (847-845) und damit Mutter des bereits erwähnten Ahasja von Juda war (2 Kön 8,26; 11,1).

In diesen Zusammenhang gehört auch die Frage, wie es zu erklären ist, dass im 9. Jahrhundert einige geographisch dem Südreich Juda nahe Städte wie Beer-Scheba, Arad, Lachisch und Bet-Schemesch erheblich ausgebaut wurden. Auch hierfür wird geltend gemacht, dass der Einfluss der Könige von Israel im 9. Jahrhundert weit bis nach Süden reichte.

Israel und Moab

Über das Verhältnis Israels zum ostjordanischen Nachbarn Moab sind wir durch den Fund einer Stele des Moabiterkönigs Mescha aus der Mitte des 9. Jahrhunderts gut unterrichtet. Mescha hat schreiben lassen:

Quelle

Ich bin Mescha, Sohn des Kamoschjat, der König von Moab, der Dibonite. Mein Vater herrschte über Moab dreißig Jahre, und ich wurde König nach meinem Vater. Und ich machte diese Kulthöhe für Kamosch in Qarchoh. Ich baute sie siegreich, denn er errettete mich vor allen Königen und ließ mich auf alle meine Feinde herabsehen.
Omri war König von Israel, und er unterdrückte Moab lange Zeit, denn Kamosch zürnte seinem Lande. Und es folgte ihm sein Sohn, und sprach auch er: „Ich will Moab unterdrücken." In meinen Tagen sprach er so, ich aber sah auf ihn und auf sein Haus herab. Und Israel ist für immer zu Grunde gegangen.

Und Omri hatte das ganze Land Madeba eingenommen. Und er wohnte darin während seiner Tage und der Hälfte der Tage seines Sohnes, vierzig Jahre, aber Kamosch brachte es zurück in meinen Tagen. Und ich baute Baal-Meon und machte die Zisterne darin, und ich baute Kirjathan.
Und die Leute von Gad wohnten seit jeher im Lande Ataroth, und der König von Israel hatte Ataroth für sich gebaut. Ich aber kämpfte gegen die Stadt und eroberte sie. Und ich tötete alles Volk, und die Stadt gehörte Kamosch und Moab. Und ich brachte weg von dort den Brataufsatz des Altarherds und ich schleppte ihn vor Kamosch in Karjoth. Und ich ließ dort wohnen die Leute von Saron und die Leute von Macharot.
Und Kamosch sprach zu mir: „Geh, erobere Nebo gegen Israel!" Und ich ging bei Nacht und kämpfte gegen es von Tagesanbruch bis Mittag. Und ich eroberte es und tötete alle, 7000 Krieger und Greise und die Frauen und die Greisinnen und die Mägde, denn ich hatte es für Aschtar-Kamosch gebannt. Und ich nahm von dort die Geräte(?) Jahwes und schleppte sie vor Kamosch.
Und der König von Israel hatte Jahaz gebaut und blieb darin während seines Kampfes gegen mich. Aber Kamosch vertrieb ihn vor mir, als ich aus Moab zweihundert Mann nahm, alle seine Tapferen. Und ich führte sie gegen Jahaz und eroberte es, um es Diban anzugliedern.
Ich baute Qarchoh: die Mauer der Parkanlage/Unterstadt(?) und die Mauer der Akropolis. Und ich baute seine Tore, und ich baute seine Türme. Und ich baute das Königsschloss, und ich machte den doppelten Zugangsschacht zu der Quelle inmitten der Stadt. Und eine Zisterne gab es nicht inmitten der Stadt, in Qarchoh, und ich sprach zu allem Volk: „Macht euch jeder eine Zisterne in seinem Hause!"
Und ich ließ das Bauholz von Qarchoh durch Gefangene Israels schlagen. Ich baute Aroer, und ich machte die Straße am Arnon. Ich baute Beth-Bamoth, denn es war eine Ruine. Ich baute Bezer, denn es war ein Trümmerhaufen. Und die Leute von Dibon waren kampfgerüstet, denn ganz Dibon war eine Mannschaft. Und ich ließ die Befehlshaber der Hundertschaften in den Städten regieren, die ich dem Lande angegliedert habe. Und ich baute Beth-Madeba und Beth-Diblathan, auch Beth-Baal-Meon, wohin ich meine Schafhirten brachte, um das Kleinvieh des Landes zu hüten.
[Und in Horonajim wohnte das Haus David. Da sprach ich: … Da sprach Kamosch zu mir: „Steige hinab, kämpfe gegen Horonajim!" Und ich stieg hinab, und … kämpfte gegen es. Da brachte es Kamosch zu meiner Zeit zurück. Und …] *Rest zerstört*
(vgl. TUAT I/6, 646–650; HTAT 105; KAI 181)

Mescha-Inschrift

Die Mescha-Inschrift ist ein interessantes Dokument, weil sie einen einzigartigen Einblick nicht nur in einen kurzen Abschnitt der Geschichte Israels gibt, sondern darüber hinaus in die Lebenswelt der eisenzeitlichen Levante. Sie enthält den ältesten Beleg für den Namen des Gottes Israels, der mit den vier Konsonanten „JHWH" geschrieben und vermutlich „Jahwe" ausgesprochen wurde. Im letzten Absatz könnte ein erster Hinweis auf das Königreich Juda enthalten sein, das hier als „Haus David" bezeichnet wird. Danach soll Juda im Süden des Ostjordanlandes die Herrschaft ausgeübt haben und von Mescha vertrieben worden sein. Doch ist die Lesung dieses letzten Abschnitts der Inschrift sehr unsicher.

Das zweite Königebuch berichtet wesentlich kürzer und ohne Hinweis auf Juda über die Ereignisse:

Quelle

3,4 Und Mescha, der König von Moab, war Schafzüchter und lieferte dem König von Israel 100.000 Lämmer und 100.000 ungeschorene Widder (als Tribut). 5 Aber als Ahab gestorben war, brach der König von Moab mit dem König von Israel. (2 Kön 3,4–5)

Die Zahlenangaben sind wie so oft symbolisch und das mag auch für die „vierzig Jahre" der Inschrift gelten. Beide Texte belegen auf jeden Fall die Unterwerfung weiter Teile des Ostjordanlandes durch das Nordreich Israel zur Zeit von König Omri und die Abwerfung der Fremdherrschaft in der Mitte des 9. Jahrhunderts.

Tel Dan-Inschrift

Einen weiteren Beleg für die Expansionspolitik Omris bietet eine aramäische Inschrift, die auf dem Tel Dan ganz im Norden Israels gefunden wurde. Da der Textanfang nicht erhalten ist, kann das „Ich" der Inschrift nicht mit Sicherheit bestimmt werden. Aber wahrscheinlich war es der Aramäerkönig Hasaël von Damaskus (845/3–803), der die Inschrift hat schreiben lassen:

Quelle

Da kam mein Vater, indem er hinaufzog …, um mit … zu kämpfen. Da legte sich mein Vater nieder, indem er zu seinem Geschick ging (= er starb). Da war der König von Israel damals in das Land meines Vaters gekommen. Da machte Hadad (= Gottheit der Aramäer) mich zum König. Da ging Hadad vor mir her. … … Da tötete ich viele Könige, die tausende von Streitwagen und tausende von Kavallerie-Pferden bespannen (konnten). Ich tötete fürwahr Joram, den Sohn Ahabs, den König von Israel, und ich tötete fürwahr Ahasja, den Sohn Jorams, den König von Beth-David (= Haus David). … … Und Jehu wurde König über Israel. … Da belagerte ich … (nach HTAT 116, vgl. TUAT Ergänzungsband, 176–179)

„Haus David"

Bei dem hier genannten König von Israel muss es sich um Omri oder Ahab handeln, die auch den nördlichen Nachbarn Aram eine Zeitlang unterworfen hatten. Wie auch im Fall von König Mescha von Moab berichtet die Inschrift von der Abschüttelung der Abhängigkeit. Im Zuge dieses Befreiungskrieges wurden zwei Könige getötet, nämlich zum einen der Sohn Ahabs, Joram von Israel (851–845), zum andern dessen Vasall Ahasja von Juda (845). Das Königreich Juda wird hier wie in der Mescha-Stele als „Haus David" bezeichnet. Somit bezeugen diese Inschriften aus der Mitte des 9. Jahrhunderts indirekt die Dynastiegründung durch König David rund ein Jahrhundert zuvor.

Die „Jehu-Revolution"

Die Ereignisse um die Tötung der beiden Könige Joram und Ahasja werden im zweiten Königebuch ganz ausführlich, aber auch abweichend berichtet

(2 Kön 8,28–10,14). Danach war Joram von Israel im Krieg gegen die Aramäer verwundet worden, eine Schwäche, die sein Heeresoberst Jehu ausnutzte, indem er sich zum König ausrufen ließ und sogleich in die nordisraelitische Stadt Jesreel zog, wo sich der König erholen wollte. Dort traf Jehu auf die Könige Joram und Ahasja und tötete beide. Aufgrund dieser Darstellung nennt man diese Vorgänge die „Jehu-Revolution". Wer also hat die beiden Könige getötet – der Aramäerkönig Hasaël, wie es die Tel-Dan-Inschrift behauptet, oder der israelitische Oberst Jehu, wie es das Königebuch erzählt? Wahrscheinlich waren sie verbündet, so dass sich der Aramäerkönig mit der Tat seines israelitischen Gefolgsmannes brüsten konnte.

4. Die Jehu-Dynastie

König Jehu als assyrischer Vasall

Auf jeden Fall ging Ende der 40er-Jahre des 9. Jahrhunderts die Ära der Omriden und damit auch die erste Blütezeit Israels zu Ende, und die lange Regierungszeit der Jehu-Dynastie begann. Diese stand zunächst unter keinem guten Stern, denn Jehu (845–818) musste sich dem Assyrerkönig Salmanassar III. unterwerfen, der mehrere Feldzüge in die Levante unternahm. Später dann waren die Könige der Jehu-Dynastie den Attacken der Aramäer ausgesetzt, die bis in die ersten Jahre des 8. Jahrhunderts hinein Israel heftig bedrängten.

Der „Schwarze Obelisk"

Die Tributübergabe an Salmanassar III. durch Jehu von Israel im Jahr 841 ist in den assyrischen Inschriften festgehalten. Darin heißt es: „Damals empfing ich den Tribut des Tyriers, Sidoniers, des Jehu von Beth-Omri (= Haus Omri)." (nach HTAT 112) Auf dem sogenannten „Schwarzen Obelisken" ist die Huldigungsszene abgebildet, es ist die einzige zeitgenössische Darstellung eines israelitischen Königs. Die Beischrift lautet:

Quelle

Den Tribut des Jehu von Beth-Omri (= Haus Omri) – Silber, Gold, eine Schale aus Gold, eine Schüssel aus Gold, Kelche aus Gold, Eimer aus Gold, Zinn, ein Szepter für die Hand des Königs (und) Spieße – empfing ich von ihm. (nach HTAT 113, vgl. TUAT I/4, 363)

Interessant ist die Angabe, Jehu stamme aus dem Haus Omri. Die Assyrer haben die Herrschaftsübernahme durch Jehu, anders als die späteren judäischen Autoren der Königebücher, nicht als Dynastiewechsel verstanden. Die Benennung der Herrschaft nach dem Muster „Haus des [Dynastiegründers]" entspricht der Bezeichnung „Haus David" für Juda in der Mescha- und in der Tel-Dan-Inschrift.

König Hasaël von Aram

Im Aramäerstaat von Damaskus hatte etwa zeitgleich mit Jehu ein anderer Usurpator den Thron bestiegen, Hasaël (845/3–803). Eine Inschrift Salmanassars III. erzählt den Vorgang so: „Adad'idri trat ab. Hasaël, Sohn eines Niemand, nahm den Thron ein." (nach HTAT 111, vgl. TUAT I/4, 365) Das zweite Königebuch erzählt den Vorgang dagegen so, dass Hasaël seinen Vorgänger, in dessen Dienst er stand, heimtückisch ermordet habe (2 Kön 8,7-15). Nach dem Rückzug der Assyrer expandierte Hasaël schnell in der Region: „Und Hasaël schlug sie (die Israeliten) im ganzen Gebiet Israels, vom Jordan an nach Sonnenaufgang zu das ganze Land Gilead." (2 Kön 10,32b-33aαβ). Um 830 trat er als Eroberer in der südlichen Levante in Erscheinung. Die philistäische Stadt Gat fiel in seine Hände (2 Kön 10,18), Jerusalem jedoch konnte von König Joasch durch eine erhebliche Tributzahlung gerettet werden (2 Kön 12,18-19). Auch der Nachfolger Jehus auf dem nordisraelitischen Thron, Joahas ben Jehu (818-802), war Vasall von Hasaël und von dessen Nachfolger Benhadad (803-775, vgl. 2 Kön 13,3.22). Von ihm sagt das Königebuch:

Quelle

[13,7] Denn er (der König von Aram) hatte dem Joahas kein Kriegsvolk übriggelassen als nur fünfzig Gespanne und zehn Kriegswagen und zehntausend Mann zu Fuß; denn der König von Aram hatte sie vernichtet und sie gemacht wie Staub beim Dreschen. (2 Kön 13,7)

Regionale Hegemonie Arams

Die – historisch betrachtet hohen, in den Augen des Verfassers aber geringen – Zahlen sollen die Machtlosigkeit des Joahas belegen. Auch dessen Sohn Joasch ben Joahas (802-787), der Enkel Jehus, befand sich zunächst in derselben Abhängigkeit.

Niedergang Arams

Doch Anfang des 8. Jahrhunderts änderte sich die Lage. Im Jahr 796 wurde König Zakkur von Hamath und Luasch, einem Staat im Nordwesten Syriens, von einer Koalition unter Führung eben jenes Benhadad von Damaskus bedrängt (vgl. TUAT I/6, 626-628). Zakkur rief wohl den Assyrerkönig Adad-Nirari III. (811-781) um Beistand an, und der kam dem Bedrängten nicht nur zur Hilfe, sondern unternahm einen Feldzug in die Levante, bei dem er gegen Damaskus besonders hart vorging. Adad-Nirari ließ schreiben:

Quelle

Vom Euphrat an legte ich mir die Länder Ḫatti, Amurru in seiner Gesamtheit, Tyrus, Sidon, Omri, Edom (und) Philistäa bis zum Großen Meer des Westens unter die Füße; Abgabe (und) Tribut legte ich ihnen auf.
Nach dem Land Aram zog ich. Mari', den König von Aram, schloss ich in Damaskus, seiner Königsstadt, ein. Die Furcht vor dem Schreckensglanz Assurs, seines Herrn, warf ihn nieder, so dass er meine Füße ergriff. Mein Vasall wurde er. 2300 Talente Silber, 20 Talente Gold, 3000 Talente Bronze, 5000 Talente Eisen, Kleider aus buntem Leinenstoff, ein Elfenbeinbett, einen Elfenbeindiwan mit Plattierung (und) Einlegearbeit, sein Hab und Gut, das nicht zu wiegen war, empfing ich in Damaskus, seiner Königsstadt, in seinem Palast. (nach HTAT 121, vgl. TUAT I/4, 367–368)

Das Ende der Aramäerkriege

Zunächst nennt die Inschrift alle besiegten Länder, darunter „Omri", das mit dem Determinativ für „Land" versehen ist, also „Omri-Land", womit abermals und nunmehr fast hundert Jahre nach dem Tod Omris das Nordreich Israel unter seinem damaligen König Joasch (802–787) gemeint ist. Damaskus aber wurde besonders hart bestraft, was zu seiner nachhaltigen Schwächung führte, aber für Israel die erfreuliche Folge hatte, dass der Druck des nördlichen Nachbarn nachließ. Joasch von Israel gelang es daher, in den Jahren nach 796 das Joch der Aramäer abzuschütteln:

Quelle

13,25 Da entriss Joasch ben Joahas der Hand Ben-Hadads ben Hasaël die Städte wieder, die dieser aus der Hand seines Vaters Joahas im Krieg genommen hatte. Dreimal schlug ihn Joasch und brachte die Städte Israels wieder zurück. (2 Kön 13,25).

Juda als Vasall Israels

Damit waren die Jahrzehnte der Aramäerkriege beendet, eine Leidenszeit, die noch in den Sprüchen des Amos nachklingt, der um die Mitte des 8. Jahrhunderts die Aramäer beschuldigt, „Gilead mit eisernen Dreschschlitten gedroschen [zu] haben" (Am 1,3). Joasch nutzte den neugewonnenen Spielraum sogleich aus, indem er gegen Juda zu Felde zog und einen großen Sieg errang: Er schleifte die Stadtmauer Jerusalems, plünderte die Schatzkammern des Tempels und des Palastes und machte Kriegsgefangene (2 Kön 14,8–14). Die auf die Tage Omris und Ahabs zurückgehende Überlegenheit des Nordreiches Israel über das südliche Brudervolk kam jetzt wieder zur Geltung und hatte wohl auch über Joasch hinaus Bestand.

Blütezeit Samarias unter Jerobeam II.

Der letzte große König der Jehu-Dynastie und des Nordreichs Israel überhaupt war Jerobeam ben Joasch (= Jerobeam II., 787–747). Von ihm wird gesagt, dass er „das Gebiet Israels von Lebo-Hamat (= Stadt im Libanon) bis zum Steppenmeer (= Totes Meer) wiederhergestellt hat" (2 Kön 14,25). Ihm soll es sogar gelungen sein, die nördlich angrenzenden Aramäerstaaten von Hamat und Damaskus zu unterwerfen (1 Kön 14,28). Unter seiner Herrschaft erlebte Samaria eine zweite Blütezeit, die im Alten Testament vor allem in Gestalt ihrer negativen Kehrseite thematisiert wird. Der wirtschaftliche Aufschwung führte zu erheblichen sozialen Verwerfungen, die der judäische Landwirt Amos aus Thekoa mit drastischen Worten anprangerte: Die Samarier „häufen Gewalttat und Verwüstung in ihren Palästen an" (Am 3,10), sie „unterdrücken die Geringen und schinden die Armen" (Am 4,1) und dabei „sitzen sie in Samaria an der Lehne des Diwan und auf dem Damast des Bettes" (Am 3,12).

Der Reichtum Samarias ...

Das Nordreich Israel hatte sich im Laufe der zwei Jahrhunderte seines Bestehens wirtschaftlich und politisch enorm weiterentwickelt. Samaria war zu einer relativ großen, luxuriös ausgebauten Stadt herangewachsen, in der etwa 7000 Personen leben konnten. Kostbare Elfenbeinschnitzereien, die man gefunden hat (vgl. 1 Kön 22,39), zeugen ebenso von diesem Reichtum wie zahlreiche Verwaltungsquittungen über Naturallieferungen an die Oberschicht Samarias aus der Mitte des 8. Jahrhunderts.

... und seine negative Kehrseite

Der Ausbau des Staatswesens hatte zu einer verstärkten funktionalen Ausdifferenzierung und damit zu einem erhöhten Versorgungsbedarf der Eliten geführt, was wiederum einen wachsenden Abgabendruck auf die Bevölkerung bedeutete. Im Idealfall kann dieses System funktionieren, in der Realität stellt sich jedoch bei der geringsten Störung eine verhängnisvolle Kausalkette ein, die etwa so zu beschreiben ist: Im Falle von Missernten oder Krankheiten müssen die Bauern Kredite aufnehmen, die sie nur schwer durch Überschussproduktion wieder zurückzahlen können. Es kommt zu Überschuldung, im schlimmsten Fall müssen Kinder als Sklaven verkauft werden und/oder der Familienbesitz an Grund und Boden geht in die Hände der Gläubiger über. Am Ende stehen Ruin, Schuldsklaverei und Landlosigkeit, die ökonomischen Grundübel der antiken Gesellschaften.

Diese Mechanismen sind keineswegs auf das Nordreich Israel in der Mitte 8. Jahrhunderts beschränkt, sie treten – im Übrigen bis heute – immer wieder in bestimmten Phasen der ökonomischen Entwicklung auf. Im weniger entwickelten Südreich Juda bildeten sich dieselben Phänomene erst einige Jahrzehnte später, am Ende des 8. Jahrhunderts, aus (vgl. Jes 5,8–10).

5. Die letzten Jahrzehnte des Nordreiches Israel

Schnelle Thronwechsel

Der Sohn Jerobeams II., Sacharja, konnte sich im Jahr 747 nur sechs Monate auf dem Thron halten, dann wurde er von einem Usurpator namens Schallum getötet, der sich aber selbst nur einen Monat behaupten konnte. Bald wurde auch er von einem gewissen Menachem aus Tirza getötet, der sich nun seinerseits zum König erklärte (2 Kön 15,8–17). Menachem übte die Königsherrschaft etwa ein Jahrzehnt aus (747–738). Die vielfachen und gewaltsamen Herrscherwechsel, die sich nach dem Tod Menachems noch fortsetzten, werden im Hoseabuch bissig kommentiert (Hos 7,3–7; 8,4).

Israel als Vasall Assurs

Das einschneidende Ereignis während der Regierungszeit Menachems war jedoch der nunmehr dauerhafte Eintritt Israels in die Abhängigkeit von Assur. Anders als seine Vorgänger unternahm der Assyrerkönig Tiglat-Pileser III. (745–727) nicht nur Feldzüge, von denen er reiche Beute mitbrachte, sondern er entwickelte auch ein Administrations- und Herrschaftssystem, das die ständige Präsenz assyrischer Macht in den eroberten Gebieten ermöglichte. Er teilte sein Reich in relativ kleine Provinzen und Klientelkönigtümer ein, die er mit einem gestuften System von Abhängigkeiten kontrollierte.

Der Tribut Menachems

Menachem von Israel musste dem Assyrer im Jahr 738 neben Rezin von Damaskus und anderen Königen Tribut entrichten. Er wird in der Tributliste als „Menachem von Samaria-Land“ (vgl. HTAT 140; TUAT I/4, 378) geführt. Das zweite Königebuch beschreibt das Ereignis so:

Quelle

15,19 Pul (= Tiglat-Pileser III.), der König von Assur, war gegen das Land gekommen. Und Menachem gab Pul tausend Talente Silber, damit dessen Hände mit ihm sein sollten, das Königtum in seiner Hand zu befestigen. 20 Und Menachem trieb das Silber ein, indem er es auf Israel umlegte, auf alle vermögenden Leute, um es dem König von Assur zu geben: fünfzig Schekel Silber auf jeden Mann. Da kehrte der König von Assur um und blieb nicht dort im Land. (2 Kön 15,19–20)

Menachem hatte zwar seine Königsherrschaft gerettet, aber um den Preis des Vasallenstatus. Kurz danach starb er und sein Sohn Pekachja übernahm für zwei Jahre die Herrschaft (737-736). Dann putschte einer seiner Offiziere, Pekach ben Remalja, und tötete ihn im Königspalast von Samaria (2 Kön 15,25). Die Regierungszeit von Pekach wird in 2 Kön 15,27 mit „zwanzig Jahren“ angegeben, was sich aber weder mit der weiteren Darstellung der Königebücher noch mit den assyrischen Texten vereinbaren lässt. Es müssen etwa drei bis vier Jahre (735-732) gewesen sein.

Aufstand gegen Assur

Mitte der 730er-Jahre unternahmen die levantinischen Vasallenstaaten den Versuch, das assyrische Joch abzuschütteln. An der Koalition beteiligten sich neben anderen die Könige Rezin von Damaskus und Pekach von Israel. Tiglat-Pileser III. reagierte darauf mit einem Feldzug, der ihn im Jahr 734 bis nach Gaza an die Grenze zu Ägypten brachte, wo er schweren Tribut eintrieb und den Stadtkönig als seinen Vasallen einsetzte (HTAT 142). Das zweite Königebuch berichtet, dass etwa zur selben Zeit Pekach von Israel und Rezin von Aram gegen Jerusalem zogen, woraufhin sich König Ahas von Juda Tiglat-Pileser III. unterwarf und nunmehr seinen Schutz in Anspruch nehmen konnte (2 Kön 15,37; 16,5.7-8). Die genauen Umstände dieser Aktion, die in der Fachliteratur unter dem Namen „Syrisch-ephraimitischer Krieg“ diskutiert wird, sind unklar. Versuche, bestimmte Prophetentexte aus Jesaja und Hosea zur Klärung heranzuziehen, haben sich nicht bewährt. Wie dem auch sei: Ab etwa 734 gehörte auch Juda zu den Vasallenstaaten Assurs (mehr dazu s. V.3).

Neuordnung der Levante

Sehr viel härter traf es das Nordreich Israel und den Aramäerstaat von Damaskus. In den Jahren 733 und 732 wurde Damaskus erobert und Rezin getötet. Tiglat-Pileser wandelte das Land, das er „Haus Hasaël“ nennt, in eine assyrische Provinz um und setzte einen Statthalter ein (HTAT 145/146). Das Nordreich Israel blieb als Vasallenstaat bestehen, doch trennte der Assyrerkönig zahlreiche Städte ab, „die im Grenzgebiet des Landes ‚Haus Omri‘ liegen“ (HTAT 145, vgl. 144.146). Das Königreich Israel war nunmehr auf sein Kernland, das ephraimitische Bergland, beschränkt. Gleichzeitig kam es zu einem

Thronwechsel, der den letzten König des Nordreiches Israel, Hosea ben Ela (732–722), an die Macht brachte. Das zweite Königebuch stellt den Vorgang so dar:

Quelle

15,30 Und Hosea ben Ela machte eine Verschwörung gegen Pekach ben Remalja und erschlug ihn und tötete ihn. Und er wurde an seiner Stelle König im zwanzigsten Jahr Jotams ben Usija. … 17,3 Salmanassar, der König von Assur, war gegen ihn heraufgezogen, und Hosea wurde sein Vasall und entrichtete ihm Tribut. (2 Kön 15,30; 17,3)

Tiglat-Pileser III. ließ dagegen schreiben:

Quelle

Das Land Bīt-Ḫumriya (= Haus Omri), von dem ich … die Menge seiner Menschen erbeutet, nach dem Land Assyrien gebracht hatte – ihren König Paqaḫa (= Pekach ben Remalja) … sie/ich und Auši (= Hosea ben Ela) setzte ich in das Königtum über sie ein. Zehn Talente Gold, x Talente Silber empfing ich von ihnen und brachte sie nach dem Land Assyrien. (nach HTAT 147)

Der letzte König Israels

Gemäß den Königebüchern hat sich Hosea selbst auf den Thron geputscht und einige Jahre später dem Nachfolger Tiglat-Pilesers, Salmanassar V. (727–722), unterworfen. Nach assyrischer Darstellung war er dagegen von Anfang an assyrischer Vasall. Auf jeden Fall war das Nordreich Israel in jenen Jahren ein Rumpfstaat unter starker assyrischer Kontrolle, der sich Hosea ben Ela entziehen wollte und damit das Ende des Reiches bewirkte:

Quelle

17,4 Der König von Assur entdeckte eine Verschwörung bei Hosea, als dieser Boten an So, den König von Ägypten, gesandt und dem König von Assur nicht mehr Jahr für Jahr Tribut hinaufgebracht hatte. Da nahm ihn der König von Assur fest und warf ihn gefesselt ins Gefängnis. 5 Dann zog der König von Assur herauf durch das ganze Land und gegen Samaria und belagerte es drei Jahre lang. 6 Im neunten Jahr Hoscheas nahm der König von Assur Samaria ein und deportierte Israel nach Assur. Und er ließ sie wohnen in Halach und am Habor, dem Strom von Gosan, und in den Städten Mediens. (2 Kön 17,4–6)

Die Eroberung Samarias

Das Hilfegesuch an Ägypten kann nicht genauer geklärt werden, da der Ausdruck „So“ kein Pharaonenname ist, sondern eine Entstellung des ägyptischen Wortes für „König“ (*nj-św.t*). Möglicherweise nimmt auch das Hoseabuch in Hos 12,2 darauf Bezug. Der Fall Samarias im Jahr 722 wird dagegen in mehreren Inschriften berichtet, eine babylonische Chronik nennt Salmanassar als Eroberer, die assyrischen Inschriften nennen jedoch seinen Nachfolger Sargon II. (722-705). Letzterer ließ schreiben:

Quelle

Die Leute von Samaria, die mit einem mir feindlichen König gegenseitig übereingekommen waren, mir nicht mehr zu dienen und Abgaben nicht mehr zu bezahlen, nahmen den Kampf mit mir auf. In der Kraft der großen Götter, meiner Herren, kämpfte ich mit ihnen und 27280 Menschen zusammen mit ihren Streitwagen und den Göttern, ihren Helfern, rechnete ich als Beute. 200 Streitwagen für meine königliche Truppe hob ich unter ihnen aus und den Rest von ihnen siedelte ich inmitten des Landes Assyrien an. Die Stadt Samaria stellte ich wieder her und machte sie mehr als früher. Menschen anderer Länder, die Beute meiner Hände, brachte ich hinein. Einen meiner Eunuchen setzte ich als Statthalter über sie [die Leute] und rechnete sie zu den Leuten des Landes Assyrien. (nach HTAT 151, vgl. TUAT I/4, 382)

Deportation des Nordreichs Israel?

Der Hauptunterschied zwischen den assyrischen Inschriften und den Königebüchern ist das Ausmaß der Deportationen aus Samaria und der Ansiedlungen in Samaria. Die assyrischen Texte reden nicht von „Israel" als Ganzem, sondern nur von einem „Rest". An anderer Stelle sagt Sargon von den Samariern, er habe „die Übrigen ihre Berufe (wieder) aufnehmen" lassen (HTAT 152). Die Behauptung des zweiten Königebuches, ganz Israel sei deportiert worden, bereitet den Vorwurf vor, alle später auf dem Gebiet des ehemaligen Nordreichs Wohnenden seien Angehörige von Fremdvölkern, die durch diese Definition aus dem israelitischen Gemeinwesen ausgeschlossen werden sollen. Es handelt sich hierbei wohl um eine politische Kontroverse, die zur Zeit der Abfassung des sogenannten Deuteronomistischen Geschichtswerkes im 6. und 5. Jahrhundert virulent war. In diese Diskussion gehört auch die lange Reflexion über die Ursachen des Untergangs des Nordreiches Israel in 2 Kön 17,7-41 (s. VII.3).

Die assyrische Provinz Samerina

Danach bricht die Darstellung der Königebücher über das nunmehr ehemalige Nordreich Israel ab. Sargon II. berichtet noch über einen Aufstand nordlevantinischer Staaten im Jahr 720, an dem auch Samaria beteiligt war (HTAT 153.154), sowie von der Ansiedlung von Arabern in Samaria (HTAT 158.159), doch danach liegen keine Zeugnisse von geschichtsträchtigen Ereignissen mehr vor. Das ehemalige Königreich Israel war nunmehr aufgeteilt in die Provinzen „Samerina" (= Samaria) im Bergland von Ephraim, „Duru" (= Dor) an der Mittelmeerküste, „Magidu (= Megiddo) in Galiläa und „Galaza" (= Gilead) östlich des Jordans. Vom fortgesetzten Alltagsleben in der Provinz Samaria zeugen freilich nicht wenige Dokumente aus Justiz, Militär und Verwaltung, die gefunden wurden (vgl. HTAT 164-179). Die spätere Geschichte Samarias wird in Kap. VII.5 dargestellt. ■

Auf einen Blick

Die Königebücher zielen darauf ab, das Nordreich Israel zu delegitimieren und die David-Dynastie in Juda zu legitimieren. Israel wurde unter der Omriden-Dynastie in der ersten Hälfte des 9. Jahrhunderts ein bedeutender Machtfaktor in der Region. Auf die Omriden folgte die Jehu-Dynastie. Was ereignete sich während der sogenannten Jehu-Revolution? Welcher Art waren die sozialen Probleme, gegen die sich die Verkündigung des Amos richtete? Und welche Ereignisse führten schließlich zum Ende des Nordreiches Israel?

Literaturhinweis

Frevel, Christian: Geschichte Israels (StTh 2), Stuttgart 2016, 172–269.

V. Das Königreich Juda (Südreich)

Überblick

Die Anfänge des Königreiches Juda liegen weitgehend im Dunkeln. Ein kurzes Schlaglicht wirft der Feldzug des Pharao Scheschonq I. in den 920er-Jahren, über den sowohl das Königebuch als auch eine Siegesinschrift – wenn auch abweichend – berichten. Der judäische König war wohl die meiste Zeit Vasall des Nordreiches Israel, und Jerusalem war bis in die erste Hälfte des 8. Jahrhunderts eine eher unbedeutende Stadt. Nach dem Ende des Nordreiches im Jahr 722 wurde Juda allerdings zur Regionalmacht und Jerusalem wuchs um ein Mehrfaches. Fast zeitgleich begann jedoch die rund einhundert Jahre währende assyrische Oberherrschaft über Juda, während deren sich Jerusalem zur Metropole entwickelte. Nach dem Ende des Assyrerreiches führte der König Josia in den 620er-Jahren Reformen durch. Doch auf die kurzen Jahre der Souveränität folgten die ägyptische und die babylonische Oberherrschaft. Nach zwei Aufständen wurde Jerusalem im Jahr 587 von den Babyloniern zerstört und Juda in eine babylonische Provinz umgewandelt.

926–910	Rehabeam, König von Juda
910–908	Abijam
908–868	Asa
868–847	Joschaphat
847–845	Jehoram
845	Ahasja: wird von Jehu getötet
845–840	Atalja, Tochter eines Omriden
840–801	Joasch
801–773	Amazja
773–736	Asarja/Ussija
756–741	Jotham
741–725	Ahas: Beginn der Oberherrschaft Assurs
725–697	Hiskia: Belagerung Jerusalems
697–642	Manasse
642–640	Amon
640–609	Josia: Ende der Oberherrschaft Assurs; Josianische Reform; Vasall Ägyptens
609	Joahas: deportiert nach Ägypten
609–597	Jojakim: ab 604 Vasall Babylons
597	Jojachin: deportiert nach Babylon
597–587	Zedekia, letzter König in Jerusalem

1. Die Anfänge des Königtums in Juda gemäß den Samuel- und Königebüchern

Historiographische Probleme

Wie die vorangehenden Kapitel gezeigt haben, bereitet die Rekonstruktion der Herrschaftsstrukturen in Juda und Israel im 10. Jahrhundert erhebliche Probleme. Als einziges gesichertes Datum kann eine wie auch immer geartete Herrschaftsausübung des Judäers David in Jerusalem gelten, dem sein Sohn Salomo nachgefolgt sein muss. Insoweit kann man das historisch wahrscheinlich zu machende Geschehen als Grundlegung der weiteren Geschichte verstehen. Das Ausmaß und der Charakter dieser Herrschaft sind aber nach wie vor nicht sicher zu bestimmen. Die Darstellung in den Samuel- und Königebüchern benutzt politische Kategorien aus späterer Zeit, mit deren Hilfe die Ereignisse der Grundlagenzeit für die eigene Zeit gedeutet werden. Die Vorstellung einer „vereinigten Monarchie" basiert auf der Annahme, dass es zwei politische Entitäten, nämlich Juda und Israel, schon gegeben habe, die sich zu dieser Union dann verbunden hätten. Tatsächlich entstanden beide Entitäten aber erst durch die Staatenbildung.

Quelle

5,1 Und alle Stämme Israels kamen zu David nach Hebron. Und sie sagten: „Siehe, wir sind dein Gebein und dein Fleisch. 2 Schon früher, als Saul König über uns war, bist du es gewesen, der Israel ins Feld hinausführte und wieder heimbrachte. Und Jhwh hat zu dir gesprochen: ‚Du sollst mein Volk Israel weiden, und du sollst Fürst sein über Israel!'" 3 Und alle Ältesten Israels kamen zum König nach Hebron, und König David schloss vor Jhwh einen Vertrag mit ihnen in Hebron. Und sie salbten David zum König über Israel. 4 Dreißig Jahre war David alt, als er König wurde; vierzig Jahre lang war er König. (2 Sam 5,1–4)

Intention der biblischen Erzählung

Diese biblische Darstellung ist zum einen theologisch, weil sie ein Gotteswort zitiert, und zum andern anachronistisch, weil sie ein Gremium namens „Älteste Israels" auftreten lässt, das ganz Israel vertritt. Sie ist zudem unrealistisch, weil sie die Kategorie des Staatsvertrages in das eisenzeitliche Bergland überträgt, und sie ist schließlich idealistisch, weil sie eine ideale Regierungszeit von vierzig Jahren behauptet. Im Horizont der Gesamterzählung der Samuel- und Königebücher erscheint diese Darstellung freilich vollkommen sachgemäß, weil es darin um die Legitimität des Herrschaftsanspruches der judäischen David-Dynastie geht. Und die wird nachdrücklich bejaht, indem erzählt und damit gezeigt wird, dass göttliche Einsetzung und ein formal korrekt abgeschlossener Vertrag zwischen den dazu legitimierten Organen von Anfang an den Rahmen der Beziehungen zwischen den Landesteilen festgelegt hatten.

2. Juda im Einflussbereich Israels und Arams

König Rehabeam von Juda

Die historischen Daten sind demgegenüber sehr viel nüchterner. Schriftliche Zeugnisse aus jener Zeit gibt es nur wenige, da die Annalengeschichtsschreibung erst Ende des 10. Jahrhunderts beginnt, und auch die Archäologie kann nicht weiterhelfen, da die wenigen Funde, die dem 10. Jahrhundert zugeordnet werden können, äußerst umstritten sind. Als gesichert kann gelten, dass am Ende des 10. Jahrhunderts in Jerusalem ein König namens Rehabeam regierte (926-910). Biblische Darstellung und archäologischer Befund kongruieren fortan, insofern nun auch die Königebücher von einem bescheidenen Gemeinwesen in und um Jerusalem berichten; vom märchenhaften Reichtum Salomos ist nichts mehr zu spüren. Tatsächlich war die Stadt Jerusalem bis in die zweite Hälfte des 8. Jahrhunderts eine relativ kleine Ansiedlung, die allenfalls für die nähere Umgebung administrative Funktion hatte.

Der Feldzug des Pharao Scheschonq

Ein Schlaglicht auf die Situation in Juda wirft der Feldzug von Pharao Scheschonq I. (ca. 945-924), dem Begründer der 22. Dynastie, in die Levante (s. auch III.4.). Diese Kampagne muss in den 920er-Jahren stattgefunden haben und richtete sich vor allem gegen das mächtigere und damit zugleich interessantere Nordreich Israel, aber sie betraf in gewisser Weise auch Juda, wenn auch das Ausmaß unklar ist. Die Städteliste auf dem Siegesrelief im oberägyptischen Karnak nennt einige Städte im Hügelland westlich von Jerusalem, so etwa Gezer, Ajalon, Beth-Horon und Gibeon (vgl. HTAT 102). Letztgenannte Ortschaft, etwa 10 km nordwestlich von Jerusalem im benjaminitischen Teil des Gebirges gelegen, war im 10. Jahrhundert die bedeutendste Siedlung in der Region. Nicht genannt werden Jerusalem oder irgendeine andere Ortschaft im judäischen Bergland. Waren diese Siedlungen zu unbedeutend für den Pharao? In den Königsannalen scheint Jerusalem indes genannt worden zu sein:

Quelle

[14,25] Und im fünften Jahr von König Rehabeam zog Schischaq, der König von Ägypten, gegen Jerusalem herauf. [26] Und er nahm die Schätze des Hauses Jhwhs und die Schätze des Hauses des Königs, das alles nahm er. Und er nahm alle goldenen Schilde, die Salomo gemacht hatte. (1 Kön 14,25–26)

Tribut Rehabeams?

Man kann diese Information als Hinweis auf eine Tributzahlung verstehen, mit der Rehabeam eine Belagerung abwenden konnte, vielleicht aus Anlass der Belagerung des nahegelegenen Gibeon. Unsicher ist auch, ob die Informationen über den Tribut so in der Chronik standen oder nicht doch aus der sehr viel jüngeren Salomoerzählung (vgl. 1 Kön 10,17) entlehnt sind. Hier muss vieles im Unklaren bleiben; epigraphische Zeugnisse gibt es von Rehabeam und von den weiteren Königen Judas bis zur Mitte des 9. Jahrhunderts nicht.

König Asa von Juda

Auf Rehabeam folgte die kurze Herrschaft von dessen Sohn Abijam (910–908), und auf diesen folgte die lange Herrschaft von Asa (908–868). Die Beschreibung der Regierung von König Asa ist beispielhaft für die Schwierigkeiten bei der historischen Auswertung der biblischen Überlieferung.

Quelle

15,9 Und im zwanzigsten Jahr Jerobeams, des Königs von Israel, wurde Asa König über Juda. 10 Er regierte 41 Jahre in Jerusalem; und der Name seiner Mutter war Maacha, die Tochter Abischaloms. 11 Und Asa tat, was recht war in den Augen Jhwhs, wie sein Vater David. 12 Und er schaffte die Geweihten aus dem Land und tat alle Götzen weg, die seine Väter gemacht hatten. 13 Auch seine Mutter Maacha setzte er als Herrin ab, weil sie der Aschera ein Schandbild gemacht hatte. Und Asa zerstörte ihr Schandbild und verbrannte es im Tal Kidron. 14 Die Höhenheiligtümer wichen zwar nicht, dennoch war das Herz Asas ungeteilt mit Jhwh alle seine Tage. 15 Und er brachte die heiligen (Schenkungen) seines Vaters und seine eigenen heiligen (Schenkungen) in das Haus Jhwhs: Silber und Gold und Geräte. (1 Kön 15,9–15)

Konzeption der Königebücher

Die Königebücher zielen in erster Linie auf eine Bewertung der Könige, daher folgt das Urteil über den jeweiligen König immer direkt auf die Annalennotizen. Das Kriterium für die Beurteilung stammt aber vom Verfasser der Königebücher und ist die Konsequenz aus der Zerstörung des Jerusalemer Tempels im Jahr 587 v. Chr. Nach dieser Auffassung wurde der Tempel zerstört, weil die judäischen Könige die Gottesverehrung nicht exklusiv auf diesen Tempel konzentriert hatten. Die mannigfachen, im Land verstreuten Lokalheiligtümer („Höhenheiligtümer“) sind daher aus der Perspektive nach der Tempelzerstörung verwerflich, ebenso alle sonstigen, von der Verehrung des Nationalgottes Jahwe am Jerusalemer Tempel abweichenden Kultaktivitäten. Als positiv gilt dagegen die Eindämmung aller später als illegitim betrachteten Kultaktivitäten sowie jegliche Förderung des Jerusalemer Tempels. Daher werden – neben dem Krieg mit dem Nordreich (s. IV.2) – nur die Taten Asas aufgezählt, die unter die genannten Rubriken fallen. Gut zensiert werden die Beseitigung von „Geweihten“ (was immer sich dahinter verbirgt) sowie die Beseitigung von Kultsymbolen, die nach späterem Verständnis nicht in einen legitimen Kult gehören, sowie schließlich die Mehrung des Tempelschatzes. Schlecht zensiert wird dagegen die Tatsache, dass die Lokalheiligtümer weiterbestanden.

Königebücher und Königschroniken

Das generelle Problem ist, dass Auswahl und Bewertung des Erzählten ganz von den Interessen der Autoren des 6. Jahrhunderts bestimmt sind. Nun kann es zwar sein, dass Asa tatsächlich neben vielen anderen Aktivitäten auch die genannten unternommen hat, doch die unhistorische Fokussierung auf die Fragen, die zur Zeit der Abfassung der Königebücher interessierten, lässt unweigerlich die Frage aufkommen, ob das, was da erzählt wird, tatsächlich auf

Annaleneinträge zurückgeht. Ist es wahrscheinlich zu machen, dass schon die frühen Königschroniken derartige kultpolitische Maßnahmen, die erst 350 Jahre später wichtig wurden, vermerkt haben?

König Joschaphat von Juda

Dem lange Zeit regierenden König Asa folgte sein Sohn Joschaphat auf dem Thron in Jerusalem (868–847). Unter seiner Regierung bildete sich das Vasallenverhältnis zum Nordreichkönig voll aus. Im ersten Königebuch heißt das zunächst etwas beschönigend „Und Joschaphat hatte Frieden mit dem König von Israel" (1 Kön 22,45). Die Erzählung vom Krieg Jorams von Israel gegen den abtrünnigen König Mescha von Moab wird genauer. Auf die Frage König Jorams „Willst du mit mir gegen Moab in den Kampf ziehen?" schwört Joschaphat Vasallentreue: „Ich will hinaufziehen. Ich bin wie du, mein Volk wie dein Volk, meine Pferde wie deine Pferde." (2 Kön 3,7). Natürlich ist der Dialog als solcher nicht historisch, doch bringt er mit großer Wahrscheinlichkeit die damals herrschende Konstellation treffend zum Ausdruck.

Eine judäische Handelsflotte?

Nach einer Information in 1 Kön 22,49–50 soll Joschaphat den Versuch unternommen haben, in Ezjon-Geber in der Nähe des heutigen Eilat am Roten Meer eine Handelsflotte aufzubauen. Zwar wird solches schon von Salomo berichtet (1 Kön 9,26–28, vgl. 10,11–12; 10,22), der damit angeblich 17 Tonnen Gold nach Jerusalem gebracht haben soll. Letztere Passagen stehen aber offenkundig im Dienst der idealisierenden Darstellung Salomos; die Bemerkungen über Joschaphat sind demgegenüber historisch sehr viel wahrscheinlicher, weil sie zum einen das Scheitern dieses für ein Land wie Juda sehr anspruchsvollen Projektes eingestehen und zum andern einen weiteren Beleg für die Überlegenheit des Nordreiches bieten.

Quelle

22,49 Joschaphat baute Tarsisschiffe, die nach Ophir fahren sollten, um Gold zu holen. Aber man fuhr nicht, denn die Schiffe wurden bei Ezjon-Geber zerstört. 50 Damals sagte Ahasja ben Ahab zu Joschaphat: „Meine Knechte sollen mit deinen Knechten auf den Schiffen fahren!" Aber Joschaphat wollte nicht. (1 Kön 22,49–50)

Königin Atalja in Jerusalem

Die Verbindung zwischen den beiden Reichen wurde noch verstärkt, als der Nachfolger Joschaphats, Jehoram von Juda (847–845), eine Tochter des Nordreichkönigs Omri namens Atalja zur Frau nahm (2 Kön 8,26, vgl. auch 8,18, wo König Ahab als Vater genannt wird). Deren gemeinsamer Sohn Ahasja war nur kurz König von Juda, denn er und Joram von Israel wurden von Jehu oder von Hasaël – je nach Lesart – um das Jahr 845 in der sogenannten Jehu-Revolution getötet (s. IV.3). Das Ende der Omri/Ahab-Dynastie in Samaria bedeutete wenig später auch das Ende für Atalja in Jerusalem. Sie wurde durch eine Verschwörung unter Anführung des davididentreuen Oberpriesters getötet.

König Joasch von Juda

Auch unter König Joasch (840-801) blieb Juda eher Spielball denn Spieler der Geschichte. Der Aramäerkönig Hasaël, der hinter der Jehu-Revolution steckte und in der Folge die Oberherrschaft in der Region ausübte, drang in der 830er-Jahren weit nach Süden vor und zerstörte die Philisterstadt Gat (2 Kön 12,18). Er bedrängte nicht nur das Nordreich Israel (s. IV.4), sondern auch Jerusalem. Joasch von Juda leistete ihm schweren Tribut, so dass Hasaël Jerusalem verschonte (2 Kön 12,19).

König Amazja von Juda

König Joasch von Juda wurde im Zuge einer Palastrevolte erschlagen (2 Kön 12,21-22) und sein Sohn Amazja trat die Nachfolge an (801-773). In seine Regierungszeit fällt der Rückgang der aramäischen Oberherrschaft in der Levante (s. IV.4), was wiederum zur Folge hatte, dass Joasch von Israel in den späten 790er-Jahren die frühere Machtposition Israels wieder herstellen und dabei auch Juda wieder unter seine Kontrolle bringen konnte. Nach Darstellung der Königebücher wollte Amazja von Juda als gleichberechtigter Partner anerkannt werden, was der Nordreichkönig aber brüsk zurückwies (2 Kön 14,8-14). Es kam zu einer Schlacht bei Bet-Schemesch westlich von Jerusalem, aus der Joasch von Israel als klarer Sieger hervorging.

Quelle

14,13 Und Joasch, der König von Israel, nahm Amazja ben Joasch ben Ahasja, den König von Juda, bei Bet-Schemesch gefangen. Und er kam nach Jerusalem und riss eine Bresche in die Mauer Jerusalems, am Tor Ephraim anfangend, bis an das Ecktor, vierhundert Ellen. 14 Und er nahm alles Gold und Silber und alle Geräte, die sich im Haus Jhwhs und in den Schatzkammern des Hauses des Königs vorfanden, und Geiseln und kehrte nach Samaria zurück. (2 Kön 14,13–14)

König Asarja/Ussija von Juda

Damit war nach dem kurzen Zwischenspiel unter aramäischer Oberherrschaft die alte „Hackordnung" wieder hergestellt: Juda war ein Vasallenstaat des Nordreiches Israel. Dies dürfte sich auch unter dem Nachfolger Amazjas, der unter den Namen Asarja und Ussija geführt wird (773-736) nicht geändert haben. Asarja/Ussija war ein Zeitgenosse des letzten mächtigen Königs des Nordreiches Israel, Jerobeams II. Dessen Machtbereich erstreckte sich im Süden bis an das Tote Meer und in die Araba (2 Kön 14,25; Am 6,13). Israel war nun also nicht nur nördlicher, sondern auch östlicher Nachbar Judas. Man hat vermutet, dass die schweren Vorwürfe des Judäers Amos, der zur Zeit Jerobeams II. und Asarjas/Ussijas wirkte (Am 1,1), gegen die Oberschicht von Samaria auch darin ihren Grund hatten, dass die Ökonomien beider Reiche stark miteinander verknüpft waren, so dass das Verhalten der Samarier unmittelbare Auswirkungen auch auf Juda hatte.

Expansion Judas

Freilich gibt es auch Positives aus Juda zu berichten. So soll Amazja einen erfolgreichen Feldzug gegen den südöstlichen Nachbarn Edom unternommen haben (2 Kön 14,7); dazu fügt sich die Nachricht, dass sein Nachfolger Asarja/

Ussija die Stadt Eilat am Roten Meer unter seine Kontrolle gebracht habe (2 Kön 14,22). Von dessen Nachfolger Jotam (756–741) erfahren wir, dass er in der Lage war, den Jerusalemer Tempel umzubauen (2 Kön 15,35). Jerusalem und Juda gewannen langsam eine gewisse Bedeutung, was sich auch im archäologischen Befund abzuzeichnen scheint. Danach nahm die Bevölkerung Jerusalems im Laufe der ersten Hälfte des 8. Jahrhunderts moderat aber stetig zu.

Viel ist es nicht, was bis in die zweite Hälfte des 8. Jahrhunderts über Juda zu berichten ist. In den assyrischen Inschriften taucht es nicht auf, dazu war das Land zu unbedeutend, und auch die archäologische Beleglage ist nach wie vor mager. Aber dies sollte sich unter den nächsten Königen von Juda ändern.

3. Juda unter assyrischer Oberherrschaft

König Ahas von Juda

Unter König Ahas (741–725) betrat Juda zum ersten Mal in seiner Geschichte die große Bühne der Weltgeschichte, freilich zunächst auch nur als Spielball stärkerer Mächte. Ab den 730er-Jahren standen Aram/Damaskus und Israel unter starkem assyrischen Druck (s. IV.5). Wohl im Jahr 734 versuchten die Könige Pekach von Israel und Rezin von Aram/Damaskus, Ahas von Juda in eine antiassyrische Koalition zu zwingen (2 Kön 15,37; 16,5.7–8). Ahas entging diesem Druck, indem er den Spieß umdrehte und sich dem assyrischen König Tiglat-Pileser III. unterwarf. Für Juda waren die Konsequenzen klar: Man war nun Vasallenstaat Assurs und blieb dies auch für etwa 110 Jahre. Aber dieser Status war es zugleich, der die erste inschriftliche Erwähnung Judas zeitigte: In einer Liste von levantinischen Vasallen Assurs aus dem Jahr 732 findet sich auch der Eintrag „Joahas von Juda" (HTAT 140, K 3751, Z. 24). „Joahas" ist der volle Name, das geläufige „Ahas" eine Kurzform.

König Ahas als Vasall Assurs

Das zweite Königebuch berichtet recht ausführlich von Änderungen, die Ahas infolge seiner Unterwerfung unter den König von Assur am Jerusalemer Tempel vorgenommen haben soll (2 Kön 16,10–18). Unter anderem soll er unter dem Einfluss seines neuen Oberherrn einen Brandopferaltar aufgestellt und die Sitte der Eingeweideschau in Juda eingeführt haben. Wie so oft ist auch hier kaum zu entscheiden, was daran historisch ist. Zutreffend ist mit Sicherheit die dargestellte politische Unterwerfung und damit einhergehend die kulturelle Einflussnahme: Juda erlebte in den folgenden Jahrzehnten eine erhebliche Assyrisierung in allen Bereichen des gesellschaftlichen Lebens, deren Ausmaß vor allem im Zusammenhang mit der Josianischen Reform, die diese Entwicklung wieder rückgängig zu machen versuchte, deutlich wird (s. V.4).

König Hiskia von Juda

Nachfolger von Ahas wurde sein Sohn Hiskia (725–697), der nicht nur das Königreich Juda, sondern auch die Vasallenschaft gegenüber dem assyrischen König von seinem Vater erbte. Hiskia muss ein tatkräftiger und erfolgreicher Herrscher gewesen sein, denn unter seiner Ägide wuchs Jerusalem noch einmal enorm an. Das genaue Ausmaß muss vorläufig unsicher bleiben, da der Verlauf der erweiterten Stadtmauer, die Hiskia bauen ließ, nur teilweise rekonstruiert werden kann. Die neuen Stadtteile wurden „Mischneh" (= „Zweite/Neustadt", 2 Kön 23,14; Zef 1,10) und „Maktesch" (= „Mörser"?, Zef 1,11) genannt. Je nach Rekonstruktion vergrößerte sich Jerusalem von 17 ha auf 45 ha oder sogar auf 66 ha, auf jeden Fall auf mehr als das Doppelte. Die in der Literatur genannten Bewohnerzahlen für das Ende des 8. Jahrhunderts schwanken sehr stark, man darf aber von etwa 12 000–15 000 Personen ausgehen. Neben der Stadtmauer hat Hiskia auch die Wasserversorgung Jerusalems ausgebaut, indem er einen Tunnel von der Gihonquelle in die Innenstadt graben ließ (2 Kön 20,20; Sir 48,17).

Die Erweiterung Jerusalems unter Hiskia

Der rasche Anstieg der Bevölkerung steht wohl im Zusammenhang mit dem Untergang des Nordreiches Israel im Jahr 722. Man vermutet, dass in der Folge zahlreiche Menschen aus Samaria und seinem Umland nach Jerusalem emigrierten. Zugleich übernahm Jerusalem die führende Rolle in der Region und wirkte auch dadurch als Anziehungspunkt für viele Menschen. Die enorme Bautätigkeit konnte natürlich nur durch Fronarbeit der Bevölkerung bewerkstelligt werden. Dagegen protestierte vor allem ein Ortsältester aus der judäischen Stadt Moreschet namens Micha.

Quelle

[3,9] Hört doch dies, ihr Häupter des Hauses Jakob und ihr Anführer des Hauses Israel, die das Recht verabscheuen und alles Gerade krümmen, [10] die Zion mit Blut bauen und Jerusalem mit Unrecht! [11] Seine Häupter richten für Bestechung, seine Priester lehren für Lohn, und seine Propheten wahrsagen für Geld. Dabei stützen sie sich auf Jhwh und sagen: „Ist Jhwh etwa nicht in unserer Mitte? Kein Unglück wird über uns kommen." [12] Darum wird euretwegen Zion als Acker gepflügt werden, und Jerusalem wird zu Trümmerhaufen und der Berg des Hauses (= Tempelberg) zu Waldeshöhen werden. (Mi 3,9–12)

Schreiberkultur unter Hiskia

Weiter ist im letzten Viertel des 8. Jahrhunderts eine deutliche Zunahme an inschriftlicher Hinterlassenschaft zu verzeichnen. Es handelt sich zwar fast durchweg um Kleinfunde wie Ostraka (beschriftete Tonscherben) und Stempel- bzw. Siegelabdrücke; der Gesamtbefund ist jedoch kulturgeschichtlich signifikant. Dazu fügt sich, dass der früheste historisch belastbare Hinweis des Alten Testaments auf Schreibertätigkeit den Hof Hiskias nennt. Die Sprichwörtersammlung Prv 25–29 wird mit dem Satz eingeleitet: „Auch diese sind Sprüche Salomos, welche die Männer Hiskias, des Königs von Juda, kopiert haben."

Verwaltung unter Hiskia

Auch die Verwaltung Jerusalems wurde in jener Zeit ausgebaut. Hinweise darauf geben vor allem eine große Anzahl von Vorratskrügen mit dem Stempelabdruck „lmlk" (= „dem König gehörig"), die man in ganz Juda gefunden hat. Sie zeigen, dass die Wirtschaft, insbesondere die lukrativen Branchen Olivenölproduktion und Weinbau, florierten, und darüber hinaus, dass Jerusalem zunehmend die Funktion einer administrativen Zentrale annahm.

Außenpolitische Erfolge Hiskias

Auch außenpolitisch hatte Hiskia zunächst Erfolge zu verzeichnen. So soll er nach 2 Kön 18,8 die Philister besiegt haben. Das Königreich Juda erreichte

Das Königreich Juda und seine Nachbarn um 722

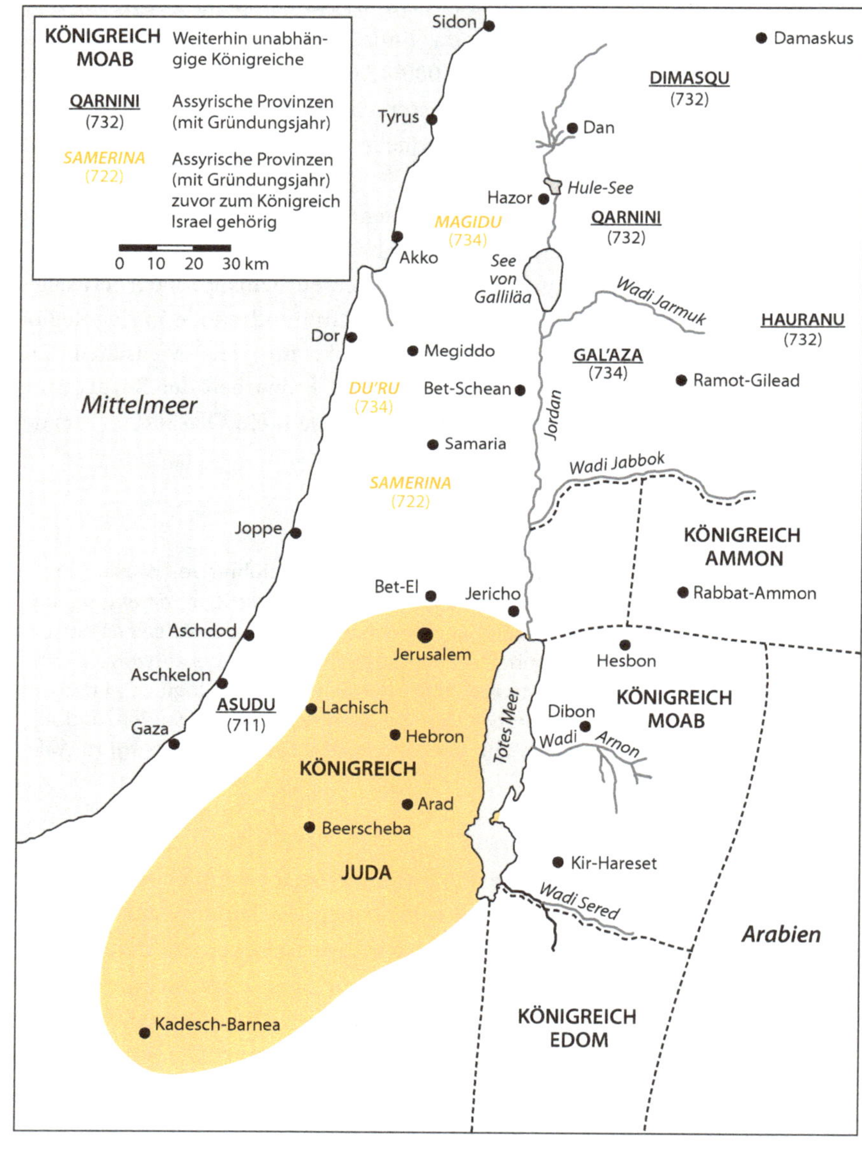

Ende des 8. Jahrhunderts, am Vorabend des Assyrerfeldzuges (dazu gleich mehr), seine größte Ausdehnung. Gleichwohl blieb Hiskia zunächst loyaler assyrischer Vasall, denn an einem Aufstand der Philisterstadt Aschdod in den Jahren 713-711 gegen den assyrischen König Sargon II. (722-705) beteiligte er sich nicht, obwohl ihn der Stadtkönig dazu bewegen wollte (vgl. HTAT 161; TUAT I/4, 381f sowie Jes 20,1-5).

Der Aufstand Hiskias

Im Jahr 705 starb der assyrische König Sargon, und sein Sohn und Nachfolger Sanherib (705-681) war zunächst mit Problemen in anderen Landesteilen beschäftigt. Da Vasallenverhältnisse nicht zwischen Ländern, sondern stets zwischen zwei Personen bestanden, waren Thronwechsel immer eine Phase der Unsicherheit. Diese grundsätzliche Problematik wie auch die anderweitige Beanspruchung Sanheribs nutzten die levantinischen Vasallen aus und stellten die jährlichen Tributzahlungen ein. Anführer war wohl Hiskia von Juda, der eine Koalition schmiedete, an der mindestens die Philisterstädte Askalon und Ekron sowie die Phönizierstädte Arwad, Biblos und Sidon beteiligt waren. Der Stadtkönig von Ekron, Padi, widersetzte sich der Rebellion und wurde von seinen Ministern abgesetzt und an Hiskia ausgeliefert. Die aufständischen Könige suchten darüber hinaus die Unterstützung durch Ägypten. Insbesondere gegen letzteren Plan, aber darüber hinaus überhaupt gegen die Aufstandspolitik ergriff der Jerusalemer Seher Jesaja vehement das Wort (Jes 30,1-5.15-17; 31,1-5). Rebellion hatte dem Nordreichkönig Hosea ben Ela im Jahr 725 nichts genutzt (2 Kön 17,4), ebenso wenig Chanun von Gaza im Jahr 720 (HTAT 154; TUAT I/4, 379.383), noch auch den Königen Azuri und Chanun von Aschdod in den 710er-Jahren (HTAT 160.161; TUAT I/4, 380.384). Jesaja setzt solcher Strategie die Macht des Gottes Israels entgegen:

Quelle

[31,1] O weh, die nach Ägypten hinabziehen um Hilfe, sich auf Pferde stützen und die ihr Vertrauen auf Wagen setzen, weil es viele sind, und auf Reiter, weil sie zahlreich sind; die aber auf den Heiligen Israels nicht schauen und nach Jhwh nicht fragen! [2] Doch auch er ist weise und bringt Unglück herbei / und nimmt seine Worte nicht zurück. Sondern er steht auf gegen das Haus der Übeltäter und gegen die Hilfe derer, die Unrecht tun. [3] Auch die Ägypter sind Menschen und nicht Gott, und ihre Pferde sind Fleisch und nicht Geist. Und Jhwh streckt seine Hand aus, da stürzt der Helfer, / und der, dem geholfen wird, fällt. Und alle miteinander gehen sie zugrunde.
[4] Denn so hat Jhwh zu mir gesprochen: Wie der Löwe und der Junglöwe, gegen den die Menge der Hirten zusammengerufen wird, über seinem Raub knurrt, vor ihrer Stimme nicht erschrickt und vor ihrem Lärmen sich nicht duckt, so wird Jhwh Zebaoth herabsteigen, um auf dem Berg Zion und auf seinem Hügel zu kämpfen. [5] Wie schwebende Vögel, so wird Jhwh Zebaoth Jerusalem beschirmen: beschirmen und erretten, schonen und befreien. (Jes 31,1–5)

Der Feldzug Sanheribs in die Levante

Im Jahr 701 zog Sanherib dann nach Westen – man spricht vom dritten Feldzug Sanheribs – und bestrafte angefangen bei König Luli von Sidon bis Hiskia von Juda alle abtrünnigen Könige. Auch von einer Schlacht gegen ein ägyptisches Heer bei Eltheke in der Küstenebene wird berichtet. Sanherib eroberte zunächst zahlreiche Städte in Juda, allen voran Lachisch, die im Hügelland südwestlich von Jerusalem gelegene, neben Jerusalem bedeutendste Stadt Judas. Die Einwohner Lachischs wurden getötet oder nach Nineve deportiert, wo sie am Palast Sanheribs mitbauen mussten, an dessen Wänden diese Eroberung als Relief dargestellt wurde. Viele Ortschaften des Hügellandes blieben in den Jahren nach 701 verwaist, andere wurden den Philistern zugeschlagen, so dass einerseits das Herrschaftsgebiet der judäischen Könige nur noch das Bergland umfasste, andererseits aber die Zentralstellung Jerusalems noch einmal verstärkt wurde.

Die Belagerung Jerusalems im Jahr 701

Das letzte und wichtigste Ziel des Feldzuges war Jerusalem. Die Assyrer belagerten die Stadt im Jahr 701, doch zur Eroberung kam es nicht. Durch die Zahlung eines enormen Tributs konnte Hiskia die Zerstörung Jerusalems abwenden. Diese Vorgänge werden sowohl in den assyrischen Feldzugsberichten als auch im Alten Testament ausführlich thematisiert. Das Jesajabuch schildert die Belagerungssituation drastisch:

Quelle

[1,7] Euer Land ist eine Öde, eure Städte sind mit Feuer verbrannt; euer Ackerland – Fremde verzehren seine Frucht vor euren Augen; eine Öde ist es wie bei einer Umkehrung durch Fremde. [8] Und die Tochter Zion ist übriggeblieben wie eine Laubhütte im Weinberg, wie eine Nachthütte im Gurkenfeld, wie eine belagerte Stadt. (Jes 1,7–8)

Der Bericht des zweiten Königebuches über die Abwendung der Zerstörung Jerusalems konnte wohl auf Annaleneinträge zurückgreifen:

Quelle

[18,13] Im vierzehnten Jahr des Königs Hiskia zog Sanherib, der König von Assur, herauf gegen alle befestigten Städte Judas und nahm sie ein. [14] Da sandte Hiskia, der König von Juda, zum König von Assur nach Lachisch: „Ich habe mich verfehlt, zieh ab von mir! Was du mir auferlegst, will ich tragen." Da legte der König von Assur Hiskia, dem König von Juda, dreihundert Talente Silber und dreißig Talente Gold auf. [15] Und Hiskia gab alles Silber, das sich im Haus Jhwhs und in den Schatzkammern des Königshauses befand. [16] In dieser Zeit brach Hiskia von den Türflügeln des Tempelraums Jhwhs und von den Pfosten, die Hiskia, der König von Juda, überzogen hatte, das Gold ab und gab es dem König von Assur. (2 Kön 18,13–16)

König Sanherib ließ mehrere Feldzugsberichte schreiben; in der ausführlichsten der erhaltenen Inschriften lautet der Hiskia betreffende Teil:

Quelle

Absetzung des Padi von Ekron – ägyptische Hilfe
[II 73] Die Minister, Großen und Leute von Ekron, die ihren König Padī, einen vereidigten Vasallen des Landes Assyrien, in eiserne Fesseln geschlagen und dem Hiskia von Juda in feindlicher Absicht ausgeliefert hatten – wegen der Freveltat, die sie verübt hatten, geriet ihr Herz in Furcht. Die Könige des Landes Ägypten, die Bogentruppen, Streitwagen (und) Pferde des Königs des Landes Äthiopien, unzählige Truppen, holten sie zu Hilfe, und sie kamen zu ihrer Unterstützung. In der Flur von Eltheke lagen sie mir in Schlachtordnung gegenüber, indem sie ihre Waffen schärften. Im Vertrauen auf meinen Herrn Assur kämpfte ich mit ihnen und brachte ihnen eine Niederlage bei. Die ägyptischen Wagenkämpfer und Prinzen samt den Wagenkämpfern des Königs des Landes Äthiopien nahmen meine Hände lebend mitten in der Schlacht gefangen.
Eroberung von Ekron und Restitution des Padī
[III 6] Die Städte Eltheke (und) Thimna belagerte, eroberte (und) plünderte ich. Auf die Stadt Ekron marschierte ich und die Minister? (und) Großen, die sich verfehlt hatten, tötete ich und hängte ihre Leichen an die Türme rings um die Stadt. Die Stadtbewohner, die Unrecht und Verfehlungen begangen hatten, rechnete ich zur Beute. Die übrigen von ihnen, die Frevel und Sünde nicht auf sich geladen hatten, die unschuldig waren, befahl ich freizulassen. Ihren König Padī holte ich aus Jerusalem heraus und setzte ihn (wieder) auf den Herrscherthron über sie und legte ihm Tribut an meine Herrschaft auf.
Eroberung der judäischen Landstädte
[III 18] Von Hiskia von Juda, der sich meinem Joch nicht unterworfen hatte, belagerte (und) eroberte ich seiner Festungsstädte, ummauerte Orte und kleine Ortschaften in ihrer Umgebung ohne Zahl, indem ich Dämme aufführte und Mauerbrecher heranbrachte, mit Infanteriekampf, Minen, Breschen und Sturmleitern. 200 150 Menschen klein und groß, männlich und weiblich, Pferde, Maultiere, Esel, Kamele, Rinder und Kleinvieh ohne Zahl holte ich daraus heraus und rechnete (sie) zur Beute. Ihn selbst schloss ich wie einen Käfigvogel in Jerusalem, seiner Königsstadt, ein. Befestigungen legte ich ringsum gegen ihn an und verleidete ihm das Herausgehen aus dem Tor seiner Stadt.
Abtrennung großer Landesteile
[III 31] Seine Städte, die ich geplündert hatte, trennte ich von seinem Lande ab und gab sie Mitint, dem König der Stadt Asdod, Padī, dem König der Stadt Ekron und Ṣil-Bēl, dem König der Stadt Gaza, und verkleinerte so sein Land. Zu dem früheren Tribut, ihrer jährlichen Abgabe, fügte ich eine (weitere) Gabe als Geschenk an meine Herrschaft hinzu und legte sie ihnen auf.
Tribut des Hiskia
Jenen Hiskia [III 38] warf die Furcht vor dem Schreckensglanz meiner Herrschermacht nieder, so dass er die *urbi?* und seine Elitetruppen, die er zur Verstärkung der Stadt Jerusalem, seiner Königsstadt, hineingebracht und zu Hilfe genommen hatte, zusammen mit dreißig Talenten Gold, 42800 Talenten Silber, erlesener Antimonpaste, großen Blöcken von ?-Gestein, Elfenbeinbetten, (mit) Elfenbein (überzogenen) Lehnstühlen, Elefantenhaut, Elfenbein, Ebenholz, Wacholderholz, allem möglichen, einem schweren Schatz, sowie seinen Töchtern, seinen Palastfrauen, Sängern, Sängerinnen nach Nineve, der Stadt meiner Herrschaft, mir nachbringen ließ und zum Leisten des Tributs und zur Huldigung seinen Gesandten schickte. (nach HTAT 181, vgl. TUAT I/4, 388–391)

Die Rettung Jerusalems als Werk Gottes

Im Abstand von einigen Jahren und Jahrzehnten wurde die Rettung Jerusalems als wunderbares Eingreifen des Gottes Israel interpretiert: „Und in jener Nacht zog ein Engel Jhwhs aus und schlug im Lager von Assur 185 000 Mann. Und als man früh am Morgen aufstand, siehe, da waren sie alle Leichen." (2 Kön 19,35, vgl. Jes 37,36). Stadt und Tempel wurden nun für unbesiegbar gehalten - die Zionstheologie erlebte im 7. Jahrhundert ihren ersten Höhepunkt (vgl. Ps 46; 48).

Die Kultreform Hiskias

Ein letzter Aspekt dieses einschneidenden Ereignisses ist noch zu behandeln: die Reorganisation des Kultes. Sanherib ging ja zunächst gegen die Städte in der Küstenebene vor und belagerte anschließend die Städte im Hügelland, so dass absehbar war, dass letztendlich auch Jerusalem in große Gefahr geraten würde. König Hiskia reagierte darauf, indem er den Kult in Jerusalem intensivierte, in der Hoffnung, dass der im Jerusalemer Tempel verehrte Gott Jhwh wegen der vermehrten Opfer sein Heiligtum und seine Stadt schützen werde. Die Darstellung im zweiten Königebuch (2 Kön 18,4) ist zwar knapp und zudem stark von Stereotypen geprägt, aber andere Texte weisen auch auf dieses Vorgehen hin (2 Kön 18,22; Jer 26,19). Auch gibt es Hinweise von archäologischer Seite, dass um das Jahr 700 judäische Kultstätten, wie etwa die von Arad, stillgelegt wurden. Der Seher Jesaja opponierte jedenfalls vehement gegen diese Maßnahmen (Jes 1,10-15), die auch nicht von Dauer waren.

König Manasse von Juda

Auf die turbulente Zeit Hiskias folgte die lange und ruhige Regierung seines Sohnes Manasse (697-642). Das zweite Königebuch malt seine Herrschaft in den dunkelsten Farben aus (2 Kön 21,1-18); ihm wird die alleinige Verantwortung für die spätere Zerstörung Jerusalems zugeschoben. Der historische Hintergrund für dieses scharfe Urteil liegt in der Tatsache, dass Jerusalem in jenen Jahren unter der *pax assyriaca* florierte und der Kulturaustausch immer selbstverständlicher wurde, so dass eine ganze Reihe von assyrischen und aramäischen Sitten in Jerusalem Einzug hielten. Manasse konnte sein Herrschaftsgebiet in späteren Jahren wieder etwas ausweiten und entfaltete eine erhebliche Bautätigkeit nicht nur in Jerusalem, sondern auch im gesamten judäischen Land. Die Assyrer bauten in der nahe gelegenen Philisterstadt Ekron eine schon industriell zu nennende Olivenölproduktion auf, an der auch Juda Anteil hatte. Auch der Fernhandel nahm einen erheblichen Aufschwung, weil Jerusalem nun Teil des umfassenden assyrischen Wirtschaftssystems geworden war.

König Manasse als Vasall Assurs

Diese enge Verbindung mit Assur hatte aber natürlich auch ihre Schattenseiten. Eine Bauinschrift des assyrischen Königs Asarhaddon (681-669) gibt einen Einblick in die Pflichten der Vasallen:

Quelle

Damals war das Zeughaus von Nineve, das die Könige, die mir vorangegangen sind, meine Vorfahren, hatten errichten lassen, um die Feldausrüstung aufzubewahren, die Wagenpferde, die Maultiere, Wagen, Waffen, (kurzum) das Kriegsgerät, und die

Beute von meinen Feinden, insgesamt alles mögliche, was Assur, der König der Götter, mir als meinen königlichen Anteil geschenkt hat, zu verwalten, die Pferde galoppieren, die Wagen fahren zu lassen – dieser Ort war mir zu eng geworden. So ließ ich die Leute der Länder, Gefangene meines Bogens, Hacke und Tragkorb tragen, und sie strichen Ziegel. Jenen kleinen Palast riss ich in seinem gesamten Umfang nieder und trennte ein großes Stück Land zusätzlich von den Feldern ab und schlug es dazu. Mit Kalkstein, hartem Gebirgsgestein, legte ich seine Fundamente und schüttete eine Terrasse auf. Auch bot ich die Könige des Landes Ḫatti von jenseits des Stroms auf, Ba'l, den König von Tyrus, / Manasse, den König von Juda, / Qausgabar, den König von Edom, / Muṣurī, den König von Moab, / Ṣil-Bēl, den König von Gaza, / Mitint, den König von Askalon, / Ika'uš, den König von Ekron, / Milkasap, den König von Byblos, / Mattanba'l, den König von Arwad, / Abība'l, den König von Šamšimōrōn, / Pədō'il, den König von Beth-Ammon, / Aḥimilk, den König von Asdod, / – zwölf Könige vom Ufer des Meeres, – ... ... (nach HTAT 188, vgl. TUAT I/4, 397)

Assyrischer Einfluss auf Juda

Unter assyrischem Einfluss erlangte im 7. Jahrhundert die kultische Verehrung der Gestirnsgötter, insbesondere der Himmelskönigin Ischtar und des Mondgottes Sahr bzw. Sin, zunehmende Bedeutung; auch von einer Solarisierung der Jhwh-Verehrung ist auszugehen. Manasse wird auch nachgesagt, die Sitte, „seinen Sohn durchs Feuer gehen zu lassen“ eingeführt zu haben. Was sich dahinter verbirgt, ist umstritten, die frühere Annahme, es gehe um Kinderopfer ist aber weitgehend aufgegeben worden. Zur Diskussion stehen: ein Weiheritus, eine Wahrsageform oder die Kremation Verstorbener.

König Amon von Juda

Auf Manasse folgte sein Sohn Amon (642-640), der aber schon nach kurzer Zeit einer Palastverschwörung zum Opfer fiel. Daraufhin setzten die Aristokraten des Landes dessen minderjährigen Sohn Josia zum neuen König ein (2 Kön 21,19-26).

4. Juda unter ägyptischer Oberherrschaft

König Josia von Juda

König Josia (640-609) gilt den Königebüchern als Lichtgestalt unter den Königen Judas. Historisch betrachtet hatte er das Glück, im Zeitalter des Niedergangs der assyrischen Weltmacht zu leben. Assur war in der Mitte des 7. Jahrhunderts auf dem Zenit seiner Macht, seine Truppen waren 667 zum ersten Mal bis nach Ägypten vorgestoßen und hatten 664 Theben, die Hauptstadt von Oberägypten, erobert. Doch nach dem Tod des letzten großen assyrischen Königs Assurbanipal (669-630) kam es zunächst zu Thronstreitigkeiten und dann zu einer Revolte in Babylon, die den zukünftigen starken Mann an die Macht bringen sollte: Nabopolassar, den Gründer des neubabylonischen Reiches (625-605). In den 620er-Jahren brach die assyrische Herrschaft in der Levante zusammen, Nineve fiel im Jahr 612, worauf die Hauptstadt des Reiches nach Haran (an der heutigen syrisch-türkischen Grenze) verlegt wurde.

Die Saïten-Dynastie in Ägypten

Doch hinterließen die Assyrer in der Levante keineswegs ein Machtvakuum, denn schon zu Zeiten Assurbanipals hatte sich in Ägypten eine neue Herrscherfamilie etabliert. Der erste Pharao der 26. Dynastie, die nach ihrer Residenzstadt Saïs im Nildelta die Saïten-Dynastie genannt wird, war Psammetich I. (664–610), der ab 656 ganz Ägypten beherrschte. Die Assyrer versuchten gar nicht, ihn zu besiegen, sondern schlossen mit ihm ein Abkommen, das Psammetich die Herrschaft über die Levante zusprach, ihn aber seinerseits zu militärischem Beistand verpflichtete. Für die Ägypter war zunächst die Kontrolle über die Städte und Straßen der Küstenebene von Bedeutung, so dass Juda möglicherweise erst mit einer gewissen Verzögerung die neue Oberherrschaft zu spüren bekam.

Die Josianische Reform

König Josia von Juda ergriff auf jeden Fall sofort, nachdem die assyrische Präsenz nachgelassen hatte, die Initiative und führte um das Jahr 622 eine Reihe von Reformen durch, die das Ziel hatten, assyrische und assyrisierende Elemente der judäischen Kultur zu beseitigen. Der Bericht in 2 Kön 22–23 will den Eindruck erwecken, dass die „Josianische Reform" auf Basis eines Buches, näherhin des Gesetzes des Buches Deuteronomium (Dtn 12–28) erfolgte. Das ist aber eine spätere Überarbeitung, man spricht dabei vom „Deuteronomistischen Geschichtswerk". Die historisch wahrscheinlich zu machenden Maßnahmen finden sich in 2 Kön 23,4–15 und haben keinen Bezug zum Buch Deuteronomium. Zunächst ging es darum, den Jerusalemer Tempel von Kulteinrichtungen zu befreien, die unter assyrischer Oberherrschaft eingeführt worden waren und nunmehr illegitim erschienen: Kultsymbole der Göttin Aschera (und des Gottes Baal?), Geräte für den Gestirnskult und Pferde mit kultischer Funktion. Zudem wurden Gebäude abgerissen, in denen geweihte Frauen die Gewänder der Kultstatuen hergestellt hatten. Weiter wurden in Jerusalem und in seinem Umland zahlreiche Kultstätten geschlossen, in denen nach assyrischer Weise Gestirnskult praktiziert wurde.

Einen Eindruck von den nunmehr als Missstand empfundenen Verhältnissen gibt eine Passage aus dem Zefanjabuch, die wohl aus den 620er-Jahren stammt:

Quelle

[1,4] Und ich werde meine Hand ausstrecken gegen Juda und gegen alle Bewohner Jerusalems. Und ich werde aus diesem Ort ausrotten den Rest des Baal und den Namen der Mondpriester [...] [5] und die, die sich niederwerfen auf den Dächern vor dem Heer des Himmels, und die sich niederwerfen [...] vor Jhwh und bei ihrem König schwören, [6] und die, die von Jhwh abfallen und die Jhwh nicht suchen und nicht nach ihm fragen. [...]
[8] Und es wird sein am Tag des Schlachtopfers Jhwhs: Da werde ich heimsuchen die Obersten und die Königssöhne und alle, die sich kleiden mit ausländischer Kleidung. [9] An jenem Tag werde ich jeden heimsuchen, der über die Schwelle springt, alle, die das Haus ihres Herrn mit Gewalttat und Betrug füllen. (Zef 1,4–6.8–9)

König Josia als David redivivus?

Das zweite Königebuch berichtet noch von weiteren Maßnahmen Josias, doch deren Historizität ist einesteils auszuschließen, andernteils umstritten. So soll Josia die Kultstätte im 16 km nördlich von Jerusalem gelegenen Bethel zerstört haben (2 Kön 23,15), wie auch alle anderen Kultstätten auf dem Gebiet des ehemaligen Nordreiches (2 Kön 23,19–20). Die frühere Forschung hat vermutet, dass Josia eine Art *David redivivus* gewesen sei, der das Großreich Davids habe wiederherstellen wollen. Diese These ist aber unhaltbar, zum einen, weil es dieses Großreich nie gegeben hat und zum andern, weil Josia sehr schnell die ägyptische Oberherrschaft anerkennen musste. Gleichwohl erlebte Jerusalem in jenen Jahrzehnten am Ende des 7. Jahrhunderts seine vorerst letzte Blütezeit und entfaltete (kurz vor seinem Fall) eine Pracht, die es erst wieder in römischer Zeit erreichen sollte.

Pharao Necho II.

Im Jahr 609 zog der Nachfolger Psammetichs I., Pharao Necho II. (610–594), durch die Levante nach Norden, um die von seinem Vater eingegangene Bündnisverpflichtung gegenüber den Assyrern zu erfüllen. Er war damit nicht erfolgreich, denn die Assyrer wurden bei Haran ein letztes Mal und damit endgültig von den Babyloniern besiegt und verschwanden von der Bühne der Weltpolitik. Auf den ägyptischen Einflussbereich hatte die assyrische Niederlage zunächst noch keine Auswirkung; er erstreckte sich nach wie vor bis an den Euphrat, aber an dessen anderem Ufer stand nun nicht mehr Assur, sondern Babylon.

Der Tod von König Josia

Im Verlauf des Feldzuges des Jahres 609 kam es in der nordisraelitischen Stadt Megiddo zu einem Zusammentreffen von Pharao Necho II. mit König Josia von Juda, bei dem der Pharao seinen judäischen Vasallen tötete (2 Kön 23,29). Die Kürze der Darstellung im zweiten Königebuch lässt keine eindeutigen Schlüsse auf die Hintergründe zu. Am wahrscheinlichsten ist, dass sich Josia eine Verletzung seiner Vasallenpflicht hatte zu Schulden kommen lassen.

Necho II. als Oberherr Judas

Pharao Necho II. jedenfalls griff in der Folge in Jerusalem energisch durch. Er akzeptierte den vom Adel eingesetzten Thronfolger Joahas nicht, sondern deportierte ihn nach Ägypten. Sodann setzte er als Machtdemonstration einen anderen Sohn Josias namens Eljakim zum König ein und änderte dessen Namen in Jojakim (609–597). Weiter legte er dem Land einen enormen Straftribut auf, den König Jojakim zwangsweise bei seinen judäischen Untertanen eintreiben musste (2 Kön 23,33–35). Juda war nun fest in ägyptischer Hand, und es gibt auch Hinweise darauf, dass Judäer Zwangsarbeiten beim Bau eines Kanals verrichten mussten, den Necho zwischen dem Nil und dem Roten Meer bauen wollte (vgl. Ex 1,11b).

Der Aufstieg Babylons

Unterdessen hatte der babylonische König Nabopolassar seine Macht im Zweistromland immer weiter ausgebaut und streckte seine Fühler nach der Levante aus, so dass ein Konflikt mit den Ägyptern unvermeidbar wurde. Im Jahr 605 kam es bei der heute im türkisch-syrischen Grenzgebiet liegenden Stadt Karkemisch zur Entscheidungsschlacht, die Pharao Necho II. verlor. Auf babylonischer Seite wurden die Truppen vom Kronprinzen Nebukadnezar angeführt, der schon bald darauf die Thronfolge seines Vaters antreten sollte. Die babylonische Chronik vermerkt das Ereignis wie folgt (vgl. auch Jer 46,2):

Quelle

JAHR 21 (605/04). Der König von Akkad (= Babylon) blieb in seinem Land. Nebukadnezar, sein ältester Sohn, der Kronprinz, bot die Truppen von Akkad auf und stellte sich an die Spitze seiner Truppen und zog nach Galgameš (= Karkemisch), das am Ufer des Euphrat liegt und überschritt den Fluss gegen die Truppen von Ägypten, die in der Stadt Galgameš lagerten und [...] schlugen aufeinander ein und die Truppen von Ägypten wandten sich zur Flucht, und ihre Niederlage bewirkte er und rieb sie vollständig auf. Den Rest der Truppen von Ägypten, die aus der Niederlage entkommen waren und die die Waffe nicht ereilt hatte, holten die Truppen von Akkad in der Provinz Hamath (= nördliche Levante) ein. Kein einziger Mensch kehrte nach seinem Land zurück. Damals eroberte Nebukadnezar das Land Hamath in seiner Gesamtheit. (nach HTAT 258.E, vgl. TUAT I/4, 403)

5. Juda unter babylonischer Oberherrschaft

König Jojakim als Vasall Babylons

Schon im nächsten und auch im übernächsten Jahr erschien Nebukadnezar, nunmehr bereits König (605–562), in der Levante, um die Huldigungen der dortigen Könige entgegenzunehmen. Auch der judäische König Jojakim musste den Wechsel der Oberherrschaft hinnehmen und war ab 604 Vasall Nebukadnezars. Die babylonische Chronik berichtet kurz:

Quelle

IN SEINEM AKZESSIONSJAHR (605/04) kehrte Nebukadnezar nach Ḫattu (= südliche Levante) zurück und zog bis zum Monat Schebaṭ in Ḫattu siegreich umher. Im Monat Schebaṭ brachte er den schweren Tribut von Ḫattu nach Babylon. Im Monat Nisan ergriff er die Hände Bēls (= Hauptgott von Babylon) und des Sohnes Bēls. Das Akītu-Fest feierte er.
JAHR 1 NEBUKADNEZARS (604/03). Im Monat Sivan bot er seine Truppen auf und zog nach Ḫattu. Bis zum Monat Kislev zog er siegreich in Ḫattu umher. Alle Könige von Ḫattu kamen vor ihn, und er empfing ihren schweren Tribut. ... (HTAT 258.E)

Necho II. und Nebukadnezar

Nebukadnezar war sich wohl der Tatsache bewusst, dass er die Levante nicht sicher kontrollieren würde können, solange ein starkes Ägypten an der Südgrenze stand. Daher unternahm er im Jahr 601 den Versuch, Ägypten zu erobern, was aber gründlich scheiterte. Nebukadnezar musste sich zurückziehen und konnte in den folgenden Jahren wegen anderer Beanspruchungen auch nicht dorthin zurückkehren. Pharao Necho II. stieß sofort in diese Lücke und übte für einige Jahre erneut die Vorherrschaft in der südlichen Levante aus. Wahrscheinlich war König Jojakim von Juda (609–597) ab 601, wie schon 609–604, für einige Jahre wieder Vasall des Pharao. Das zweite Königebuch freilich thematisiert allein das Verhältnis zu Babylon:

Quelle

24,1 In seinen (= Jojakims) Tagen zog Nebukadnezar, der König von Babel, herauf, und Jojakim war drei Jahre (= 604–601) sein Vasall, dann wandte er sich wieder ab und rebellierte gegen ihn. (2 Kön 24,1)

Die Belagerung Jerusalems im Jahr 597

In den Jahren 598 und 597 wandte sich Nebukadnezar erneut der Levante zu und stellte seine Oberherrschaft in der Region wieder her. Anfang 597 stand er vor Jerusalem, das nun auf sich allein gestellt war: „Aber der König von Ägypten war nicht mehr aus seinem Land gezogen, denn der König von Babel hatte vom Bach Ägyptens bis zum Strom Euphrat alles genommen, was dem König von Ägypten gehört hatte." (2 Kön 24,7) Während der Belagerung starb König Jojakim, was für Jerusalem die Möglichkeit eröffnete, den Kopf aus der Schlinge zu ziehen, da nun der vertragsbrüchige Vasall nicht mehr präsent war. Jojakims Sohn und Nachfolger Jojachin kapitulierte sehr schnell, wodurch Jerusalem gerettet wurde, was aber König Nebukadnezar trotzdem nicht daran hinderte, erhebliche Strafmaßnahmen durchzuführen. König Jojachin wurde mitsamt seiner Entourage nach Babylon deportiert. Ebenso erging es der Oberschicht Jerusalems, den führenden Priestern sowie Soldaten und Handwerkern aus dem Umfeld des Militärs. Die Inhalte der Schatzkammern des Tempels und des Palastes fanden als Tribut ihren Weg nach Babylon. (2 Kön 24,10–16) Hier im Jahr 597 liegt der Beginn des sogenannten „babylonischen Exils". Die babylonische Chronik vermerkt:

Quelle

JAHR 7 (598/97), Monat Kislev. Der König von Akkad bot seine Truppen auf und zog nach Ḫattu und schlug gegen Juda (sein Lager) auf und nahm die Stadt am 2. Adar ein. Den König nahm er gefangen. Einen König nach seinem Herzen setzte er darin ein. Seine schwere Abgabe nahm er entgegen und brachte (sie) nach Babylon. (nach HTAT 258.E, vgl. TUAT I/4, 403f)

König Zedekia von Juda

In Jerusalem setzte Nebukadnezar einen anderen Spross der Davididenfamilie als König ein, einen weiteren Sohn Josias (also einen Onkel Jojachins) namens Mattanja, und gab ihm den Thronnamen Zedekia (597–587). Die Umbenennung sollte die persönliche Loyalitätspflicht des Vasallen noch verstärken und ihn vor Rebellion bewahren. Jerusalem war zwar hinfort geschwächt, blieb aber doch in gewissen Grenzen politisch und wirtschaftlich aktionsfähig. Ab 596 war Nebukadnezar in anderen Landesteilen beschäftigt und erschien nur einmal, im Jahr 594, kurz in der Levante. Umgekehrt machte der Nachfolger Nechos II., Pharao Psammetich II. (594-589), von sich reden. Zunächst errang er 593 in Nubien - wahrscheinlich unter Mithilfe von judäischen Söldnern - einen großen militärischen Erfolg und ein Jahr später unternahm er (zu Propagandazwecken?) eine Reise nach Phönizien. Der schnelle Thronwechsel auf Hofra/Apries (589-570) änderte nichts, denn auch Pharao Apries führte die Politik der Einflussnahme in der Levante fort. Die dortigen Vasallenkönigtümer Babylons interpretierten das ägyptische Interesse als Chance zum Aufbegehren, so dass Zedekia von Juda und einige andere Vasallen (vgl. Jer 27; Ez 21,23-29) ab 589 die Tributzahlungen einstellten. Einige Texte deuten darauf hin, dass es zwischen Juda und Ägypten eine feste Beistandsvereinbarung gegeben hat (Ez 17,7.15.17; 29,6; Klgl 4,17).

Jeremia und Ezechiel als Warner

Der aktive politische Widerstand muss unter den Judäern höchst umstritten gewesen sein. Vor Ort in Jerusalem war der Prophet Jeremia der Anführer der Warner und rief zur Kooperation mit den Babyloniern auf (Jer 37f u. ö.), im babylonischen Exil warnte der Prophet Ezechiel vor dem Bruch der Vasallenverpflichtung und vor dem Bündnis mit den Ägyptern (Ez 17). Beide fanden kein Gehör, Nebukadnezar aber zog im Jahr 589 in die Levante und belagerte Jerusalem, das nach anderthalbjähriger Belagerung im Sommer 587 fiel. Die babylonischen Chroniken jener Jahre sind nicht überliefert; das zweite Königebuch schildert die Ereignisse so:

Quelle

[25,1] Im neunten Jahr seiner Regierung, im zehnten Monat, am Zehnten des Monats, zog Nebukadnezar, der König von Babel, er und sein ganzes Heer, gegen Jerusalem und belagerte es. Und sie bauten einen Wall gegen es ringsum. [2] So kam die Stadt in Belagerung bis ins elfte Jahr von König Zedekia.
[3] Und die Hungersnot wurde hart in der Stadt und kein Brot war mehr da war für das Volk des Landes. [4] Und im elften Jahr von König Zedekia, im vierten Monat, am neunten Tag des Monats wurde die Stadtmauer aufgebrochen, und alle Kriegsleute flohen nachts auf dem Weg durch das Tor, das zwischen den beiden Mauern beim Garten des Königs lag – die Chaldäer aber waren rings um die Stadt her – und gingen in Richtung Steppe. [5] Aber das Heer der Chaldäer jagte dem König nach, und sie holten ihn ein in den Steppen von Jericho, nachdem sein ganzes Heer aus seiner Nähe zerstreut war. [6] Und sie ergriffen den König und führten ihn hinauf zum König von Babel nach Ribla, und der sprach das Urteil über ihn. [7] Aber die Söhne Zedekias ließ er vor dessen Augen hinschlachten, und Zedekia ließ er blenden. Dann ließ er ihn in Ketten legen und brachte ihn nach Babel.
[8] Und im fünften Monat, am Siebten des Monats, das war das neunzehnte Jahr Nebukadnezars, des Königs von Babel, kam Nebusaradan, der Oberste der Leibwache, der Gefolgsmann des Königs von Babel, nach Jerusalem. [9] Und er verbrannte das Haus Jhwhs und das Haus des Königs; und alle Häuser Jerusalems und jedes große Haus verbrannte er im Feuer. [10] Und die Mauer Jerusalems ringsum riss das ganze Heer der Chaldäer, das bei dem Obersten der Leibwache war, nieder. (2 Kön 25,1–10)

Aber nicht nur Jerusalem, auch die meisten Siedlungen im judäischen Umland wurden zerstört. Anders als König Jojachin zehn Jahre zuvor wurde König Zedekia eben nicht ehrenhaft behandelt, sondern geblendet und ins Gefängnis geworfen, seine Söhne getötet. Und ebenfalls anders als noch zehn Jahre zuvor wurden die führenden Kreise nicht deportiert, sondern überwiegend umgebracht. Wie viele Menschen im Verlauf des Krieges getötet und bei den Deportationen verschleppt wurden, ist kaum zu sagen, da die Berichte in 2 Kön 25 und Jer 52 unterschiedliche Zahlenangaben machen. Wahrscheinlich ist aber, dass Juda damals über die Hälfte seiner Bevölkerung von etwa 80 000 Personen verloren hatte. Nach dieser zweiten Rebellion setzte Nebukadnezar keinen Davididenspross mehr als Vasallen ein, sondern machte Juda und Benjamin zu einer babylonischen Provinz. ■

Die Zerstörung Jerusalems im Jahr 587

Auf einen Blick

Das Südreich Juda war bis in das 8. Jahrhundert hinein ein bescheidenes Gebilde, über das nur wenig historisch Sicheres bekannt ist. Welche historiographischen Probleme einer Geschichte Israels lassen sich am Beispiel des Königs Asa von Juda zeigen? Welche Aufschlüsse geben die beiden bekannten Darstellungen des Levantefeldzuges von Pharao Scheschonq I.?

Nach dem Ende des Nordreiches im Jahr 722 wurde Juda zur Regionalmacht; etwa gleichzeitig begann die assyrische Oberherrschaft. Nach deren Ende führte König Josia in Juda Reformen durch. Worum ging es in der „Josianischen Reform"? Was führt schließlich zum Ende des Königreiches Juda?

Literaturhinweis

Frevel, Christian: Geschichte Israels (StTh 2), Stuttgart 2016, 172–269.

VI. Die babylonische Epoche

Überblick

Im Jahr 597 belagerte ein babylonisches Heer Jerusalem. König Jojachin ergab sich und wurde mit einem Großteil der Oberschicht nach Babylon deportiert. Nach einer weiteren Belagerung im Jahr 587 zerstörten die Babylonier Jerusalem einschließlich des Tempels sowie weitere Teile des Landes. Juda und Benjamin wurden eine babylonische Provinz, als Hauptstadt diente Mizpa in Benjamin. Als Statthalter wurde der Judäer Gedalja eingesetzt, der jedoch schon bald von Königstreuen ermordet wurde. Der in Babylon festgehaltene König Jojachin wurde im Jahr 561 von König Amel-Marduk als Vasall rehabilitiert, aber zur Restitution in Jerusalem kam es wegen des frühen Todes von Amel-Marduk nicht. In der Provinz Benjamin-Juda bildete sich in der Folge eine zweistufige Administration aus: zum einen die oberherrschaftliche Provinzverwaltung, zum andern die teilautonome, regionale Selbstverwaltung. Letztere hatte die Gestalt eines bürgerstaatlichen, gesetzesbasierten Personenverbandes.

605–562	Nebukadnezar II., König von Babylon
597	Deportation des judäischen Königs Jojachin und der Oberschicht Jerusalems nach Babylon
587	Zerstörung Jerusalems einschließlich des Tempels durch die Babylonier
587–582?	Gedalja, Statthalter in der Provinz Benjamin-Juda
561	Rehabilitierung von König Jojachin in Babylon
556–539	Nabonid, letzter König des neubabylonischen Reiches

Beginn der babylonischen Epoche

Der Beginn der babylonischen Epoche in der Geschichte Israels und Judas lässt sich nicht auf eine Jahreszahl festlegen, sondern erfolgte in drei Schritten. (1) Im Jahr 604 musste der judäische König Jojakim dem neuen Herrn in der Levante, dem babylonischen König Nebukadnezar, den Vasalleneid schwören. Abgesehen von zwei kurzen Phasen der wieder erstarkten ägyptischen Einflussnahme war Juda von 604 bis 587 ein Vasallenkönigtum der Babylonier. (2) Im Jahr 597 wurde Jerusalem nach der Rebellion Jojakims zum ersten Mal belagert, nach der Kapitulation wurde sein Nachfolger Jojachin mitsamt seinem Hofstaat und vielen führenden Jerusalemern nach Babylon deportiert. Damit begann die Spaltung der judäischen Geschichte in einen judäischen und einen babylonischen Strang. (3) Im Jahr 587 wurde Jerusalem nach der

Rebellion Zedekias und der anschließenden zweiten Belagerung zerstört und der letzte in Juda regierende Davididenkönig Zedekia abgesetzt. Damit wurde Juda zur babylonischen Provinz und die babylonische Epoche im engeren Sinne begann.

Leeres Land?

Einige Texte des Alten Testaments (etwa 2 Kön 25,21.26) wollen den Eindruck erwecken, als sei das Land Juda nach den katastrophalen Ereignissen komplett verlassen gewesen. Die Geschichte des Volkes habe – so diese Auffassung – allein in Babylon eine Fortsetzung gefunden (2 Kön 25,27–30). Die moderne Geschichtsschreibung ist diesem Modell weithin gefolgt, indem sie die babylonische Epoche als „Exilszeit" verstanden und entsprechend benannt hat. Das entspricht aber nicht den historischen Gegebenheiten. Das „Exil" ist nur ein Teil der Geschichte Judas im 6. Jahrhundert und zudem ein dunkler, da es nur wenige Quellen darüber gibt.

1. Die Judäer in Babylon

Das „Babylonische Exil"

Seit der ersten Deportation im Jahr 597 muss es eine mehrere tausend Personen umfassende Gemeinschaft von Judäern in Babylon gegeben haben. An mehreren Stellen des Alten Testaments werden dazu Ortsangaben gemacht, doch nur zwei sind lokalisierbar. Nach Ez 3,15 haben einige der Judäer in „Tel Abib" am Fluss bzw. Kanal „Kebar" gewohnt, was man östlich von Babylon vermutet. König Jojachin und seine Gefolgschaft wurden wohl direkt nach Babylon verbracht. Es scheint also, als wären die Judäer ganz oder überwiegend in der Region Babylon angesiedelt worden, in einem Landstrich, dessen Bevölkerung nach den vorangegangenen Kriegen mit den Assyrern dezimiert gewesen war. Die Judäer waren also mitnichten rechtlose Gefangene, sondern eine ökonomisch wichtige Volksgruppe mit teilautonomem Status. Unterdrückt wurden sie weder in kultureller noch in religiöser Hinsicht, aber natürlich wurde der erzwungene Aufenthalt im fremden Land überwiegend als Not empfunden.

König Jojachin von Juda in Babylon

Eine besondere Rolle nahm der deportierte König Jojachin mitsamt seiner Gefolgschaft ein. In einem Palastarchiv in Babylon hat man Fragmente von Listen gefunden, in denen die Zuteilung von Lebensmittelrationen in den Jahren zwischen 586 und 570 dokumentiert wurde. Unter den aufgeführten Personen befinden sich auch einige Judäer und unter diesen wiederum König Jojachin und seine Söhne. Letztere werden mehrfach erwähnt, einer der Einträge lautet:

Quelle

½ Sea an Yauyakīnu (= Jojachin), den König des Landes Juda;
2½ Liter an (die?) 5 Söhne des Königs von Juda … (nach HTAT 267 c)

Erwähnenswert ist sowohl die große Menge, die Jojachin und seine Familie erhielten und die die Zuweisung an andere Personen erheblich überstieg, als auch die Titulierung als „König des Landes Juda“, die ihm auch in Babylon nicht verweigert wurde. Diese Ehrerbietung zeigen auch die Königebücher und das Ezechielbuch, die beide Jojachin trotz seiner Deportation als rechtmäßigen König von Juda anerkennen.

Die Judäer in Babylon

Die Judäer waren wie auch andere nach Babylon deportierte Gruppen als kleine Gemeinwesen mit innerer Autonomie organisiert (akkadisch *puḫru*). In Ermangelung eines amtierenden Königs übernahmen Älteste die Leitung der Gemeinschaften. In Routineangelegenheiten handelten sie selbständig; bei Angelegenheiten von grundsätzlicher Bedeutung befragten sie einen Propheten (Ez 8,1; 14,1; 20,1). Dieses Leitungsmodell, das den nicht handlungsfähigen König ersetzte, wurde ähnlich auch im Land Juda praktiziert (s. VI.2 und VI.3).

Politikwechsel unter Amel-Marduk

Solange Nebukadnezar die Herrschaft in Babylon innehatte, sollte sich an der Situation Judas und der deportierten Judäer nichts ändern. Als Nebukadnezar im Jahr 562 starb, folgte ihm sein Sohn Amel-Marduk (562–560) auf dem Thron. Der neue König scheint im Blick auf die Provinzen seines Weltreiches einen Politikwechsel eingeleitet zu haben; so gibt es etwa Hinweise darauf, dass er den deportierten König von Tyrus in seine Heimat zurückkehren ließ. Diese Begebenheit wirft ein erhellendes Licht auf die letzten Verse der Königebücher:

Quelle

[25,27] Und es war im 37. Jahr der Deportation Jojachins, des Königs von Juda, im zwölften Monat, am 27. des Monats, da lud Ewil-Merodach (= Amel-Marduk), der König von Babel, im [ersten] Jahr seiner Königsherrschaft Jojachin, den König von Juda, aus dem Gefängnis vor. [28] Und er sicherte ihm Partnerschaft zu und setzte seinen Thron über den Thron der Könige, die bei ihm in Babel waren. [29] Und Jojachin legte seine Gefängniskleidung ab, und er aß beständig in seiner (d.h. des babylonischen Königs) Gegenwart alle Tage seines Lebens. [30] Und sein Unterhalt, ein beständiger Unterhalt, wurde ihm, soviel er täglich nötig hatte, vom König gegeben alle Tage seines Lebens. (2 Kön 25,27–30)

Die Rehabilitation von König Jojachin

Auch die Judäer profitierten offensichtlich zunächst vom Politikwechsel des neuen Monarchen. Die Rehabilitierung Jojachins und seine Einsetzung zum Vasallen Amel-Marduks schürten zunächst die Hoffnung auf eine Restauration des davidischen Königtums. Doch dann bricht die Erzählung unversehens ab, von weitergehenden Maßnahmen wird nichts mehr berichtet. Das wird damit zusammenhängen, dass Amel-Marduk nach nur kurzer Regierungszeit umgebracht wurde und sein Schwager Neriglissar (560–556) an seine Stelle trat. Die folgende Periode politischer Instabilität in Babylon machte alle Pläne bezüglich Jojachin und Juda zunichte.

Die Krise des babylonischen Reiches

Auch unter Neriglissars Nachfolger Nabonid, dem letzten König des babylonischen Reiches (556–539), änderte sich die Lage der Deportierten nicht. Vielmehr war es so, dass Babylon unter Nabonid insgesamt eine schwierige Phase erlebte, da sich der König zehn Jahre lang außerhalb Babylons aufhielt und seine Regierungsgeschäfte nicht wahrnahm. Es scheint, als hätte sich spätestens in den 540er-Jahren unter den Judäern in Babylon eine gewisse Resignation breitgemacht, wie einige Passagen im zweiten Hauptteil des Jesajabuches andeuten (Jes 40,27; 49,14; 50,1). Erst unter dem Perserkönig Kyros II. sollte wieder Bewegung in die Angelegenheit kommen (s. VII.1).

2. Die Judäer und Benjaminiter in Juda und Benjamin

Die Provinz Benjamin-Juda

Schon kurz nach der Einnahme Jerusalems und der Absetzung der alten Oberschicht um König Zedekia im Jahr 587 begannen die Babylonier mit der Neuordnung des Landes. Wie schon das Nordreich Israel im Jahr 722 wurde nun auch Juda in eine Provinz umgewandelt. Vermutlich hatte in der späten Königszeit auch das Gebiet von Benjamin, das einen 20 km breiten Streifen unmittelbar nördlich von Jerusalem bildet, zu Juda gehört, so dass auch die neue Provinz beide Stammesgebiete umfasste. Die Babylonier hatten neben Jerusalem vor allem die westlichen und südlichen Landesteile zerstört, während Benjamin weitgehend unversehrt geblieben war. Daher verlegten die Babylonier die Provinzhauptstadt nach Mizpa in Benjamin, etwa 12 km nördlich von Jerusalem. Benjamin sollte für die nächsten hundert Jahre in wirtschaftlicher und politischer Hinsicht den Ton angeben, denn Juda insgesamt, nicht nur Jerusalem, hatte seine Führungsrolle in der Region verloren. Die Provinz Benjamin-Juda hatte in der babylonischen Zeit etwa 40000 Einwohner, wovon allerdings etwa drei Viertel auf Benjamin entfielen. Juda war ab 587 für etwa 150 Jahre so etwas wie ein „Südannex“ von Benjamin.

Die Provinz Benjamin-Juda in babylonischer Zeit

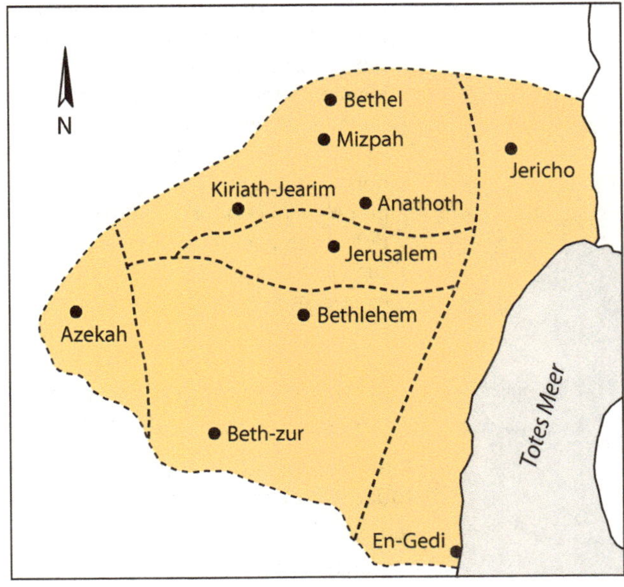

Juda hatte seine urbanen Zentren verloren, Jerusalem und die Städte im Hügelland wie etwa Lachisch waren von den Babyloniern zerstört worden. Die südlichen Landesteile, der Negev und das südliche Bergland, fielen an die Edomiter, die vom Ostjordanland herüberdrängten. Gleichwohl waren weite Teile der südlichen Levante vom Krieg weitgehend verschont geblieben: die Küstenstädte, Galiläa, Samaria, Benjamin sowie Teile des judäischen Berglandes. Es ist also nicht so, dass die gesamte Region in einen „Dornröschenschlaf" versunken wäre. Vielmehr fand eine Verlagerung der wirtschaftlichen und kulturellen Zentren zugunsten von Samaria und Benjamin statt.

Statthalter Gedalja

Die Babylonier installierten als Statthalter der Provinz Benjamin-Juda einen Judäer namens Gedalja, der aus der angesehenen Jerusalemer Familie der Schafaniden stammte. Gedalja regierte in Mizpa zusammen mit dem Propheten Jeremia, der sich schon während der Belagerung für eine Zusammenarbeit mit den Babyloniern ausgesprochen hatte und daher deren Vertrauen genoss (Jer 40). Jeremia scheint für die vor Ort lebenden Judäer eine ähnliche Funktion gehabt zu haben wie der Prophet Ezechiel für die in Babylon lebenden (s. VI.1).

Landreform in Juda

Eine wichtige Maßnahme der Babylonier war die Durchführung einer Landreform. Die Ländereien der Deportierten wurden an die einfache Bevölkerung verteilt (Jer 39,10), was die in Babylon Lebenden mit Zorn erfüllte (Ez 11,13-21; 33,23-29). Die Erzählungen des Jeremiabuches, die entschieden für die im Land Juda Verbliebenen Partei ergreifen, beschreiben den Wiederaufbau unter Gedalja und Jeremia als Segen (Jer 39-40). Die Königebücher, die aus der Perspektive der Deportierten berichten, verschweigen dagegen das meiste hiervon und bleiben ausgesprochen nüchtern (2 Kön 25,11-12.22-26).

Quelle

[40,9] Und Gedalja ben Ahikam ben Schafan schwor ihnen und ihren Männern: „Fürchtet euch nicht, den Chaldäern zu dienen! Bleibt im Land und dient dem König von Babel, dann wird es euch gutgehen! [10] Und ich, siehe, ich bleibe in Mizpa, um vor den Chaldäern zu stehen, die zu uns kommen werden. Ihr aber sammelt Wein, Sommerobst und Öl ein und tut sie in eure Gefäße! Und wohnt in euren Städten, die ihr in Besitz genommen habt!" [11] Und auch alle Judäer, die in Moab und unter den Ammonitern und in Edom und die in allen diesen Ländern waren, hörten, dass der König von Babel einen Rest in Juda gelassen und dass er Gedalja ben Ahikam ben Schafan über sie eingesetzt hatte. [12] Da kehrten alle Judäer aus all den Orten zurück, wohin sie vertrieben worden waren, und sie kamen ins Land Juda zu Gedalja nach Mizpa. Und sie sammelten sehr viel Wein und Sommerobst ein. (Jer 40,9–12)

Die Ermordung Gedaljas

Die Absetzung des Königs im Jahr 587 war ein tiefer Einschnitt in die traditionelle Lebensweise der Judäer, die vor allem von den Angehörigen des Königshauses nicht akzeptiert werden konnte. Dass die in Babylonien lebenden Judäer den deportierten Jojachin weiterhin als rechtmäßigen König betrachteten, ist oben schon erwähnt worden (VI.1). Aber auch im Land Juda formierten sich, unterstützt von dem Ammoniterkönig Baalis, Angehörige des (ehemaligen) Königshauses gegen den Statthalter Gedalja. Zu einem unbekannten Zeitpunkt vor dem Jahr 582, also nach nur wenigen Jahren Amtszeit, wurde Gedalja in Mizpa von einem Kommando unter Führung von Ismael ben Netanja ermordet. Bei der anschließenden Strafaktion der Babylonier, die nach Jer 52,30 in das Jahr 582 fiel, wurden nochmals einige hundert Judäer nach Babylon deportiert.

Ein „ägyptisches Exil"?

Im Zusammenhang mit der Ermordung des Statthalters Gedalja erwähnen das zweite Königebuch (2 Kön 25,26) und das Jeremiabuch (Jer 43,4-7), dass die verbliebenen Judäer aus Angst vor einer babylonischen Strafaktion nach Ägypten geflohen seien. Ob sich hinter dieser Meldung so etwas wie ein „ägyptisches Exil" verbirgt, ist unklar, da die weiteren Erzählungen in Jer 43-44 keinen historischen Quellenwert haben. Klar ist allerdings, dass es schon seit der späten Königszeit mehrere judäische Gemeinschaften in Ägypten gegeben hat. So scheint Pharao Necho II. judäische Zwangsarbeiter angesiedelt haben, als er einen Kanal zwischen dem Roten Meer und dem Nil graben wollte, und Pharao Psammetich II. soll bei seinem Nubienfeldzug (s. V.5) auch judäische Söldner eingesetzt haben. Um das Jahr 400 sollte eine der judäischen Ansiedlungen ins Rampenlicht der Geschichte treten (s. VII.4).

Der Prophet Jeremia

Die im Land verbliebenen Judäer befanden sich um 582 nach der Ermordung ihres Statthalters in einer akuten Führungskrise. Daher ernannten sie den Propheten Jeremia zu ihrem Anführer (Jer 42,1-6). Aber über die Wirksamkeit Jeremias in dieser Funktion ist nur noch bekannt, dass er zum Verbleib im Land Juda aufrief und damit zum wiederholten Male die Position vertrat, dass ein Leben mit und unter den Babyloniern möglich sei.

Geringe babylonische Präsenz in Juda

Insgesamt war die babylonische Präsenz in Juda und Benjamin nicht sehr ausgeprägt - und das war keine Ausnahme. Es scheint, als hätten sich die babylonischen Herrscher in den sieben Jahrzehnten ihrer Herrschaft nur sehr wenig um die entlegenen Provinzen ihres Reiches gekümmert. Dort stagnierte die wirtschaftliche Entwicklung, und die kulturelle Einflussnahme war sehr begrenzt. Das wiederum war für eigenständige Entwicklungen in jenen Provinzen günstig, ein Umstand, der sich in Juda und Benjamin in der Folge positiv bemerkbar machte (s. VI.3).

Die rekonstruierbare Ereignisgeschichte Judas bricht hier ab, da von nun an für einige Jahrzehnte weder Annalen noch andere zeitnah verfasste Berichte noch auch Inschriften zur Verfügung stehen. Stattdessen sind aber zahlreiche Texte aus der fortgeschrittenen babylonischen und der darauf folgenden persischen Epoche überliefert, die die Neuordnung des judäischen Gemeinwesens und den Wiederaufbau des Tempels zum Gegenstand haben. Die kritische Auswertung dieser Texte ermöglicht zwar nicht die Rekonstruktion einzelner Ereignisse, aber sie erlaubt zumindest Rückschlüsse auf die mittelfristige Entwicklung der Institutionen und der Machtverhältnisse in Juda und Benjamin - und mit Abstrichen auch in Samaria, dem ehemaligen Nordreich Israel.

3. Das benjaminitisch-judäische Gemeinwesen in der zweiten Hälfte des 6. Jahrhunderts

Das Gemeinwesen in Benjamin-Juda

Man kann davon ausgehen, dass die Babylonier nach Wiederherstellung der Ordnung einen neuen Statthalter in Mizpa installierten, nur ist dessen Name wie auch der aller weiteren nicht bekannt. Der Statthalter war für alle Angelegenheiten zuständig, die den Oberherrn betrafen, also insbesondere Tributabgabe, Fronleistungen und Heeresversorgung; die innere Organisation blieb jedoch wie überall so auch in Juda und Benjamin den Einheimischen überlassen. Die historische Rekonstruktion muss also für die babylonische Epoche (und auch die weiteren Epochen) von einer Doppelstruktur ausgehen: einerseits oberherrschaftliche Provinzverwaltung und andererseits teilautonome Selbstverwaltung. Letztere formierte sich in den Jahrzehnten nach dem Ende des Königtums auf ganz neuer Basis, denn Juda und Benjamin bildeten in der zweiten Hälfte des 6. Jahrhunderts einen bürgerstaatlichen Personenverband aus. Dieses Prinzip der Vergesellschaftung ist aus den archaischen Stadtstaaten des Mittelmeerraums unter dem Namen „Polis" bekannt. Anders als in einer traditionellen altorientalischen Monarchie steht hier kein König an der Spitze des Gemeinwesens, der in seiner Person Gesetz und Ordnung verkörpert und idealerweise auch realisiert. Vielmehr beschließen in einem solchen Gemeinwesen alle Vollbürger über ihre Verfassung, bestimmen ihre Amtsträger selbst und unterstellen sich allesamt den geltenden Gesetzen. In der babylonischen, aber genauso in der darauf folgenden persischen Zeit gab es mithin zwei administrative Strukturen: zum einen die Provinzialverwaltung Benjamin-Juda mit dem Statthalter an der Spitze und zum andern das teilautonome, bürgerstaatliche Gemeinwesen Benjamin-Juda, das sich selbst als „Israel" bezeichnete und seine inneren Angelegenheiten selbstbestimmt regelte.

Die Abfassung des Pentateuch

Um diese Entwicklungen richtig verstehen zu können, ist an dieser Stelle ein Exkurs über die Entstehung des Pentateuch (Gen–Dtn) bzw. des Hexateuch (Gen–Jos) notwendig. Die ersten sechs Bücher der Hebräischen Bibel stammen nicht aus der vormonarchischen Zeit und sind auch nicht von Mose oder Josua verfasst worden. Vielmehr entstanden sie sukzessive aus mehreren kurzen Werken, die in einem etwa 250 Jahre währenden Prozess zu größeren Komplexen zusammengefügt wurden, bis sie in am Ende des 4. Jahrhunderts die heute vorliegende Gestalt erreicht hatten. Manche dieser kürzeren Werke, die nur durch exegetisch-analytische Operationen aus dem heute vorliegenden Endtext herauspräpariert werden können, hatten lediglich programmatischen Charakter, d.h. sie spiegeln Ansprüche und Visionen, aber keine historischen Realitäten – so etwa die Jakobserzählung (Gen 25–35*) oder die Vätergeschichte (Gen 12–50*). Diejenigen Werke aber, die Gesetze enthalten, sind Verfassungserzählungen, d.h. die Erzählung promulgiert das jeweilige Gesetzeskorpus als geltendes Recht.

Damit dieses innovative Vorgehen als legitim anerkannt wird, leiten die Erzählungen das jeweils in Kraft zu setzende Recht aus der grundlegenden, d.h. paradigmatischen und axiomatischen Mose-Epoche her.

Die Gesetze des Pentateuch

Das älteste dieser Gesetzeskorpora ist das sogenannte Bundesbuch (Ex 20,24-23,19); die Erzählung, die dieses Korpus enthält und legitimiert („Exodus-Gottesberg-Erzählung"), findet sich in Ex 1,11-24,3*. Das zweitälteste Gesetzeskorpus ist das Gesetz des Deuteronomium (Dtn 12-26; 28); die dazu gehörige Erzählung („Landnahmeerzählung") umfasst Dtn 1 - Jos 21*. Das dritte Gesetzeskorpus, das sogenannte Heiligkeitsgesetz, umfasst Lev 17-26; die dazu gehörige Erzählung („Priesterliche Komposition") umfasst den gesamten Hexateuch Gen 1 - Jos 24*. Insbesondere die jüngste Gesetzgebung wurde in spätpersischer Zeit mehrfach erweitert. Das heißt, die im judäisch-benjaminitischen Gemeinwesen geltenden Gesetze wurden nach einer ersten Verabschiedung mehrfach novelliert.

Die mehrfachen Gesetzesnovellen und die mit ihnen einhergehende Umgestaltung der Erzählungen sind Ausdruck der gesellschaftlichen Entwicklungen, die in Juda und Benjamin in den fast 300 Jahren der babylonischen und persischen Herrschaft stattgefunden haben. Sie sind somit die beste Quelle für die Rekonstruktion der inneren Entwicklung in diesen Epochen.

Bundesbuch

Das älteste Gesetzbuch des Alten Testaments ist das sogenannte Bundesbuch (Ex 20,24-23,19). Dieses besteht in seinem Kern aus einer älteren Sammlung von richterlichen Musterentscheidungen (Ex 21,12-22,19), vor allem aus den Bereichen Strafrecht und Schadenersatzrecht, die zu Ausbildungszwecken zusammengestellt worden war. Diese Musterentscheidungen setzen eine fortgeschrittene geldbasierte Ökonomie voraus und stammen daher aus der späten Königszeit (Ende 7. bzw. Anfang 6. Jahrhundert). Anders dagegen die jüngeren, aus der nachmonarchischen Zeit stammenden Rahmenteile, in denen die Gesetze zur öffentlichen Ordnung stehen. Darin werden geregelt:

- Öffentlicher Kult: Bauvorschriften für Altäre (Ex 20,24-26), Kalender der Gemeinschaftsfeste: Mazzen-, Ernte- und Lesefest (Ex 23,14-17*), verschiedene Vorschriften für Opfer und Abgaben (Ex 22,28-29; 23,18-19).
- Sozialordnung: Sklavenfreilassung nach sieben Jahren (Ex 21,2-11), Überlassung des Feldwuches an die Armen alle sieben Jahre (Ex 23,10-11), Ruhetag für die Abhängigen jeden siebten Tag (Ex 23,12).
- Schutz der Minderberechtigten und -bemittelten: Metöken, Witwen, Waisen (Ex 22,20-23; 23,9), Zinsverbot (Ex 22,24), Beschränkung bei Pfandnahme (Ex 22,25-26).
- Gerichtsordnung: Rechtes Verhalten als Kläger, Zeuge und Richter (Ex 23,1-8).
- Organe: Achtung des Gottesgerichts und des Statthalters (Ex 22,27).

Gesetzgebung ohne König

Die meisten der hier geregelten Angelegenheiten waren zur Zeit der Monarchie Privileg des Königs gewesen, nun aber fielen sie in die Verantwortung aller Vollbürger. In der paradigmatischen Erzählung verabschiedet die Volksversammlung seine Verfassung durch einstimmigen Beschluss: „Und Mose kam und erzählte dem Volk alle Worte Jhwhs und alle Rechtssätze. Und das ganze Volk antwortete mit einer Stimme und sagte: ‚Alle Worte, die Jhwh geredet hat, wollen wir tun.'" (Ex 24,3) Wann und wo das Bundesbuch im 6. Jahrhundert in Kraft gesetzt wurde, geben die Quellen nicht zu erkennen. Möglich ist, dass es bei einer Volksversammlung in Mizpa geschah.

Gerichtsordnung ohne König

Gleichzeitig mit dem Bundesbuch wurde eine zweiteilige Gerichtsordnung in Kraft gesetzt (Ex 18,13–26). Die einfachen, in Kenntnis des Gewohnheitsrechts regelbaren Fälle wurden Laienrichtern übertragen; für die schweren, präzedenzlosen Fälle wurde dagegen ein prophetisches Amt eingerichtet, das in dieser Hinsicht den König ersetzte. Der jeweilige Amtsinhaber hatte die Aufgabe, durch eine Gottesbefragung neue Rechtssätze zu verkünden sowie darüber hinaus Wegweisung in grundsätzlichen Fragen zu geben – letzteres in Anknüpfung an die seit Ezechiel und Jeremia geübte Praxis.

Prophetisches Leitungsamt

Der Prophet Jeremia wurde mit dem Amt betraut, „dass Jhwh, dein Gott, uns mitteilt den Weg, auf dem wir gehen, und die Sache, die wir tun sollen!" (Jer 42,3), das Amt des Mose lautete entsprechend: „Belehre sie über die Ordnungen und Weisungen und zeige ihnen den Weg, den sie gehen, und das Werk, das sie tun sollen." (Ex 18,20). Zwei Unterschiede zwischen den sachlich nahezu identischen Texten aus dem Jeremia- und dem Exodusbuch sind von Belang: Zum einen spricht der Jeremiatext direkt den historischen Amtsinhaber an, der Mosetext spricht dagegen in paradigmatischer Weise die Gründerfigur an. Das Amt ist daher im Exodusbuch nicht mehr an eine Person gebunden, vielmehr wird es zur Zeit der Abfassung des Textes, also im 6. Jahrhundert, von der jeweils dazu geeigneten Person ausgeübt. Zum anderen inauguriert Ex 18–24 ein ganzes System von Ämtern und Gesetzen, während der Jeremiatext lediglich ad hoc eine Notsituation löst. Die Entwicklung ist also deutlich: Was in den 580er-Jahren unter Jeremia als Improvisation begann, verstetigte sich und wurde mit Hilfe einer differenzierten Gesetzgebung institutionalisiert.

Mizpa als Hauptstadt

Das Zentrum der Provinz war, wie bereits erwähnt, die Region Benjamin mit ihrem Hauptort Mizpa, wo der Statthalter regierte. Diese hervorgehobene Funktion behielt Mizpa über viele Jahrzehnte, wie die archäologischen und die biblischen Belege übereinstimmend zeigen. In etlichen Texten aus dem 6. und 5. Jahrhundert erscheint Mizpa als Versammlungsort der Israeliten (Ri 20f; 1 Sam 7,6; 10,17), was darauf hindeutet, dass die Volksversammlungen des judäisch-benjaminitischen Personenverbandes in der babylonischen und frühpersischen Zeit dort stattfanden. Noch in Neh 3,7, einem Text aus dem 4. Jahrhundert, ist die Rede von „Männern aus Gibeon und Mizpa, die dem Gouverneur der Provinz Transeuphratene unterstellt sind". Offensichtlich stand die Stadt damals unter der Direktverwaltung der persischen Oberbehörde.

Benjamin als Machtfaktor

Die Vorherrschaft Benjamins spiegelt sich auch in der sogenannten Landnahmeerzählung (Dtn 1 - Jos 21*), die den Anspruch Israels auf den Besitz des ganzen Landes formuliert. In diesen Texten ist Gilgal der Hauptort Israels, an dem sich das Volk immer wieder versammelt und an dem das wichtigste gemeinsame Kultobjekt, die Bundeslade, ihren Standort hat. Gilgal, das archäologisch noch nicht nachgewiesen werden konnte, muss im Jordantal in der Nähe von Jericho gelegen haben. In der Königszeit war es der Hauptkultort des Stammes Benjamin gewesen (1 Sam 11,14-15; 13,1-15), und diese Funktion sollte Gilgal nach dem Willen der benjaminitischen Verfasser der Landnahmeerzählung auch in babylonischer und persischer Zeit einnehmen.

Ein zentraler Kultort?

Die Bestimmung von Mizpa zur politischen Hauptstadt war ein Verwaltungsakt der Babylonier gewesen; wer oder was jedoch die Nachfolge des Jerusalemer Tempels als kultisches Zentrum antreten sollte, war lange Zeit unklar. De facto gab es keinen einzelnen Nachfolger, vielmehr war zunächst eine Vielzahl von Kultstätten in Benutzung, wie auch das Altargesetz des Bundesbuches (Ex 20,24-26) zeigt. Die Texte aus dem 6. und 5. Jahrhundert weisen neben dem benjaminitischen Gilgal vor allem auf Bethel (Gen 12,8; 28,10-22; 1 Kön 12; 13; Am 3,13-14; 4,4-5; 5,5-6), aber auch auf die judäischen Städte Beer-Scheba (Gen 26,25; Am 5,5) und Hebron (Gen 13,18, vgl. 2 Sam 5,3; 15,7-9). Weitere Kandidaten waren Schilo, Mizpa, Gibeon und Sichem. Es ist wahrscheinlich, dass nach 587 zunächst eine Vielzahl von Kultstätten in Gebrauch war und dass die wichtigsten von ihnen um die Stellung als Hauptkultort konkurrierten. Allerdings ist unbekannt, ob sich einer der genannten Kultorte durchsetzen konnte. Ab der Perserzeit trat auch Jerusalem wieder in diesen Konkurrenzkampf ein, der allerdings erst am Ende des 5. Jahrhunderts für Jerusalem entschieden sein sollte. ■

Auf einen Blick

Ende des 6. Jahrhunderts begann die babylonische Epoche, Juda wurde im Jahr 587 zur babylonischen Provinz. Viele Judäer wurden nach Babylon deportiert. Was ist über ihre Situation bekannt? Wie war die Situation im Land Juda in den ersten Jahren nach 587? Das Bundesbuch, das älteste Gesetzbuch des Alten Testaments, ist eine wichtige Quelle für die Rekonstruktion dieser Zeit. Welche Gegenstände werden darin geregelt? Wie entwickelte sich das Verhältnis von Benjamin und Juda im 6. Jahrhundert?

Literaturhinweis

Frevel, Christian: Geschichte Israels (StTh 2), Stuttgart 2016, 270–286.

Albertz, Rainer: Die Exilszeit. 6. Jahrhundert v. Chr., Stuttgart 2001.
Detaillierte und sehr empfehlenswerte Aufarbeitung der Quellen zum babylonischen Exil.

VII. Die persische Epoche

Überblick

Im Jahr 539 nahm der Perserkönig Kyros II. Babylon ein und übernahm damit de jure das Weltreich der Babylonier. De facto übte aber erst sein Nachnachfolger Dareios I. die Herrschaft in der Levante aus. Obwohl mehrere Texte des Alten Testaments mit dem Regierungsantritt des Kyros einschneidende Veränderungen für die Judäer und für Jerusalem verbinden, scheint es aus historischer Sicht erst unter Dareios I. um die Wende zum 5. Jahrhundert v. Chr. zu einem – allerdings nur zaghaften – Neubeginn in Juda gekommen zu sein. Das bürgerstaatliche Gemeinwesen Benjamin-Juda novellierte mehrfach seine Gesetze und verlagerte sein Zentrum wieder nach Juda. Ab der Wende zum 4. Jahrhundert kam es zu tiefgreifenden Veränderungen: Juda wurde zur Südgrenze des persischen Reiches, Jerusalem wurde zunehmend besiedelt, der Tempel wurde zum politischen und wirtschaftlichen Zentrum des Landes. Am Ende der persischen Zeit und in der hellenistischen Zeit fungierte der Hohepriester des Jerusalemer Tempels als Statthalter.

559–530	**Perserkönig Kyros II.: Übernahme des babylonischen Weltreichs**
um 530 (?)	Scheschbazzar, Statthalter (?) in Juda
522–486	**Perserkönig Dareios I.: Konsolidierung der Herrschaft in der Levante**
ab 520 (?)	Statthalter Serubbabel, Hoherpriester Jeschua: Tempelbau
464–424	**Perserkönig Artaxerxes I.**
ab 445	Statthalter Nehemia in Juda: Sozialreformen und Mauerbau
424–404	**Perserkönig Dareios II.**
um 407	Bagohi, Statthalter in Juda; Hoherpriester Jochanan
404–399	**Pharao Amyrtaios: Ägypten löst sich von der Perserherrschaft**
ab 398	Wirksamkeit des Schriftgelehrten Esra in Jerusalem
336–331	**Dareios III., letzter Perserkönig**

Beginn der persischen Epoche

Der Zeitpunkt des Beginns der persischen Epoche scheint auf den ersten Blick klar zu sein, denn die Ereignisse des Jahres 539, als der Perserkönig Kyros II. in Babylon Einzug hielt, stellen eine unabweisbare Zäsur dar. Fraglich ist aber, ab wann der Herrschaftswechsel im Zweistromland spürbare Auswirkungen auf die Levante und damit auch auf die Provinz Benjamin-Juda hatte.

1. Der Beginn der persischen Herrschaft im Orient

Das Ende des babylonischen Reiches

Das babylonische Weltreich erlebte unter der Herrschaft seines letzten Königs Nabonid (556–539) eine instabile Phase. In seinen ersten Jahren reformierte Nabonid das Steuer- und Abgabensystem, so dass die mächtigen Tempel Babylons, in denen allen voran der Hauptgott Marduk verehrt wurde – und damit auch ihre Priester – viele ihrer Privilegien verloren. Gleichzeitig förderte er den Kult anderer Gottheiten, insbesondere des Mondgottes Sin. Dann verlegte er seinen Regierungssitz nach Tayma in Nordarabien, vermutlich weil er die Handelswege nach Arabien unter seine Kontrolle bringen wollte. Als in den 540er-Jahren der Perserkönig Kyros seine Macht im Norden Mesopotamiens auszuweiten begann, kehrte Nabonid nach Babylon zurück. Doch das Zerwürfnis mit den Priestern und darüber hinaus mit den Bürgern der Hauptstadt war nicht mehr zu heilen. Die babylonischen Truppen wurden besiegt und die Perser konnten im Jahr 539 kampflos in Babylon einziehen. Kyros II. (= Kyros der Große) wurde wie ein Befreier gefeiert.

König Kyros II. von Persien

Es ist schwierig, ein realistisches Bild von König Kyros II. zu gewinnen, da zeitgenössische Quellen rar sind und schon bald eine umfassende Verklärung seiner Person einsetzte. Sowohl die griechischen Historiker Herodot und Xenophon als auch die verschiedenen Autoren des Alten Testaments zeichnen ihn als Lichtgestalt, Herodot allerdings mit Abstrichen. Seinen ersten großen Erfolg hatte der Perserkönig, als er im Jahr 550 den Mederkönig Astyages besiegte. Darauf erfolgte die Eroberung Kleinasiens, die mit der Kapitulation des Lydierkönigs Krösus im Jahr 541 abgeschlossen war. Dann wandte sich Kyros Babylon zu, das er, wie bereits erwähnt, im Jahr 539 ohne Kampf einnahm. In den folgenden Jahren wandte sich Kyros nach Osten, wo er bis nach Indien kam, sowie nach Zentralasien. Im Jahr 530 kam er im Kampf an der Ostgrenze seines Reiches ums Leben.

Die ersten Perserkönige

Kyros II. war keineswegs der tolerante und milde Herrscher, zu dem ihn die spätere Legendenbildung gemacht hat. Er war vielmehr ein nüchterner Machtmensch, der sich von anderen Königen seiner Zeit kaum unterschied. Das persische Reich war in seinen Anfängen eine weitgehend schriftlose Kriegerkultur, die erst im Laufe der kommenden Jahrzehnte jene Größe entwickelte, die seinen Nachruhm prägen sollte. In Bezug auf die Levante ist fraglich, ob Kyros überhaupt schon die Kontrolle über diese Region ausgeübt hat, in die er niemals gekommen ist. Sein Sohn und Thronfolger Kambyses (530–522) durchzog zwar bei seinem Ägyptenfeldzug als erster Perserkönig die Levante, aber erst Kambyses' Nachfolger Dareios I. (522–486) gab dem Reich eine neue und effiziente Ordnung, und erst unter seiner Regentschaft ist eine nachhaltige Wirkung der Perserherrschaft in der Levante und in Ägypten nachweisbar.

Deuterojesaja

Unter den nach Babylon deportierten Judäern muss es einige gegeben haben, die an die Herrschaft des Kyros große Hoffnungen knüpften. Die

Verlautbarungen ihrer Wortführer sind in Gestalt von prophetischen Reden im zweiten Teil des Jesajabuches gesammelt (Jes 40-55 = „Deuterojesaja"). Diese Hoffnungen teilten sie mit den Babyloniern und deren kultisch-politischem Sprachrohr, den Mardukpriestern. Die Ereignisse des Jahres 539 und die damit verbundenen Hoffnungen sind in zwei offensichtlich aufeinander Bezug nehmenden Dokumenten verarbeitet worden, zum einen im „Kyroszylinder", einer Lobrede auf Kyros aus der Feder der Mardukpriester von Babylon, zum andern im „Kyrosorakel", einer prophetischen Gottesrede in Jes 45,1-7.

Quelle

Die Mardukpriester formulierten: „Er (Marduk) ergriff mit seiner Hand Kyros, den König von Anšan, sprach seine Berufung aus; zur Herrschaft über das gesamte All nannte er seinen Namen. Gutium (und) die Gesamtheit der Meder legte er ihm unter die Füße." (nach HTAT 273, vgl. TUAT I/4, 408) Deuterojesaja spricht die Berufung des Kyros dagegen seinem Gott zu: „So spricht Jhwh zu seinem Gesalbten, zu Kyros, den ich bei seiner Rechten ergriffen habe, um Nationen vor ihm zu unterwerfen – und die Hüften der Könige entgürte ich." (Jes 45,1a)
Daraufhin beginnt der Eroberungszug des Kyros – zunächst in den Worten der Mardukpriester: „Nach seiner Stadt Babylon befahl er (Marduk) ihm zu gehen und ließ ihn den Weg nach Babylon einschlagen. Wie ein Freund und Gefährte ging er ständig an seiner Seite, während seine zahlreichen Truppen, deren Anzahl wie das Wasser eines Flusses nicht bestimmt werden kann, ihre Waffen gegürtet, an seiner Seite marschierten." (nach HTAT 273, vgl. TUAT I/4, 408) – dann in den Worten Deuterojesajas: „Ich (Jhwh) werde vor dir herziehen und werde die Ringmauern einebnen. Eherne Türen werde ich zerbrechen und eiserne Riegel zerschlagen. Ich gebe dir verborgene Schätze und versteckte Vorräte, damit du erkennst, dass ich Jhwh bin, der dich bei deinem Namen ruft, der Gott Israels." (Jes 45,2–3)
Am Ende steht der kampflose Einmarsch in Babylon: „Ohne Kampf und Schlacht ließ er (Marduk) ihn in Babylon einziehen. Seine Stadt Babylon rettete er aus der Bedrängnis. Nabonid, den König, der ihn nicht fürchtete, lieferte er seiner Hand aus. Die Menschen von Babylon alle, die Gesamtheit von Sumer und Akkad, Fürsten und Statthalter, knieten vor ihm nieder, küssten seine Füße (und) freuten sich über sein Königtum. Ihr Antlitz leuchtete." (nach HTAT 273, vgl. TUAT I/4, 408) Nach Deuterojesaja hat Jhwh gehandelt, „um Türen vor ihm (Kyros) zu öffnen, und Tore bleiben nicht verschlossen." (Jes 45,1b)

Die Darstellung in Esr 1–6

Die Hoffnungen der Judäer richteten sich gemäß Deuterojesaja auf zwei Ziele, nämlich die Rückkehr in die Heimat und den Wiederaufbau Jerusalems. Und folgt man der Darstellung des Esrabuches (Esr 1-6), so haben sich diese Hoffnungen auch unmittelbar und vollständig erfüllt: Noch während der Herrschaft des Kyros sollen etwa 50000 Deportierte zurückgekehrt sein und begonnen haben, den Jerusalemer Tempel wieder aufzubauen. Doch ist dieser Text alles andere als ein historischer Bericht, vielmehr gehört die hebräische Tempelbauerzählung Esr 1,1-4,5; 6,15-22 zu den spätesten Stücken des Esra-

Nehemia-Buches und ist erst Mitte des 4. Jahrhunderts entstanden, also fast 200 Jahre nach Kyros. Historisch ist es ganz unwahrscheinlich, dass es bereits unter Kyros, dessen Herrschaftshandeln die Levante gar nicht erreichte, zu einer Rückwanderung gekommen ist. Viele Passagen in Deuterojesaja bestätigen dies indirekt, indem sie nämlich das Ausbleiben der großartigen Verheißungen thematisieren (etwa Jes 55,6-11).

2. Die Provinz Jehud in der frühen Perserzeit

Juda unter König Dareios I.

Für Juda und Benjamin änderte sich unter den Regierungen von Kyros II. (539-530) und dessen Sohn Kambyses (530-522) nicht viel; die Texte legen aber nahe nachzufragen, was sich unter Dareios I. (522-486) ereignete. Nach Esr 6,15 wurde der Jerusalemer Tempel wieder aufgebaut und im „sechsten Jahr der Regierung des Königs Dareios" fertiggestellt, umgerechnet also im Jahr 515. Nun ist auch diese Information Teil der sehr späten hebräischen Tempelbauerzählung des Esrabuches, aber das Haggaibuch datiert den Beginn des Tempelbaus ebenfalls in die Zeit Dareios' I., über den Abschluss spricht es jedoch nicht. Die hebräische Tempelbauerzählung Esr 1,1-4,5; 6,15-22 verfolgt das Ziel zu zeigen, dass Tempelbau und Rückwanderung von Anfang an von den Persern legitimiert und unter Kyros auch in die Tat umgesetzt wurden. Diese Frühdatierung sollte den Jerusalemer Tempel nicht zuletzt gegen das Heiligtum der Samarier auf dem Garizim priorisieren, das in der zweiten Hälfte des 5. Jahrhunderts gebaut wurde (s. u. VII.5). Was in den ersten Jahrzehnten tatsächlich auf dem Jerusalemer Tempelplatz geschah, muss man aus anderen Quellen rekonstruieren (s. u. VII.3).

Auch für die Rückkehr von deportierten Judäern ist die hebräische Tempelbauerzählung keine Quelle. Um den Vorgang der „Exilsrückkehr" zu verstehen ist es zunächst wichtig, zu unterscheiden zwischen dem historischen Vorgang der Rückkehr auf der einen und der Selbstdefinition der Judäer und Benjaminiten als Exilsrückkehrer auf der anderen Seite. Ersterer Vorgang kann in der Zeit Dareios' I., also am Ende des 6. Jahrhunderts, im Kleinen begonnen haben. Nachweisbare Spuren in den Siedlungsstrukturen von Benjamin und Juda gibt es dafür jedoch nicht. Archäologisch gesehen gibt es keine „Exilsrückkehr". Wahrscheinlich ist daher, dass in der

Die Provinz Juda(-Benjamin) in persischer Zeit

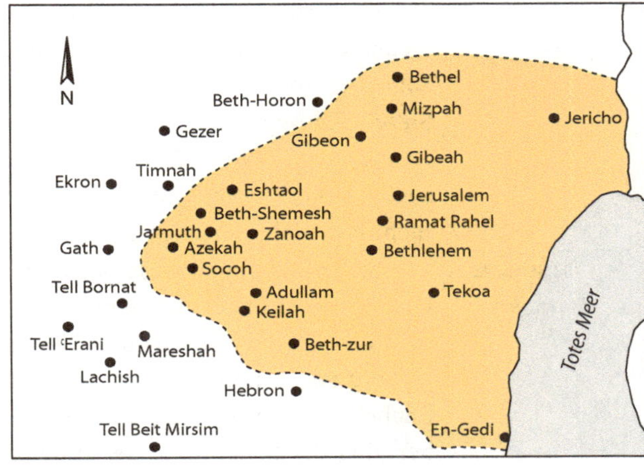

frühen Perserzeit nur wenige Personen aus Babylon zurückkehrten und dass es über mehrere Jahrzehnte hinweg immer wieder zu Remigrationen unterschiedlichen Ausmaßes kam. Die meisten Judäer kehrten ohnehin nicht zurück, sondern bildeten eine – in den babylonischen Quellen gut nachweisbare – dauerhafte Diaspora, die schon im Altertum erheblichen Umfang hatte und bis Ende des 20. Jahrhunderts n. Chr. fortbestand.

Selbstverständnis als Exilsrückkehrer

Die Selbstdefinition der Bürger des benjaminitisch-judäischen Gemeinwesens als *B^e^ne Ha-Golah* („Söhne der Deportation") und damit die Vorstellung, ganz Israel sei zunächst deportiert und später als Ganzes im Zusammenhang mit dem Tempelbau wieder zurückgekommen, ist etwas Anderes. Dieses Selbstverständnis kann auch von Personen übernommen worden sein, die de facto gar nicht aus Babylon zurückgehrt waren und ist frühestens in Texten aus der zweiten Hälfte des 5. Jahrhunderts nachweisbar. Die Antwort auf die Frage, warum dieses Selbstverständnis letztlich so dominant wurde, hängt wohl mit dem Jerusalemer Tempel zusammen. Möglicherweise ging es um bürgerrechtliche und steuerliche Vorteile (Näheres dazu s. VII.6).

Scheschbazzar, Serubbabel und Jeschua

Die Skepsis hinsichtlich des historischen Aussagewertes der hebräischen Tempelbauerzählung in Esr 1–6 betrifft auch die Gestalten Scheschbazzar, Serubbabel und Jeschua, die darin wichtige Figuren sind. Scheschbazzar und Serubbabel fungieren als persische Amtspersonen, Jeschua als Oberpriester. Ersterer habe die von Nebukadnezar nach Babylon gebrachten Geräte des zerstörten Tempels auf Anordnung Kyros' II. wieder zurückgebracht, die beiden letzteren hätten den Neubau des Tempels unter Kyros II. begonnen. Serubbabel und Jeschua werden auch in den Büchern Haggai und Sacharja erwähnt, allerdings in späteren Erweiterungen und abweichend vom Esrabuch als Zeitgenossen von Dareios I. In späterer Zeit wurde Serubbabel als Nachkomme des davidischen Herrscherhauses verstanden (1 Chr 3,19). Alle diese Texte sind in großem Abstand zur Zeit Kyros' II. geschrieben worden und in historischer Hinsicht nur wenig aussagekräftig. Gleichwohl ist zu vermuten, dass die Namen nicht erfunden wurden, sondern auf historische Träger zurückgehen. Neben den aus dem Alten Testament bekannten Gestalten Scheschbazzar, Serubbabel und Nehemia sind weitere Statthalter der frühen Perserzeit durch Siegelfunde epigraphisch belegt: Elnatan (spätes 6. Jh.) sowie Jehoezer und Achsai (beide frühes 5. Jh.). Letztere drei sind judäische Namen und belegen somit, dass die Perser überwiegend einheimische Amtsträger bestellt haben – mehr lässt sich allerdings nicht sagen.

Die persische Provinz Jehud

Sicher ist freilich, dass sich der Provinzstatus der Region nicht änderte. Die Provinz umfasste wie schon in babylonischer so auch in persischer Zeit die Stammesgebiete von Juda und Benjamin; die Provinzverwaltung wurde jedoch Anfang des 5. Jahrhunderts wieder nach Juda verlegt, und zwar nach Ramat Rachel (heutiger Name), wenige Kilometer südlich von Jerusalem. Damit einher ging die Benennung der Provinz mit dem aramäischen Namen „Jehud", wie aus einer Vielzahl von Stempelsiegelabdrücken und Münzen hervorgeht, die man gefunden hat. Weitere Maßnahmen der Perser sind erst wieder im 4. Jahrhundert nachweisbar, als Juda zur südlichen Grenzprovinz des Persischen Reiches wurde (s. VII.6).

Das Deuteronomium (Dtn)

Genaueres lässt sich aber über die Weiterentwicklung der internen Struktur des benjaminitisch-judäischen Gemeinwesens sagen, denn dessen gesetzliche Grundlagen sind uns in den Texten des Pentateuch erhalten geblieben. Hatten das Bundesbuch (Ex 20,24–23,19) und die Exodus-Gottesberg-Erzählung die Grundlage des babylonierzeitlichen Gemeinwesens gebildet (s. VI.3), so haben das Gesetz des Deuteronomium (Dtn 12–26; 28) und die Landnahmeerzählung (Dtn 1 - Jos 21*) bzw. später das „Deuteronomistische Geschichtswerk" (Ex 1 - 2 Kön 25*) dieselbe Funktion für die frühe Perserzeit.

3. Benjamin-Juda in der frühen und mittleren Perserzeit

Keine Kultgemeinde

Der Charakter des perserzeitlichen Gemeinwesens in Juda (und Benjamin) ist seit Langem Gegenstand von Diskussionen. Ausgehend von Julius Wellhausen (1844–1918), dessen Ansichten etwa auch vom Soziologen Max Weber (1864–1920) aufgegriffen und populär gemacht wurden, spricht man weithin von der „Jerusalemer Kultgemeinde" und meint damit, dass Israel nach dem Exil kein politisches Gemeinwesen mehr gebildet habe, sondern eine religiöse Gemeinde. In den Worten Wellhausens: „Aus dem Exil kehrte nicht die Nation zurück, sondern eine religiöse Sekte" (*Prolegomena zur Geschichte Israels*, 28). Diese Auffassung ist in jeder Hinsicht abwegig und basiert auf mehreren Fehlern: (1) berücksichtigt sie in keiner Weise die Entwicklung in der benjaminitisch-judäischen Provinz, (2) missversteht sie die Gesetze des Pentateuch als religiös-utopische Visionen und (3) verkennt sie, dass sich Israel auch in babylonischer und persischer Zeit als Volk und damit als politische Entität verstanden hat.

Doppelstruktur der Verwaltung

Tatsächlich bestand wie auch in anderen Teilen des Weltreiches in persischer wie schon in babylonischer Zeit eine Doppelstruktur: auf der einen Seite die Provinzverwaltung der Oberherrschaft mit dem Statthalter (*pecha*) an der Spitze und den „Präfekten" (*seganim*) als nachgeordneten Beamten. Und auf der anderen Seite das teilautonome, bürgerstaatlich organisierte Gemeinwesen, das sich ganz selbstverständlich als ein Gebilde verstand, das seine internen politischen und juristischen Angelegenheiten selbst regelte. Das teilautonome Gemeinwesen der Judäer und Benjaminiter entwickelte seine politische Struktur beständig weiter, wie insbesondere am Buch Deuteronomium deutlich wird.

Das Gesetzbuch des Dtn

Das Buch Deuteronomium enthält in Dtn 12-26 ein Gesetzbuch, das in vielerlei Hinsicht als Weiterentwicklung und Novellierung des Bundesbuches zu verstehen ist. Mit seiner Verabschiedung tritt es an die Stelle des nunmehr veralteten Bundesbuches. In institutioneller Hinsicht ist das Deuteronomium eine konsequente Weiterentwicklung der Verfassung des Bundesbuches und der mit diesem verbundenen zweistufigen Gerichtsordnung (s. VI.3). Letztere wird im Grundsatz beibehalten, allerdings durch ein weiteres Amt, die *schoterim* („Amtsschreiber, Amtleute"), ergänzt. Aussagekräftig ist die Bestimmung über deren Einsetzung:

Quelle

16,18 Richter und Amtleute sollst du dir für deine Stämme einsetzen in allen deinen Toren, die Jhwh, dein Gott, dir gibt, und sie sollen das Volk richten mit gerechtem Gericht. 19 Du darfst das Recht nicht beugen, du darfst die Person nicht ansehen und keine Bestechung annehmen. Denn Bestechung macht die Augen der Weisen blind und verdreht die Rechtssache der Gerechten. 20 Der Gerechtigkeit und nur der Gerechtigkeit sollst du nachjagen, damit du lebst und das Land in Besitz nimmst, das Jhwh, dein Gott, dir gibt. (Dtn 16,18–20)

Die Versammlung der Vollbürger

Diese Regelung ist in mancherlei Hinsicht typisch für das Buch Deuteronomium und soll daher etwas ausführlicher betrachtet werden. Auffällig ist die Anrede mit dem kollektiven „Du", mit dem alle Mitglieder des Gemeinwesens angesprochen sind. Dieses Gemeinwesen wird „Israel" genannt, aber gemeint sind damit alle männlichen Vollbürger des benjaminitisch-judäischen Gemeinwesens, an manchen Stellen jedoch auch alle Mitglieder einschließlich der Kinder und Frauen (so etwa in Dtn 29,9-14). Die Vollbürger setzen ihre Richter und Amtleute selbst ein, die Versammlung der Vollbürger ist der Souverän dieses Gemeinwesens. Wahrscheinlich geschah dies - wie auch im archaischen Griechenland üblich - nicht durch Abstimmung, sondern durch Los oder konsensuelle Akklamation. Auf die Regelung zur Einsetzung folgt sofort eine Mahnung zur rechten Ausübung des Amtes, die wiederum an alle ergeht. Daraus und aus der ätiologischen Erzählung über die erstmalige Einsetzung (Dtn 1,9-17) ergibt sich, dass alle Vollbürger das Amt des Richters ausüben konnten, sofern sie charakterlich dazu geeignet erschienen. Typisch für das Deuteronomium ist weiter das Anliegen, die Rechtsbestimmungen zu begründen und ihre Praktizierung zu motivieren, da es über den Vollbürgern keine königliche Erzwingungsinstanz gab.

Deuteronomium und Staatsvertrag

Die Verfassung des Deuteronomiums hat die Gestalt eines altorientalischen Staatsvertrages, nur dass hier Gott als Garant der Rechtsordnung auftritt und die Mitglieder des Gemeinwesens die Vertragspartner sind. Der Volksbeschluss wird durch Verlesung folgender Erklärung vollzogen:

Quelle

[29,9] Ihr alle steht hiermit vor Jhwh, eurem Gott: eure Stammesoberhäupter, eure Ältesten und eure Amtleute – alle Männer Israels, [10] eure Kinder, eure Frauen und dein Metöke, der inmitten deines Lagers ist, von deinem Holzhauer bis zu deinem Wasserschöpfer [11] damit du eintrittst in den Vertrag Jhwhs, deines Gottes, (und in seinen Fluch,) den Jhwh, dein Gott, hiermit mit dir schließt, [12] um dich hiermit aufzurichten zu einem Volk für ihn, und er für dich Gott sein wird, wie er dir zugesagt hat, und wie er deinen Vätern geschworen hat ... (Dtn 29,9–12)

Die Ämtergesetze des Dtn

Wie schon die Verfassung des Exodusbuches so ist auch die des Deuteronomiums zweistufig. Die von der Volksversammlung eingesetzten Richter sind mit den einfachen Fällen betraut, für schwierige Fälle gibt es auch im Deuteronomium eine Sonderregelung. Aber an die Stelle eines prophetischen Oberrichters wie in Ex 18,13-26 (s. VI.3) tritt nun die Institution eines Obergerichts, das am Hauptort tagt und aus Priestern und einem Laienrichter besteht. Dieses Obergericht entscheidet in schwierigen Fällen (Dtn 17,8-13). Aber auch das prophetische Leitungsamt, das seit Jeremia und Ezechiel in Gebrauch gewesen und schon im Exodusbuch übernommen worden war (Ex 18,19-20), wird weitergeführt. Nur wird es im Unterschied zu Ex 18 von den Aufgaben des Obergerichts befreit und auf die Wegweisung in politischen und religiösen Fragen beschränkt (Dtn 18,9-22).

Weitere Gesetze regeln das Asylrecht (Dtn 19,1-13) und die Verfahren und Kompetenzen im Kriegsfall (Dtn 20). Die von der Volksversammlung eingesetzten Amtleute haben die Aufgabe, ihrerseits im Bedarfsfall Heerführer einzusetzen, die das Heer der Vollbürger anführen.

Das Deuteronomium als Verfassung

Das Deuteronomium ist eine nahezu vollständige Verfassung, in der ein breites Spektrum von politischen und administrativen Belangen geregelt wird. Für einen König gibt es darin keinen Platz, zum einen weil altorientalische Königtümer ohnehin keine konstitutionellen Monarchien waren und die bloße Existenz einer Verfassung dieser Art der damaligen Auffassung vom Königtum widerspricht, zum andern weil alle Funktionen bereits auf die verschiedenen Amtsträger verteilt sind. Gleichwohl gibt es ein Königsgesetz (Dtn 17,14-20). Dieses sieht den König jedoch nur optional vor und weist ihm auch keinerlei Funktionen zu. Es ist ein Alibigesetz, das dieses in der Umwelt de facto nach wie vor existierende Institut aufgreift, es aber de jure entmachtet.

Das Priestergesetz des Dtn

Noch ein Gesetz ist zu behandeln: das Priestergesetz Dtn 18,1-8. Dieses regelt die Pflichtanteile der am Heiligtum wirkenden Priester, die sie von den dort dargebrachten Opfern und Abgaben erhalten. Als Priester vorgesehen ist eine Gruppe von Bürgern minderen Rechts, die Leviten, die teils am Heiligtum, teils in ihren Orten leben. Ziel war es, dass möglichst viele Leviten am Zentralort leben konnten, weshalb auch der Umzug dorthin geregelt wird (Dtn 18,6-8).

Die Heiligtumsgesetze des Dtn

Damit ist das Thema des Heiligtums angeschnitten, dem das Deuteronomium einen eigenen Block von Gesetzen widmet (Dtn 12,1-16,17). Mit der Zerstörung Jerusalems im Jahr 587 hatten Juda und Benjamin ihre Hauptstadt einschließlich der königlichen Institutionen des Palastes und des Tempels verloren. Die Provinzhauptstadt Mizpa sowie zahlreiche lokale Heiligtümer traten in der babylonischen Zeit an deren Stelle. Mit Beginn der Perserzeit setzten dann Bestrebungen ein, einen von der Provinzverwaltung unabhängigen Zentralort für das teilautonome Gemeinwesen Benjamin-Juda zu bestimmen, in dem *ein* Heiligtum alle Gemeinschaftsaufgaben übernimmt: Obergericht, Administration, Armenversorgung und Gemeinschaftskult. Dieses Heiligtum sollte permanent mit Priestern besetzt sein und zudem wirtschaftlich leistungsfähig, damit es seinen Gemeinschaftsaufgaben nachkommen konnte. Ab der Mitte des 5. Jahrhunderts war dieser Zentralort zweifellos Jerusalem, wie sich nicht zuletzt aus Esr 5 und Neh 1-6 ergibt. Aber davor war dies offensichtlich umstritten; das Deuteronomium jedenfalls spricht immer nur anonym von dem „Ort, den Jhwh aus deinen (= Israels) Stämmen erwählen wird". Hauptkonkurrenten waren Gilgal in Benjamin, das in der Landnahmeerzählung favorisiert wird (Jos 4,20), und Bethel an der Grenze von Benjamin und Ephraim, das in der Erzvätergeschichte des Buches Genesis Priorität erhält (Gen 28,10-22).

Die Bevölkerung in Benjamin-Juda

Das Hauptproblem war, ein Heiligtum ohne königliche Subsidien zu bauen und zu unterhalten. Juda war in der frühen Perserzeit immer noch in demselben desolaten Zustand wie in der babylonischen Epoche, und um das Jahr 500 herum hatte überdies auch Benjamin einen erheblichen Bevölkerungsrückgang zu verzeichnen. Die archäologischen Daten geben jedenfalls zu erkennen, dass die Bevölkerung Benjamins um 10000 Personen zurückging, so dass die Gesamtprovinz Benjamin-Juda um die Jahre 500-480 einen Tiefstwert von nur noch 30000 Einwohnern erreicht hatte.

Die Abgabenordnung des Dtn

In dieser wirtschaftlichen Lage war es natürlich schwierig, die Ressourcen für den Kultbetrieb am Heiligtum aufzubringen und deshalb wurden die Heiligtumsgesetze des Deuteronomium erlassen. Die Mitglieder des Gemeinwesens verpflichteten sich, sämtliche Opfer und Abgaben nur noch an das eine Zentralheiligtum zu bringen; die Teilnahme am Kult anderer Heiligtümer in der Region wurde verboten (Dtn 12; 14,22-27; 15,19-16,17). Die Abgaben wurden in Kammern gelagert und sollten ermöglichen, dass die levitischen Priester am Heiligtum wohnen und ihren Lebensunterhalt würden bestreiten können. Weiter sollten die Opfer und Abgaben mit den Armen und Bedürftigen geteilt werden, das Heiligtum hatte also auch eine wichtige Sozialfunktion. Das Heiligtum war darüber hinaus der Ort, an dem das Obergericht tagte und wo die geltenden Gesetze verwahrt und öffentlich verlesen wurden.

Desolate Lage in Juda

Die Quellen sind auch hier leider sehr bruchstückhaft, doch muss man annehmen, dass alles, was mit dem Heiligtum zusammenhing, nur schrittweise und über viele Jahrzehnte hinweg umgesetzt wurde. Es dauerte lange, bis sich die Provinz ökonomisch wieder soweit stabilisiert hatte, dass der Tempelbetrieb dauerhaft gesichert war. Noch die Nehemiaschrift, die in den 420er-Jahren verfasst wurde, beklagt, „dass die Anteile für die Leviten nicht gegeben worden waren, so dass die Leviten und die Sänger, die den Dienst taten, davongelaufen waren, jeder auf sein Feld“ (Neh 13,10).

Bauphasen des zweiten Tempels

Das betrifft auch die Baulichkeiten auf dem Tempelplatz in Jerusalem selbst. So stand am Anfang wahrscheinlich nur ein Freialtar zur Verfügung und erst später wurde ein Tempel errichtet, der aber zunächst wohl nur bescheidene Ausmaße hatte und dann sukzessive erweitert wurde. Einen Einblick gibt der mutmaßlich älteste Text, der über den Bau des zweiten Tempels berichtet, die sogenannte „Aramäische Tempelbau-Chronik“ (Esr 5,1-6,14*). Zwar gilt auch darin König Kyros II. als derjenige, der den Bau des Tempels schon ganz zu Anfang der Perserzeit gestattet hatte, er präsentiert sich jedoch nicht als Bauherr. Vielmehr sind es die „Ältesten der Judäer“, die als Bauherren auftreten und denen der aktuelle König Dareios I. den Bau erlaubt. Danach war der Tempelbau in seinen frühen Bauabschnitten weder ein Projekt der Perser noch eines der Exilsrückkehrer, sondern eines der in Juda lebenden Judäer. Das erste Bauwerk sollte zwar ein Steinfundament haben, sonst aber im Wesentlichen lediglich aus Holz bestehen (Esr 5,9).

Tempelpersonal

Die Baugeschichte lässt sich archäologisch freilich nicht mehr nachvollziehen. Aber verschiedene Texte des Alten Testaments geben einen gewissen Einblick in den Bestand des Tempelpersonals, was wiederum Rückschlüsse auf die gesellschaftliche und ökonomische Bedeutung des Tempels selbst ermöglicht. An dem Heiligtum, dessen Betrieb das Deuteronomium regelt, taten nur einige Leviten Dienst (Mitte des 5. Jahrhunderts), am Heiligtum der priesterlichen Texte des Pentateuch, die etwas später abgefasst wurden, sind es schon zwei Priesterklassen (Aaroniden und Leviten), im Esra-Nehemia-Buch aus dem 4. Jahrhundert kommen neben den Aaroniden und Leviten noch die Oblaten (*netinim*) und die sogenannten „Salomoknechte“ dazu. In den Chronikbüchern schließlich, die im 3. Jahrhundert geschrieben wurden, gibt es eine ganze Reihe weiterer Tempelbediensteter: Torhüter, Sänger, Amtleute, Richter und Schatzmeister (1 Chr 23-26). Auch wenn diese Texte keine direkten historischen Zeugnisse sind, so spiegeln sie doch die wachsende Bedeutung des Tempels wider.

Naturalwirtschaft

Die Größe und Komplexität des Tempels, wie sie in den priesterlichen Texten des Pentateuch und in den Chronikbüchern erscheint, ist dem Deuteronomium noch völlig fremd. Das Deuteronomium bietet das Bild eines kleinen, ökonomisch schwachen Gemeinwesens, das unter starkem Druck steht. Während die älteren, aus der späten Königszeit stammenden Schadenersatzgesetze des Bundesbuches noch Kompensationszahlungen mit Geld vorsahen, fehlt dieses in den frühperserzeitlichen Gesetzen des Deuteronomiums fast völlig. Die Gesellschaft des Deuteronomiums war entmonetarisiert (Ernst Axel Knauf), sie war aber keineswegs entpolitisiert. Die bürgerlichen Eliten, die das Deuteronomium verfassten, zielten darauf ab, ein eigenständiges und im Rahmen der persischen Oberherrschaft teilautonomes Gemeinwesen aufzubauen. Dazu forciert das Deuteronomium zum einen den inneren Zusammenhalt und zum andern die Abgrenzung gegenüber anderen Gemeinwesen in der Region. Die außergewöhnliche Differenziertheit der Verfassung zeugt der ökonomischen Schwäche zum Trotz von einem hohen Niveau der politischen Diskussion und der administrativen Fähigkeiten.

4. Die Provinz Jehud am Ende des 5. Jahrhunderts

Die Nachrichtenlage verbessert sich gegen Ende des 5. Jahrhunderts, weil aus dieser Zeit zwei aussagekräftige Quellenkomplexe überkommen sind, zum einen die sogenannte „Nehemia-Denkschrift" (Neh 1-7; 11-13*) und zum andern einige aramäische Texte, die man in einer judäischen Militärkolonie in Oberägypten gefunden hat, die sogenannten „Elephantine-Papyri".

Der Statthalter Nehemia

Nehemia war Judäer und hatte ab dem 20. Jahr der Herrschaft von König Artaxerxes das Amt des Statthalters der persischen Provinz Benjamin-Juda („Jehud") inne. Tatsächlich gab es drei persische Könige dieses Namens, aber nur zwei haben so lange regiert, dass sie als Herr des Nehemia in Frage kommen: Artaxerxes I. Longimanus (464-424) und Artaxerxes II. Mnemon (404-359). Da im Alten Testament weder Vaters- noch Beiname genannt werden und die Zählung im Altertum ohnehin noch nicht üblich war, besteht eine gewisse Unklarheit darüber, welcher Artaxerxes in der Nehemia-Denkschrift gemeint ist. Aus vielen Gründen ist es jedoch wahrscheinlich, dass von Artaxerxes I. die Rede ist, was bedeuten würde, dass Nehemia ab dem Jahr 445 in Jerusalem gewirkt hat. Neh 13,6 weiß zudem von einer längeren Abwesenheit Nehemias ab dem Jahr 433 und der anschließenden Rückkunft. Nehemias Amtszeit endete wohl in den 420er-Jahren.

Jerusalem unter Nehemia

Die Nehemia-Denkschrift gibt informative Einblicke in die Situation Jerusalems und Judas am Ende des 5. Jahrhunderts. Sie beginnt mit der Klage über den nach wie vor desolaten Zustand Jerusalems: „Die Mauer von Jerusalem ist niedergerissen, und seine Tore sind mit Feuer verbrannt." (Neh 1,3) Später heißt es: „Die Stadt aber war weit und groß, doch das Volk in ihr war nur wenig, und es gab keine aufgebauten Häuser." (Neh 7,4). Der archäologische Befund bestätigt dies: Die besiedelte Fläche in Jerusalem umfasste um das Jahr 400 nur etwa ein Zehntel derjenigen vor seiner Zerstörung. Zudem war die ökonomische Situation der Judäer prekär:

Quelle

[5,1] Und da war ein großes Klagegeschrei des Volkes und ihrer Frauen gegen ihre judäischen Brüder. [2] Da waren einige, die sagten: „Unsere Söhne und unsere Töchter haben wir verpfändet, damit wir Getreide bekommen und essen und überleben können!" [3] Und da waren einige, die sagten: „Unsere Felder und unsere Weinberge und unsere Häuser haben wir verpfändet, damit wir in der Hungersnot Getreide bekamen." [4] Und da waren einige, die sagten: „Wir haben für die Königssteuer Silber geliehen auf unsere Felder und unsere Weinberge. [5] Nun aber sind wir doch vom selben Fleisch (und Blut) wie unsere Brüder, und ihre Kinder wie unsere Kinder. Und doch müssen wir unsere Söhne und unsere Töchter zu Sklaven erniedrigen. Und manche von unseren Töchtern sind (bereits) erniedrigt worden, und wir sind machtlos dagegen. Unsere Felder und unsere Weinberge gehören den andern / den Aristokraten." (Neh 5,1–5)

Die Maßnahmen Nehemias

Es ist deutlich, dass der Wiederaufbau auch nach hundert Jahren Perserherrschaft noch in den Anfängen steckte. Nach Darstellung der Nehemia-Denkschrift brachte Nehemia Juda und Jerusalem in zweierlei Hinsicht voran: Er baute die Stadtmauer Jerusalems wieder auf und er führte Sozialreformen durch. Der Stadtmauerbau war eine heikle Angelegenheit, denn diese Maßnahme war nach dem Tempelbau der zweite und in machtpolitischer Hinsicht sogar der entscheidende Schritt zu einem Wiedererstarken Jerusalems. Daher scheint es starken Widerstand aus Samaria gegen das Projekt gegeben zu haben. Die Nehemia-Denkschrift nennt Sanballat, der auch aus den Elephantine-Papyri (TADAE A4.7 = HTAT 285) als Statthalter Samarias bekannt ist, sowie den Ammoniter Tobija und den Araber Geschem. Nach der Darstellung Nehemias konnte die Stadtmauer trotz des Widerstandes fertiggestellt werden (Neh 6,15). Anschließend führte Nehemia eine Umsiedlungsaktion („Synoikismos") durch, damit die Stadt wieder bevölkert wurde (Neh 11,1–2).

Die Stadtmauer Nehemias

Ein grundlegendes Problem ist, dass die Stadtmauer Nehemias archäologisch bislang nicht nachgewiesen werden konnte. Auch für einen bedeutsamen Anstieg der Bevölkerung Jerusalems im späten 5. Jahrhundert gibt es keine archäologischen Hinweise. Jerusalem hatte auch im 5. und 4. Jahrhundert nicht einmal die Ausdehnung, die es vor den Erweiterungen des 8. Jahrhunderts (s. V.3) gehabt hatte. Man hat daher vermutet, dass sich die Nehemia-Denkschrift auf eine spätere Zeit bezieht. Dagegen sprechen jedoch die spezifischen Konstellationen der Nehemia-Denkschrift: die Gegnerschaft der Samarier und der desolate Zustand Jerusalems. So muss man schlussfolgern, dass auch die Wirksamkeit Nehemias nur ein kleiner Schritt in dem langwierigen Wiederaufbauprozess Judas und Jerusalems gewesen ist.

Die judäische Kolonie in Elephantine

Die in Elephantine gefundenen Briefe wurden nur wenige Jahre nach der Amtszeit Nehemias geschrieben und geben einen gewissen Einblick in die Verhältnisse in Juda und Jerusalem am Ende des 5. Jahrhunderts. Die Nilinsel Elephantine liegt ganz im Süden Ägyptens an der heutigen Grenze zum Sudan. Dort gab es schon seit dem 6. Jahrhundert eine Gemeinschaft von Judäern, die als Söldner wirkten und einen eigenen Tempel für ihren Gott Jaho (Jhwh) unterhielten. In den 410er-Jahren kam es zu Auseinandersetzungen mit den dort lebenden Ägyptern, in deren Verlauf der Jhwh-Tempel zerstört wurde. Die Elephantine-Judäer richteten daraufhin eine Petition nach Juda, der dortige Statthalter möge sich für den Wiederaufbau des zerstörten Tempels von Elephantine einsetzen. Adressat des Briefes aus dem Jahr 407 ist „Bagawahya/Bagohi, der Statthalter von Jehud". Auffällig ist, dass in einer eigentlich innerägyptischen Angelegenheit die Unterstützung der judäischen Führungsschicht angefordert wird, was durchaus für eine gewisse Bedeutung und Selbstständigkeit Judas spricht.

Der Petitionsbrief der Elephantine-Judäer enthält zwei Hinweise auf frühere Schreiben, wovon eines ebenfalls nach Juda ging:

Quelle

Auch davor, zur Zeit, als dieses Böse uns angetan wurde, haben wir einen Brief an unseren Herrn (= Statthalter Bagohi) gesandt und an Yəhōḥānān (= Jochanan), den Hohepriester, und seine Kollegen, die Priester, die in Jerusalem sind, und an 'Awastāna/Ostanes, den Bruder des 'Ănānī, und die Vornehmen der Judäer; sie sandten uns (aber) keinen einzigen (Antwort-)Brief. (TADAE A4.7, Z. 17–10, nach HTAT 285, vgl. TUAT I/3, 255)

Das andere ging nach Samaria:

Quelle

Ferner haben wir alle (diese) Worte in einem einzigen Brief in unserem Namen an Dəlāyā und Šəlemyā, die Söhne Sîn-uballiṭs (= Sanballat), des Statthalters von Samaria, gesandt. (TADAE A4.7, Z. 29, nach HTAT 285, vgl. TUAT I/3, 256)

Die politischen Verhältnisse in Juda

Der erste Beleg gibt einen guten Einblick in die politischen Strukturen des damaligen Juda. Neben dem Statthalter sind die Priester unter Anführung des Hohenpriesters Jochanan sowie die bürgerliche Elite („die Vornehmen" = Ältesten, Aristokraten) einflussreich und werden daher als Adressaten angesprochen. Aber auch die Samarier haben einen gewissen Einfluss, wie sich aus dem zweiten Beleg mit dem Hinweis auf die Söhne des samarischen Statthalters ergibt. Das Esra-Nehemia-Buch belegt diese Machtkonstellation, wenn auch aus anderer Perspektive. Die Nehemiaschrift und die anderen Teile des Esra-Nehemia-Buches berichten auch von der Forderung nach Mitsprache durch die Samarier in judäischen Angelegenheiten, lehnen diese aber - aus judäischer Sicht verständlicherweise - rundweg ab. Der Petitionsbrief zeigt jedoch, dass zumindest bis zum Ende des 5. Jahrhunderts der Einfluss Samarias recht groß gewesen sein muss (s. u. VII.5). Auch die innerjudäische Machtverteilung zwischen dem Statthalter, den Priestern und den Aristokraten war heikel und Veränderungen unterworfen. Während in der Nehemia-Denkschrift aus den 420er-Jahren die Priester noch eine ganz untergeordnete Rolle spielen, treten sie in den späteren Texten immer mehr in den Vordergrund. Der Elephantinebrief belegt gewissermaßen ein Übergangsstadium, indem er die klerikale und die laikale Elite nebeneinander nennt.

Jerusalem als Tempel- und Priesterstadt

Interessant ist die Rolle Jerusalems, das im Petitionsbrief in der Formulierung „die Priester, die in Jerusalem sind“ vorkommt. Die anderen Führungspersonen werden nicht lokalisiert. Man kann das so interpretieren, dass Jerusalem um 400 in erster Linie eine Priesterstadt war, deren Bebauung im Wesentlichen aus dem Tempel und den Häusern der Priester bestand. Nach Neh 11,1 hatten sich kurz zuvor auch die „Anführer des Volkes“ in Jerusalem niedergelassen. Diese Möglichkeit wird durch die Formulierungen im Petitionsbrief zwar nicht ausgeschlossen, aber auch nicht bestätigt.

Der sog. „Passabrief"

In einem anderen Brief aus dem Jahr 419 geht es um den Termin des Festes der ungesäuerten Brote (Mazzot). Offensichtlich hatten die Elephantine-Judäer darüber eine Anfrage nach Jerusalem gerichtet. Die Antwort, der sogenannte „Passabrief“, enthält folgende Anweisungen:

Quelle

Nun: Ihr – zählt so vierzehn Tage ab im Nisan und am 14. in der Dämmerung begeht das Passa! Und vom 14. bis zum 21. Nisan begeht das Fest der ungesäuerten (Brote)! Sieben Tage esst ungesäuerte (Brote)! Nun: Seid rein und nehmt euch in Acht! Tut keine Arbeit am 14. und am 21. Nisan! Trinkt keinerlei Vergorenes! Und esst nicht irgendetwas Gesäuertes! Und nicht werde es vom 14. Nisan bei Sonnenuntergang bis zum 21. Nisan bei Sonnenuntergang in euren Häusern gesehen! Und alles Gesäuerte, das ihr in euren Häusern habt, bringt in eure Kammern und versiegelt (sie) während dieser Tage! (TADAE A4.1, Z. 3–8, nach HTAT 283, vgl. TUAT I/3, 253)

Der Pentateuch um 400

Festpraktiken sind eigentlich etwas Traditionelles und bedürfen nicht der expliziten, gar schriftlichen Regelung. Dass hier die Begehung des Passa- bzw. Mazzotfestes dargelegt wird, deutet also auf eine besondere Situation hin. Und die besteht in der Einführung eines nicht auf Naturbeobachtung, sondern nur auf Zählung beruhenden Festkalenders. Nur so ist gewährleistet, dass die Judäer in Elephantine das Fest im selben Zeitraum begehen wie die in Jerusalem. Diese Art von Festkalender taucht zum ersten Mal in den priesterlichen Texten des Pentateuch auf, die im Hintergrund des Passabriefes stehen. Im Blick auf Juda kann man daraus schließen, dass gegen Ende des 5. Jahrhunderts die priesterlichen Texte des Pentateuch im Entstehen waren und zumindest in kultischen Angelegenheiten auch berücksichtigt wurden. Gleichwohl ist zu bedenken, dass sich der Passabrief nicht auf ein Gesetz beruft (etwa „wie geschrieben steht“). Wie in der Nehemia-Denkschrift sind auch hier zwar bereits erhebliche Teile des Pentateuch vorausgesetzt, sie werden aber nicht unter Hinweis auf die schriftliche Gesetzesform angewendet.

5. Die Provinz Samaria in früh- und mittelpersischer Zeit

Die persische Provinz Samaria

Die Darstellung der Geschichte der nördlich von Benjamin gelegenen Landesteile war mit dem Ende des Nordreiches Israel im Jahr 722 abgebrochen (s. IV.5). Die Assyrer hatten in Samaria zwar Deportationen durchgeführt, aber keine weitreichenden Zerstörungen. Das Kernland des Nordreiches war zur Provinz Samaria umgewandelt worden. Samaria blieb aber als Provinzhauptstadt und Verwaltungszentrum in einer wichtigen Position, daran änderte sich weder etwas beim Übergang zur babylonischen Herrschaft noch am Ende des 6. Jahrhunderts beim Übergang zur persischen Herrschaft.

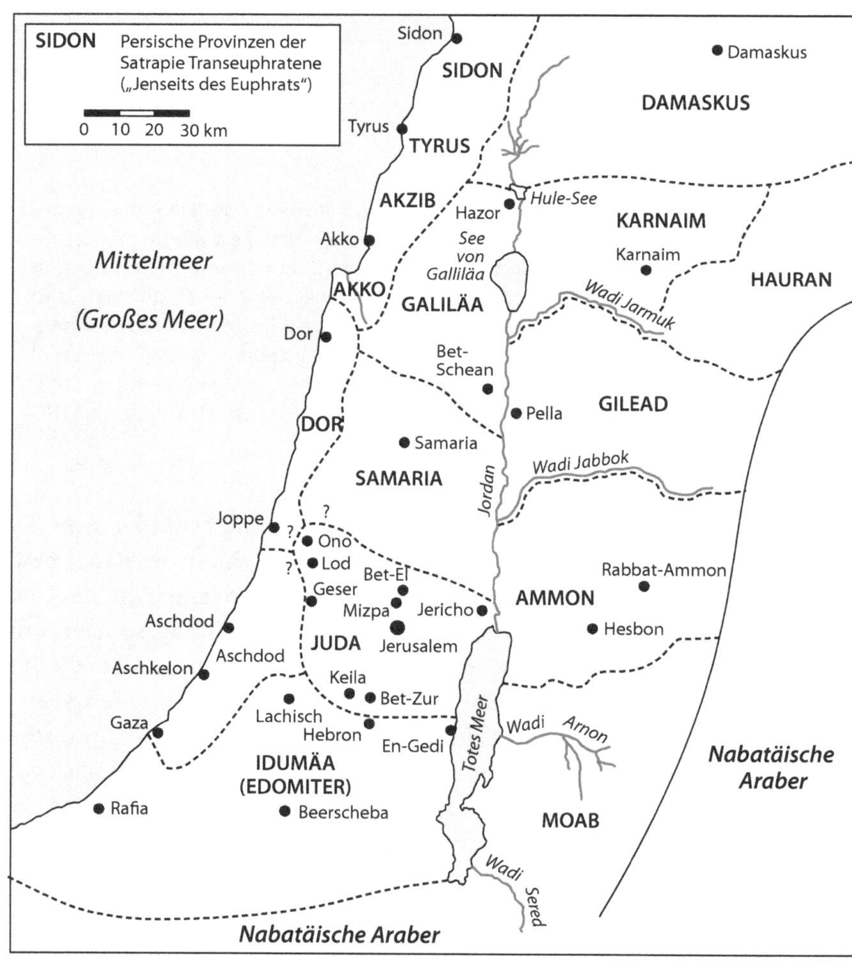

Die Provinz Juda und ihre Nachbarn während der Perserzeit

Samaria und Juda

Obwohl die beiden Landesteile bis in das 8. Jahrhundert in Gestalt zweier Königreiche und ab dem 6. Jahrhundert in Gestalt zweier Provinzen zwei separate politische Entitäten bildeten, hatte sich doch stets ein Bewusstsein ihrer Zusammengehörigkeit erhalten. Dieses Bewusstsein konnte sich einerseits in solidarischer Hoffnung auf eine gemeinsame, heilvolle Zukunft ausdrücken, so etwa im sogenannten „Trostbüchlein für Ephraim und Juda" (Jer 30–31), es konnte aber auch in eine schroffe Konkurrenz münden. So etwa in den Königebüchern, die den Königen und Dynastien des Nordreiches jegliche Legitimation absprechen, oder im Buch Deuteronomium (dazu gleich mehr).

Samarias Einfluss in Juda

Obwohl keine Quellen aus der Babylonierzeit dazu vorliegen, muss man annehmen, dass von der Zerstörung Jerusalems im Jahr 587 nicht nur die Städte Benjamins (Mizpa und Moza) profitierten, sondern auch Samaria. In der persischen Zeit, aus der wieder Quellen vorliegen, hatte Samaria einen erheblichen Einfluss in der Region und übte diesen auch gegenüber dem judäisch-benjaminitischen Gemeinwesen in der Provinz Jehud aus. Diese Kontroverse hat sich in zahlreichen Texten niedergeschlagen, die Rückschlüsse auf die damaligen Verhältnisse erlauben.

Die Samarier als Gegner Judas

Gemäß der Nehemia-Denkschrift opponierten die Samarier gegen den Bau der Jerusalemer Stadtmauer. Auch gegen den Bau des Tempels in Jerusalem gab es Widerstand, dessen Urheber aber in der Aramäischen Tempelbauchronik nicht näher beschrieben werden (Esr 6,6.11–12). Auch in der hebräischen Tempelbauerzählung werden die Gegner des Tempelbaus nicht explizit benannt; die Beschreibung in Esr 3,3; 4,1–5 macht jedoch deutlich, dass es sich um die Bewohner der Provinz Samaria gehandelt hat. Die Nehemia-Denkschrift berichtet zudem von Bemühungen, von Samaria ausgehenden Fremdeinfluss auf den Tempel und auf die Priesterschaft zu unterbinden (Neh 13,4–9.28).

Die Samarier als Feinde Judas

Die deuteronomistischen Texte des Pentateuchs sind ebenfalls Zeugen dieser Gegnerschaft, denn in ihnen werden die Israeliten davor gewarnt, mit den anderen Bewohnern des Landes Bündnisse jeglicher Art einzugehen. Insbesondere darf es keine Verheiratungen und keine Kultgemeinschaft geben (Ex 34,11–16; Dtn 7,1–5 u. ö.). Die feindlichen Bewohner des Landes werden mit historisierenden Namen benannt („Amoriter, Kanaaniter, Hetiter, Perisiter, Hewiter und Jebusiter"), doch diese Völker erscheinen auch in Esr 9,1, so dass klar ist, dass diese Namen nur eine Chiffre für diejenigen perserzeitlichen Bewohner des Landes sind, die nicht dem Personenverband des benjaminitisch-judäischen Gemeinwesens angehörten, und das waren im Wesentlichen die Bewohner der Provinz Samaria, die Samarier.

Die Josephsgeschichte

Auch die Samarier verfassten Schriften, die ihrer Position Nachdruck verleihen sollten. Insbesondere die Josephsgeschichte (Gen 37–50*) ist ein leidenschaftlicher Appell an die Judäer und Benjaminiter, die Stärke der Samarier, die in der Gestalt des Joseph verkörpert sind, anzuerkennen und vor allen

Dingen zu erkennen, dass die Samarier ihre wirtschaftliche Macht allein zum Guten des gesamten Volkes einsetzen würden.

Quelle

50,19 Joseph aber sagte zu ihnen (d.h. seinen Brüdern): „Fürchtet euch nicht! Bin ich etwa an Gottes Stelle? 20 Ihr hattet zwar Böses gegen mich gedacht; Gott aber hat gedacht, es zum Guten zu wenden, damit er tue, wie es an diesem Tag ist, ein großes Volk am Leben zu erhalten. 21 Und nun, fürchtet euch nicht! Ich werde euch und eure Kinder versorgen." So tröstete er sie und redete zu ihrem Herzen. (Gen 50,19–21)

Die Kultstätte auf dem Garizim

In kultpolitischen Angelegenheiten verfolgten die Samarier eine Doppelstrategie. Einerseits versuchten sie, Einfluss auf den Jerusalemer Tempel zu gewinnen, was aber nach Ausweis der Nehemia-Denkschrift und des Petitionsbriefes aus Elephantine nur teilweise erfolgreich war. Andererseits gründeten sie etwa 10 km südöstlich von Samaria auf dem Berg Garizim bei Sichem ein neues Heiligtum, das den früheren Hauptkultort des Nordreiches, Bethel, ersetzen sollte. Die frühesten archäologisch nachweisbaren Spuren der Kultstätte auf dem Garizim stammen aus der zweiten Hälfte des 5. Jahrhunderts.

6. Die Provinz Jehud und der Jerusalemer Tempelstaat im 4. Jahrhundert

Der Schriftgelehrte Esra

Das nächste wichtige Ereignis in Juda war das Auftreten des schriftgelehrten Priesters Esra, dessen Wirksamkeit in der sogenannten Esraschrift (Esr 7-10; Neh 8-10*) niedergelegt ist. Wie Nehemia so hat auch Esra unter einem Perserkönig namens Artaxerxes gewirkt, nur ist jetzt wahrscheinlich Artaxerxes II. (404-359) gemeint. Nach Esr 7,8 trat Esra im siebten Jahr des Königs, also im Jahr 398, auf. Anders als Nehemia war Esra jedoch kein Statthalter, sondern Gesetzeslehrer. Mit dem Auftreten Esras und der Abfassung der Esraschrift ändert sich das Selbstverständnis der handelnden Personen. Sie werden nicht mehr „Judäer" genannt, sondern „Söhne der Deportierung", d.h. sie verstehen sich als Abkömmlinge der einstmals nach Babylon Deportierten. Zudem handeln die Mitglieder dieses Gemeinwesens explizit gemäß dem „Gesetzbuch des Mose, das Jhwh Israel geboten hatte" (Neh 8,1). Alle internen Angelegenheiten werden durch Beamte und Kommissionen geregelt, die das Gesetz anwenden. Das Selbstverständnis als heimgekehrte Israeliten und dem Gesetz des Mose Verantwortliche hatte sich zu Beginn des 4. Jahrhunderts offensichtlich durchgesetzt. Zudem spielt der Tempel nunmehr eine immer größere Rolle, vor allem in den Erweiterungen der Esraschrift.

Juda als Südgrenze des Perserreiches

Diese interne Neuorientierung fiel zeitlich zusammen mit einer tiefgreifenden Veränderung der politischen Großwetterlage, die auf die Provinz Jehud eine erhebliche Auswirkung hatte. Im Jahr 404 starb König Dareios II. (424–404), und ein Ägypter namens Amyrtaios nutzte die Gelegenheit aus, rebellierte gegen die Perser und wurde zum Pharao eingesetzt. Der persische Thronfolger Artaxerxes II. (404–359) war nicht in der Lage zu intervenieren, da er sich mit seinem Bruder Kyros dem Jüngeren auseinanderzusetzen hatte, so dass zunächst das Nildelta, ab 401 aber ganz Ägypten eine letzte Phase der Selbständigkeit erlebte. Für Juda hatte dies die Folge, dass es nunmehr unmittelbar an der gefährdeten Südgrenze des persischen Reiches lag und damit in eine hervorgehobene strategische Position rückte.

Die Perser als Förderer Jerusalems

Die Perser und die judäische Selbstverwaltung reagierten auf die neue Situation mit einer Reihe von Maßnahmen, die sich teilweise auch archäologisch nachweisen lassen. So entstand südlich von Juda eine Reihe von Festungsbauten, die im Zusammenhang mit der Befestigung der neuen Südgrenze des Persischen Reiches zu sehen sind. Weiter wurde die Abgabenverwaltung gestrafft, was daran ersichtlich ist, dass die Stempelsiegelabdrücke auf den Krügen der judäischen Steuerverwaltung ab 400 einem einheitlichen System folgten. Die Abgabenverwaltung wurde dem Tempel in Jerusalem übertragen (Esr 8,33f; Neh 13,13), der nun auch zum Zentrum der Steuerverwaltung wurde. Der Tempel erhielt das Münzrecht (vgl. Sach 11,13) und ab etwa 400 finden sich nun Münzen mit dem Aufdruck „Jehud" in großer Menge. Ab dieser Zeit wurde auch eine persönliche, in Geld zu leistende Tempelsteuer eingeführt, die zunächst einen Drittelschekel betrug (Neh 10,33), später dann einen halben Schekel (Ex 30,13–15). Der Drittelschekel scheint noch an das tyrische (phönizische) System angelehnt gewesen zu sein, der Halbschekel dagegen entsprach einer Didrachme. Die frühgriechische Drachmenwährung war schon während der späten Perserzeit neben den persischen Dareiken in der Levante verbreitet.

Ein früher, vom Anfang des 4. Jahrhunderts stammender Reflex dieser neuen Lage ist das Bußgebet des Esra, das folgende Passage enthält:

Quelle

[9,8] Jetzt aber, ganz plötzlich, ist eine günstige Lage von Jhwh, unserem Gott, entstanden, indem er uns eine Entronnenschaft übrigließ und uns einen Zeltpflock gab an seiner heiligen Stätte, so dass unser Gott unsere Augen hell gemacht und uns ein wenig Belebung gegeben hat in unserer Knechtschaft. [9] Wir sind zwar Knechte, aber in unserer Knechtschaft hat unser Gott uns nicht verlassen, sondern er hat uns zugewandt die Gnade der Könige von Persien, dass er uns Belebung gegeben hat, das Haus unseres Gottes aufzurichten und seine Trümmer wiederherzustellen, und dass er uns eine Schutzmauer in Juda und in Jerusalem gegeben hat. (Esr 9,8–9)

Die Privilegierung des Jerusalemer Tempels

Das Gebet macht deutlich, dass die wirklich markante Hinwendung der Perser zu Juda und Jerusalem und damit der Beginn der umfassenden Förderung nicht unter Kyros II., sondern unter Artaxerxes II. stattfand. Auf den Bau der Mauer blickt der Beter schon zurück, die endgültige Fertigstellung des Tempels (wohl als vollständiger Steinbau) steht dagegen noch aus. Die Förderung Judas durch die Perser erfolgte in erster Linie durch die Förderung des Jerusalemer Tempels, der im 4. Jahrhundert immer mehr zum Zentrum des benjaminitisch-judäischen Gemeinwesens wurde. Die hebräische Tempelbauerzählung des Esrabuches (Esr 1,1–4,5; 6,15–22) und das Artaxerxes-Edikt (Esr 7,12–26) stammen aus dem fortgeschrittenen 4. Jahrhundert und sind Zeugnisse dieser persischen Politik. In diesen Texten erscheint der Jerusalemer Tempel als Gründung der Perser, die diesen Tempel nicht nur bauen lassen, sondern überdies permanent fördern, einerseits durch Zuwendungen aus der Staatskasse, andererseits durch Befreiung von der Steuer-, Abgaben- und Fronpflicht. Zudem wird der Tempel mit weitgehenden Exekutiv- und Judikativrechten ausgestattet, die ihn auch zum politischen Zentrum der Region werden lassen. Ein späterer, vom Ende des 4. Jahrhunderts stammender Reflex auf diese umfassende Förderung durch die Perser ist das sogenannte „Artaxerxes-Edikt“, ein fingierter, an Esra adressierter Text, der darin als Hoherpriester des Jerusalemer Tempels angesprochen wird:

Quelle

[7,12] Artaxerxes, der König der Könige, an Esra, den Priester, den Schreiber des Gesetzes des Gottes des Himmels, Heil! Und nun:
[13] Von mir wird Befehl gegeben, dass jeder Entschlossene in meinem Reich vom Volk Israel und seinen Priestern und den Leviten, nach Jerusalem zu ziehen, mit dir
ziehen darf, [14] weil du von seiten des Königs und seiner sieben Räte gesandt bist, um Aufsicht zu führen über Juda und bezüglich Jerusalems mit dem Gesetz deines
Gottes, das in deiner Hand ist, [15] und um das Silber und das Gold zu überbringen, das der König und seine Räte dem Gott Israels gespendet haben, dessen Wohnung
in Jerusalem ist, [16] sowie alles Silber und Gold, das du in der ganzen Provinz Babel bekommen wirst, samt der Spende des Volkes und der Priester, die sie spenden für
das Haus ihres Gottes, das in Jerusalem ist. [17] Dementsprechend sollst du gewissenhaft für dieses Geld Stiere, Widder, Lämmer und die dazugehörigen Speisopfer und Trankopfer kaufen und sie auf dem Altar des Hauses eures Gottes darbringen,
das in Jerusalem ist. [18] Und was dir und deinen Brüdern recht erscheint, mit dem restlichen Silber und Gold zu tun, das dürft ihr nach dem Willen eures Gottes tun.
[19] Die Geräte aber, die dir zum Dienst im Haus deines Gottes gegeben worden
sind, liefere vollständig ab vor dem Gott Jerusalems. [20] Und den übrigen Bedarf für das Haus deines Gottes, den aufzubringen dir zufällt, sollst du aus dem Schatzhaus des Königs ausgeben.
[21] Von mir persönlich, dem König Artaxerxes, wird hiermit an alle Schatzmeister jenseits des Stromes Befehl gegeben: Alles, was Esra, der Priester, der Schreiber des Gesetzes des Gottes des Himmels, von euch fordern wird, soll gewissenhaft
getan werden, [22] und zwar bis zu 100 Talenten Silber und bis zu 100 Kor Weizen

und bis zu 100 Bat Wein und bis zu 100 Bat Öl, und Salz unbegrenzt. [23] Alles, was nach dem Befehl des Gottes des Himmels erforderlich ist, soll für das Haus des Gottes des Himmels sorgfältig getan werden. Denn warum (= damit nicht) sollte ein Zorngericht über das Reich des Königs und seiner Söhne kommen? [24] Und euch wird mitgeteilt, dass niemand ermächtigt ist, irgendeinem von den Priestern und Leviten, Sängern, Torhütern, Tempelsklaven und Dienern dieses Hauses Gottes Steuer, Abgaben und Fron aufzuerlegen.
[25] Du aber, Esra, nach der Weisheit deines Gottes, die in deiner Hand ist, setze Richter und Rechtsprecher ein, die dem ganzen Volk Recht sprechen sollen, das jenseits des Stromes ist, allen, die die Gesetze deines Gottes kennen. Und wer sie nicht kennt, dem sollt ihr sie mitteilen. [26] Und jeder, der nicht befolgt das Gesetz deines Gottes und das Gesetz des Königs, an dem soll nachdrücklich Gericht geübt werden, es sei zum Tode oder zur Verbannung oder zur Geldstrafe oder zum Gefängnis. (Esr 7,12–26)

Das sog. „Artaxerxes-Edikt"

Der Vorgang der Einsetzung Esras ist nicht historisch, auch nicht seine Vollmacht gegenüber den persischen Behörden und natürlich nicht die geradezu märchenhafte Ausstattung des Tempels. Historisch plausibel sind jedoch die Befreiung von Steuern und anderen Leistungen sowie die Übertragung von herrschaftlichen Rechten an den Tempel, weil derartige Maßnahmen auch von anderen Tempeln berichtet wurden. Ein Erlass ähnlichen, wenn auch nicht so weitgehenden Inhalts, wird auch dem Seleukidenkönig Antiochos III. (223–187) zugeschrieben (s. X.1). Das Artaxerxes-Edikt bringt somit die privilegierte und machtvolle Stellung des Jerusalemer Tempels ab dem späten 4. Jahrhundert durchaus angemessen zum Ausdruck. Gut möglich, dass dieser Text im Zusammenhang mit der Übernahme der Oberherrschaft durch Alexander dem Großen steht, der im Jahr 332 die Levante durchzog und seinen Vorstellungen gemäß neu ordnete. Das „Artaxerxes-Edikt" hätte aus diesem Blickwinkel betrachtet den Sinn, den Griechen zu zeigen, welche Privilegien der judäische Tempelstaat seit alters her hatte, die die neuen Oberherren doch bestätigen mögen.

Juda als Tempelstaat

Die Quellen zeigen, dass sich die Provinz Juda im späten 4. Jahrhundert immer mehr zu einem Tempelstaat wandelte, und damit änderte sich auch die innere Verfassung des Gemeinwesens. Die Rolle der Volksversammlung trat zurück, die Inkraftsetzung neuer Gesetze oblag nunmehr dem Hohenpriester (Lev 10,11; 24,10–16; Num 15,32–36; Ez 44,24). Dieses Amt ist erstmals im Petitionsbrief der Elephantine-Judäer aus dem Jahr 407 (TADAE A4.7, Z. 18, vgl. HTAT 285; TUAT I/3, 255, s. VII.3) und in einigen alttestamentlichen Texten aus dem späten 5. und frühen 4. Jahrhundert (z.B. Lev 21,10) belegt. In Neh 12,10–11 und 12,22 sind Listen von Hohenpriestern erhalten, aber außer von Eljaschib, der in der Nehemiaschrift erwähnt wird, und von Jochanan, der aus den Elephantinebriefen bekannt ist (zu beiden s. VII.4), wissen wir über diese nicht mehr als ihre Namen.

Der Hohepriester als Statthalter

Im Rahmen der seit der babylonischen Zeit bestehenden Doppelstruktur aus oberherrschaftlicher Provinzverwaltung und bürgerschaftlicher Selbstverwaltung waren die judäischen Tempelangelegenheiten stets von den laikalen Leitungspersonen geregelt worden, etwa von Nehemia (Neh 13,4-9.10-13) oder von den Ältesten der Judäer (Esr 6,14). Diese Struktur wurde Anfang des 4. Jahrhunderts so modifiziert, dass Hoherpriester und Statthalter gemeinsam für den Tempel verantwortlich waren (vgl. Esr 3,1-9) oder aber der Hohepriester die Tempelangelegenheiten selbst regelte. Aber ab dem Ende des 4. Jahrhunderts scheint der Hohepriester selbst als Statthalter fungiert zu haben. Der Hohepriester war dann politisches Oberhaupt des Gemeinwesens und persischer bzw. griechischer Statthalter zugleich; in gewisser Weise trat er als „Gesalbter" (Lev 4,3; Jes 61,1-7; Ps 110) die Nachfolge der davidischen Könige an. Diese Verquickung von oberherrschaftlicher und teilautonomer Administration am Jerusalemer Tempel weist auf außerordentlich gute und enge Beziehungen zwischen den Persern und den Judäern/Israeliten hin und zeigt sich auch in den priesterlichen Pentateuchtexten. Darin erscheint der judäisch/israelitische Tempelstaat als Teil einer großen, friedvollen Ökumene, und genau dasselbe Bild entwirft das Esrabuch, insbesondere in Esr 1-6 und Esr 7.

Eine gesamtisraelitische Ökumene

Diese inklusive Ökumene hatte auch eine innenpolitische Komponente, denn schon die priesterlichen Texte des Pentateuch, die ab der zweiten Hälfte des 5. Jahrhunderts entstanden, verzichteten ganz auf die feindselige Haltung gegenüber den anderen Bewohnern des Landes. Die nördlich von Benjamin wohnenden Bevölkerungsgruppen - und das waren im Wesentlichen die Samarier - wurden nun nicht mehr als Völker definiert, von denen man sich abgrenzen musste („Amoriter, Kanaaniter, Hetiter, Perisiter, Hewiter und Jebusiter"). Diese im 6. und 5. Jahrhundert in Juda und Benjamin durch die Deuteronomisten vertretene Auffassung verlor im 4. Jahrhundert an Gewicht, stattdessen verstand man die Bevölkerungsgruppen des ehemaligen Nordreiches nun wieder wie traditionell üblich als die nördlichen Stämme Israels: Joseph bzw. Ephraim und Manasse, Sebulon, Issachar, Ascher usw. Sie alle wurden eingeladen, sich am Opferkult im Jerusalemer Tempel zu beteiligen (Num 7). Die Chronikbücher aus dem 3. Jahrhundert gehen ganz selbstverständlich davon aus, dass die in der Region Samaria lebenden Menschen zu Israel gehören und zumindest teilweise auch am Kult in Jerusalem teilnehmen (2 Chr 30; 35).

Der Samaritanische Pentateuch

Im Jahr 331 rebellierten die Bürger Samarias gegen die griechische Oberherrschaft und töteten den Statthalter Andromachos. Alexander der Große zerstörte daraufhin Samaria und wandelte den Ort in eine makedonische Kolonie um. Die verbliebenen Bürger siedelten auf den Garizim um, der sich nun zu einer Stadt entwickelte. In dieser Schwächephase der Samarier kam es am Ende des 4. Jahrhunderts sogar vorübergehend zu einer politischen Annäherung zwischen Nord und Süd, was dazu führte, dass die Gültigkeit der Tora (des Pentateuch) als Gesetz auf die Nordstämme bzw. auf die Provinz Samaria, die nach wie vor bestand, ausgedehnt wurde. Texte wie Dtn 27 oder Jos 24 (und etliche mehr) erzählen in ätiologischer Weise von der Installation der Tora in Sichem bzw. auf dem Garizim und von der Verpflichtung des Volkes darauf. In dieser Zeit entstand eine Zweitschrift der Tora, die in der neuen Hauptstadt der Samarier auf dem Berg Garizim deponiert wurde. Diese Verbindung war allerdings fragil und nur von kurzer Dauer, denn schon bald ging das samarisch-sichemitische Gemeinwesen seine eigenen Wege. In dieser Zeit der Trennung entstanden einige sehr polemische Texte, allen voran die Abimelecherzählung Ri 9, in der die Samarier/Sichemiten verdächtigt werden, ein eigenes, natürlich gegen Jerusalem gerichtetes Königtum etablieren zu wollen. Die Idee eines einzigen Gemeinwesens für Juda und Samaria/Sichem wurde nie vollständig in die Tat umgesetzt. Mittelfristig gingen beide Gemeinwesen wieder ihre eigenen Wege; die Tora jedoch behielten die Samarier als ihr Grundlagenbuch bei. Das ist ein Hinweis darauf, dass die Tora als politisches Grundgesetz auch von den Persern akzeptiert war und ihre Beibehaltung den Samariern Vorteile brachte. Sie gaben ihr eine eigene, von der Jerusalemer abweichende Gestalt, die als sogenannter „Samaritanischer Pentateuch" bis heute in Gebrauch geblieben ist. Ab dem 3. Jahrhundert v. Chr. entwickelte sich in einer Dialektik von Anlehnung und Abgrenzung vom entstehenden Judentum in der Provinz Samaria die Volks- und Religionsgemeinschaft der Samaritaner.

Die sog. „Bürger-Tempel-Gemeinde"

Doch zurück zum Jerusalemer Tempelstaat. Die völlige oder zumindest weitgehende Befreiung des Tempels von Steuern und Abgaben ermöglichte ab dem Ende des 4. Jahrhunderts ein beschleunigtes wirtschaftliches Wachstum. Die große Anzahl der Tempelbediensteten, wie sie in den späten Texten des Esra-Nehemia-Buches und in den Chronikbüchern erscheint, ist ebenfalls Ausdruck dieser Privilegierung. Diese hohen Zahlen bedeuten freilich nicht, dass ständig Hundertschaften von Priestern und anderen Bediensteten auf dem Tempelgelände ihren Aufgaben nachgingen. Sie zeigen vielmehr an, dass ein erheblicher Teil der Bevölkerung als Tempelangehörige klassifiziert wurde, um damit in den Genuss der Steuerprivilegien (Esr 7,24) zu kommen. Man war nicht mehr länger Bürger eines personenverbandlichen Gemeinwesens, wie es noch das Deuteronomium konstituiert hatte, sondern Teil einer sogenannten „Bürger-Tempel-Gemeinde". Die Judäer und Benjaminiter des späten 4. Jahrhunderts definierten sich mithin als der Tora verpflichtete, dem Tempel angehörige Exilsrückkehrer.

Der Ältestenrat

Um die laikale Mitwirkung an der politischen Willensbildung weiterhin zu sichern, wurde ein siebzigköpfiger Ältestenrat (Gerusia) eingerichtet. Dessen Einsetzung wird in dem sehr späten, nachpriesterlichen Text Num 11 ätiologisch erzählt und damit legitimiert. Diese Gerusia wurde später zum Synhedrion/Sanhedrin oder, wie Luther übersetzt hat, zum „Hohen Rat".

Quelle

11,24 Da ging Mose hinaus und redete zum Volk die Worte Jhwhs; und er versammelte siebzig Männer aus den Ältesten des Volkes und stellte sie rings um das Zelt auf. 25 Und Jhwh kam in der Wolke herab und redete zu ihm und nahm beiseite von dem Geist, der auf ihm war, und legte ihn auf die siebzig Ältesten. Und als der Geist auf ihnen ruhte, weissagten sie und hörten nicht auf. (Num 11,24–25)

Die Tora als Grundlagenbuch Judas

„Älteste" bedeutet in diesem Zusammenhang „Angesehene" bzw. „Einflussreiche", also Patrizier und Aristokraten. Die Kennzeichnung der Tätigkeit dieses Ältestenrates als „weissagen" will nicht sagen, dass diese Leute eine Art Propheten waren, sie bezieht sich in diesem Zusammenhang auf die Qualifizierung „im Geiste Moses". Die Gestalt des Mose war zu dieser Zeit längst zum Buch geworden (Christoph Dohmen). „Im Geiste Moses zu weissagen" bedeutete jetzt, autoritative Entscheidungen gemäß der Tora (Pentateuch) zu treffen, d.h. der siebzigköpfige Ältestenrat fasste seine Beschlüsse auf Grundlage der Tora. Ende des 4. Jahrhunderts war der Pentateuch abgeschlossen und für das Leben der Judäer bestimmend geworden. Er war allerdings noch nicht „kanonisch" im späteren Sinne, denn diese religiöse Bedeutung erhielten die normativen und die übrigen, allgemein anerkannten Schriften des Judentums frühestens in späthellenistischer Zeit. ■

Auf einen Blick

Im Jahr 539 übernahmen die Perser das Weltreich der Babylonier. An die Herrschaft von Kyros II. knüpfte eine Gruppe von exilierten Judäern große Hoffnungen. Wie wurde Kyros von den Babyloniern und wie von den Judäern verstanden? In der Provinz Benjamin-Juda entwickelte sich das Gemeinwesen weiter. Welches sind die Inhalte des Gesetzbuches des Deuteronomiums und welche Art von Gemeinwesen wird damit konstituiert? Welche Entwicklung nahm der Jerusalemer Tempel in der Perserzeit? Wie entwickelte sich die Provinz Jehud im 4. Jahrhundert?

Literaturhinweis

Frevel, Christian: Geschichte Israels (StTh 2), Stuttgart 2016, 287–327.

VIII. Alexander der Große und die Diadochenherrschaft

Überblick

Der Sieg Alexanders des Großen über Dareios III. führte zum Ende des persischen Großreiches. Auch Koilesyrien und die Einwohner der ehemaligen persischen Provinz Jehud wurden nun in das Alexanderreich eingegliedert. Der neue Oberherrscher behielt die administrativen und fiskalischen Organisationsstrukturen der Provinz bei; Jerusalem blieb weiterhin eine tributpflichtige, jedoch teilautonome Körperschaft, welche nun auch deutlich von der griechischen Kultur beeinflusst wurde („Hellenismus"). Bald nach dem Tod Alexanders stritten sich seine Feldherren um die Herrschaft über sein Reich. Aus diesen jahrzehntelangen „Diadochenkämpfen" ging u.a. Ptolemaios I., der König von Ägypten, als Beherrscher auch des Stammlandes der Judäer hervor.

Griechenland	
356–323	Alexander der Große
336	Krönung Alexanders
333	Schlacht bei Issos
Levante	
332–323	Makedonische Oberherrschaft
331	Gründung Alexandrias
323–302	Diadochenherrschaft

1. Die Eroberung Koilesyriens durch Alexander den Großen

Alexander der Große

Der Triumph Alexanders III., „des Großen" (356-323), über den persischen Großkönig und letzten Achämeniden Dareios III. Kodomannos/Artašata (reg. 336-330) in der Schlacht bei Issos im Herbst des Jahres 333 bedeutete auch das Ende der Perserherrschaft über Palästina. Alexander, der seit 336 in der Nachfolge seines ermordeten Vaters Philipps II. (reg. 359-336) als König von Makedonien herrschte, rückte nach seinem Sieg über Dareios zunächst entlang der Mittelmeerküste nach Ägypten vor. Der verzweifelte Widerstand der mit den Persern alliierten phönizischen Küstenstädte Tyros und Gaza wurde durch die makedonischen Truppen rasch und brutal gebrochen. Die eingenommenen Städte wurden mit Griechen neu besiedelt, während zahlreiche ihrer ehemaligen Bewohner in die Sklaverei verkauft wurden. Auch ein Aufstand der Bewohner Samarias wurde von den Eroberern blutig niedergeschlagen; an der Stelle der völlig zerstörten Stadt wurde nunmehr eine makedonische Militärkolonie gegründet (s. VII.6). Während Alexander sich in der ägyptischen Stadt Memphis zum Pharao krönen ließ, betrieben seine Feldherren Parmenion und Perdikkas die Besetzung der ehemaligen persischen Provinz Jehud und ihre Eingliederung in das Alexanderreich (332).

Quelle

Da reichte er dem Hohenpriester die Hand und begab sich in Begleitung der Priester zur Stadt, stieg zum Tempel hinauf, opferte Gott nach des Hohenpriesters Anweisung und erwies diesem wie den Priestern die höchsten Ehrbezeigungen. Als man ihm nun das Buch Daniel zeigte, in welchem vorausgesagt war, ein Grieche werde der Perser Reich zerstören, hielt er sich selbst für diesen Griechen und entließ voll Freude das Volk. Am folgenden Tag aber rief er sie wieder zusammen und hieß sie Geschenke begehren, so viele sie wollten. Da nun der Hohepriester um die Erlaubnis, nach den väterlichen Gesetzen leben zu dürfen und um die Befreiung von Abgaben in jedem siebten Jahr bat, gestand Alexander ihm dies zu.

Flavius Josephus, *Antiquitates Judaicae* 11,336–338

Jerusalem unter der Herrschaft Alexanders

Die Schilderung des Besuches des siegreichen Alexander in Jerusalem durch den antiken Historiker Flavius Josephus (vgl. den Mischnatraktat Joma 69a, wo sogar von einem Opfer die Rede ist, das Alexander im Tempel darbringt) ist eine Zwecklegende, die vor allem die Reverenz des nichtjüdischen Eroberers gegenüber den jüdischen Repräsentanten und die Anerkennung der Überlegenheit ihres Gottes darstellen soll. Vermutlich erschien den Bewohnern Jerusalems jegliche Gegenwehr sinnlos, insbesondere angesichts des Schicksals der Stadt Tyros. Das biblische Danielbuch, das der Jerusalemer Hohepriester dem Makedonen laut Josephus angeblich vorlegte, wurde jedenfalls erst lange Zeit später verfasst. Allerdings spiegelt sich in diesem legendarischen Bericht eine wohl von Anfang an durchweg positive Einschätzung des neuen Oberherrn Judäas wider, die vermutlich auf zwei Gründen beruhte: Zum einen bestand die „Religionspolitik“ Alexanders generell darin, autochthone Kulte und Heiligtümer in den eroberten Gebieten seines Reiches unverändert zu belassen und sich selbst als der von der betreffenden Gottheit bestimmte (bzw. von dessen Repräsentanten anerkannte) Herrscher dazustellen. Zum anderen behielt Alexander, dem sehr an der politischen Stabilität in seinen neuen Provinzen gelegen gewesen sein dürfte, sowohl die organisatorische Einteilung des Perserreiches in Satrapien als auch die persischen Provinzgrenzen und das Steuerwesen nahezu unverändert bei. Auch den bisherigen Rechtsstatus Judäas, nämlich die bereits unter der Perserherrschaft bestehende (und funktionierende), weitgehende innere Autonomie seiner jüdischen Bevölkerung als eigenständiges Ethnos auf Grundlage der Tora als seiner Verfassung und dem Jerusalemer Tempel als seinem anerkanntem kultischem und politischen Zentrum, tastete er nicht an.

Verfassung und Verwaltung

Die Juden in Jerusalem erreichten mit ihrer sofortigen Kapitulation vor dem übermächtigen Heer Alexanders offenbar, dass kein makedonischer Statthalter in der Stadt eingesetzt wurde. Vielmehr wurden der Hohepriester, dessen Würde als höchster lokaler Amtsträger seit der Perserzeit innerhalb der zadokidischen Familie vererbt wurde, und die aristokratisch organisierte Ratsversammlung (Gerusia) von dem nichtjüdischen Herrscher weiterhin akzeptiert. Der Ratsversammlung gehörten die lokalen Eliten an, d.h. die vornehme Priesterschaft, der reiche Laienadel (der Begriff „Adel“ bedeutet hier keinen erblichen Titel, sondern allein die Zugehörigkeit zu einer privilegierten und elitären Führungsschicht), Großgrundbesitzer und Sippenoberhäupter (s. VII.6). Sie alle blieben in Amt und Würden, und zwar als administrative und juridische Entscheidungsgremien, als gemeinsam agierende politische Repräsentanten und als privilegierte politische Vertreter der judäischen Bevölkerung.

Der neue Oberherr begnügte sich mit der öffentlichen Anerkennung der griechischen Befehlsgewalt durch diese beiden „dyarchischen“ Instanzen als Vertreter des judäischen Volkes und ließ die organisatorischen Strukturen in dem tributpflichtigen Tempelstaat ansonsten unverändert fortbestehen. Judäa blieb auch weiterhin eine autonome Körperschaft im Verbund der Provinzen der ehemaligen transeuphratinischen Satrapie.

Auch hinsichtlich der inneren Verwaltung des Landes blieb zunächst alles beim Alten, zumal Alexander in der administrativen und fiskalischen Organisation sicher auf bereits eingearbeitete und fähige einheimische Beamte zurückgreifen konnte. Konfliktpotential barg indes das sukzessive Sichtbarwerden eines demonstrativen Polytheismus, zum einen durch die Gründung einer

Das Alexanderreich

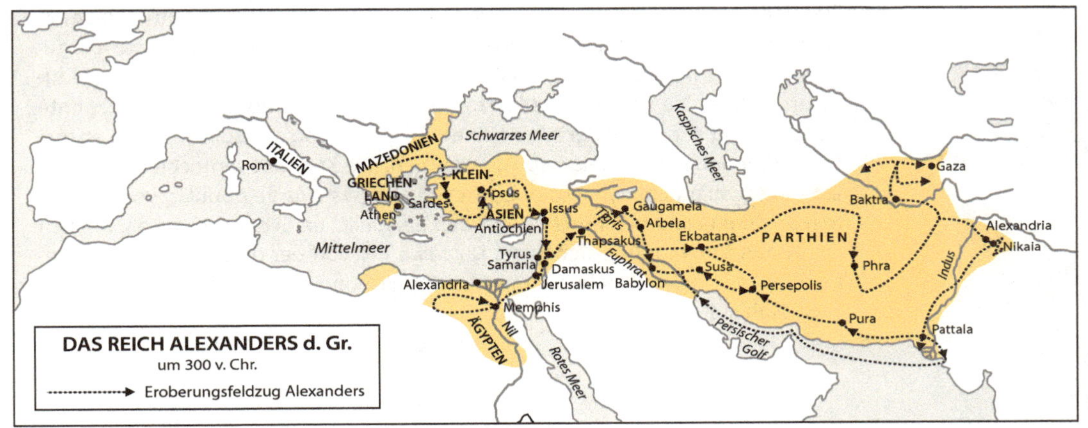

Reihe von selbstständigen „griechischen“ Polisstädten und Kolonien mit makedonischen Söldnern und Veteranen vor allem an der Mittelmeerküste und in den an Judäa angrenzenden Territorien, zum andern durch die Hellenisierung der alten syrischen Kulte in der unmittelbaren Nachbarschaft des Landes, welche aus der Perspektive eines frommen Judäers durchaus in bedrohlicher Weise als „vereintes Heidentum“ wahrgenommen werden konnten.

Stichwort

Der Hellenismus

Seit den Eroberungen durch Alexander den Großen und der militärischen und politischen Ausbreitung der Griechenherrschaft im östlichen Mittelmeerraum lebte die große Mehrheit der dortigen Bevölkerung unter dem unmittelbaren Einfluss des „Hellenismus“, des Eindringens griechischer Kultur in alle Bereiche des Lebens (z.B. Sprache und Literatur, Religion und Philosophie, Wissenschaft und Kunst, Politik und Wirtschaft, Bildung und Erziehung). Trotz der Randlage wurde auch in Judäa und Jerusalem die sukzessive Durchdringung der traditionellen Lebensformen bzw. Toraorientierung mit der dominierenden griechischen Kultur und Lebensart je nach individuellem Standpunkt und persönlicher Lebenssituation als Bedrohung, als Herausforderung oder als Bereicherung empfunden. Im Rahmen dieser dauerhaften und vielfältigen kulturellen Begegnung entwickelte sich aus den überlieferten Formen biblischer Religion das Judentum, wie es sich in den folgenden Jahrhunderten in seiner Vielfalt darstellte.

Seine maßgebliche Prägung erfuhr der Epochenbegriff „Hellenismus“ durch den klassischen Philologen und Althistoriker Johann Gustav Droysen (1808–1884), der ihn in seiner *Geschichte Alexanders des Großen* (Berlin 1833) und im ersten Teil seiner *Geschichte des Hellenismus* (Hamburg 1836) zur Bezeichnung der mit den siegreichen Feldzügen Alexanders beginnenden Epoche der Ausbreitung des Griechentums im Orient einführte. Kennzeichnend für die hellenistische Epoche waren sowohl die wachsende politische Bedeutung der Monarchien, die erhöhte Mobilität der Menschen, die Entstehung größerer Wirtschafts- und Währungsräume und die Entwicklung einer eigenen „Stadtkultur“ als auch die Zunahme der bildhaften Repräsentanz der Herrschermacht im politischen und religiös-kultischen Bereich.

Der Hellenismus als allgemeines Zivilisationsmuster, das den Mittelmeerraum in einem langwierigen Prozess zu einer kulturellen Einheit zusammenfasste, prägte zunächst die führenden Gesellschaftsschichten. Auch machte er sich in den städtischen Metropolen ungleich stärker bemerkbar als im Hinterland. Jedoch konnte sich niemand auf Dauer der allgemeinen Hellenisierung der Sprache, der Lebensform, aber auch der Religion völlig entziehen. Die Kulturen verflochten sich bald auf nahezu allen Ebenen. Die griechische Lebensart wurde populär; vor allem in den Städten machten Menschen von den persönlichen Bildungschancen, die sich ihnen nun boten, regen Gebrauch. Dasselbe gilt von der durch die Öffnung gegenüber der hellenistischen Umwelt ermöglichten individuellen gesellschaftlichen Mobilität.

2. Die Herrschaft der Diadochen

Der unerwartete Tod des erst 32-jährigen Alexander in Babylon auf der Höhe seiner Macht im Frühsommer des Jahres 323 läutete den unaufhaltsamen Zerfall seines ausgedehnten Reiches ein. Da er sein (eigentlich erbliches) Weltreich vor seinem Tod nicht unter seinen Feldherrn aufgeteilt hatte, sondern plötzlich starb, ohne einen Nachfolger benannt zu haben, stritten sich die makedonischen und griechischen Heerführer (griech. διάδοχος, *diádochos*, bedeutet „Nachfolger“) bald erbittert um die Macht. Der Reichsverweser Perdikkas, der Asien verwaltete und zugleich als Oberaufseher der Satrapien fungierte, übergab nach Alexanders Tod den Oberbefehl über die syrische Satrapie zunächst dem General Laomedon von Mytilene. Zugleich versuchte Perdikkas jedoch, das durch den Tod Alexanders entstandene Machtvakuum auszunutzen, um selbst Alexanders direkter Nachfolger zu werden und sich gewaltsam der Alleinherrschaft über dessen Reich zu bemächtigen.

Diadochenkriege

Im Zuge des durch diese Bestrebungen ausgelösten ersten Diadochenkrieges (321-320) zwischen den rivalisierenden Feldherrn, den der machthungrige Perdikkas nicht überlebte und der in die Reichsordnung von Triparadeisos mündete, bekamen die Generäle Antipatros und Kassandros Makedonien und einen Teil Kilikiens zuerkannt, während Seleukos die Herrschaft über Babylonien zugesprochen wurde. Lysimachos herrschte fortan über Thrakien und Kleinasien. Ptolemaios, der bereits die Überführung des Leichnams Alexanders nach Alexandrien zur überraschenden Okkupation Ägyptens und Koilesyriens genutzt hatte, setzte sich nun endgültig in Ägypten fest. Er begann von dort aus, das im Westen gelegene Libyen und das im Nordosten an seine Satrapie angrenzende syrophönizische und palästinische Küstenland zu kontrollieren. Letzteres war einerseits als Aufmarschgebiet und Pufferzone zwischen Syrien und Ägypten strategisch bedeutsam, andererseits aufgrund seiner Häfen, seiner ausgedehnten Wälder und seiner Lage am Knotenpunkt der Handels- und Karawanenwege aus Mesopotamien und Südarabien in wirtschaftlicher Hinsicht relevant. Nach 320 wurde der Landstrich jedoch für einige Zeit von General Laomedon verwaltet.

Die Diadochenreiche

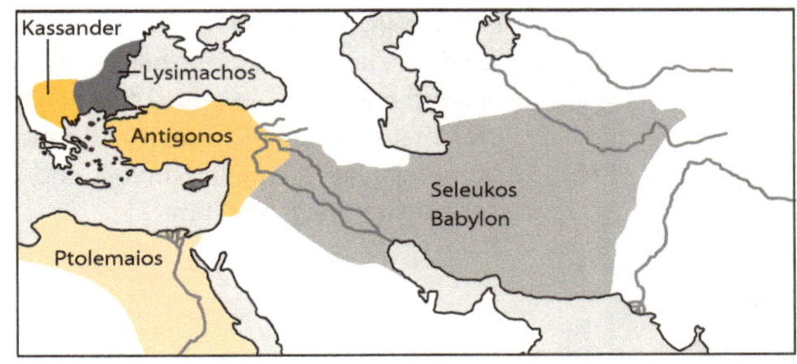

Im Jahr 315 gelang es Antigonos Monophtalmos („der Einäugige“) und seinem Sohn Demetrios Poliorketes („der Belagerer“), Ptolemaios wieder aus Koilesyrien zu verdrängen und das Land selbst zu kontrollieren. Aus der Schlacht zwischen den Truppen des Demetrios Poliorketes und des Ptolemaios bei Gaza im Frühjahr des Jahres 312 ging Letzterer als Sieger hervor und konnte sich kurzzeitig Koilesyriens bemächtigen, bis er dem Sohn des Antigonos im Folgejahr bei Myos unterlag. Dieser behielt dann bis 301 die Kontrolle über die Region.

Im Jahr 307 eroberte Demetrios die Stadt Athen, vertrieb die makedonischen Besatzer und stellte die attische Demokratie wieder her. Ein Jahr später schlug er bei Salamis (Zypern) die ägyptische Flotte von Ptolemaios vernichtend. Danach nahmen sowohl Antigonos Monophthalmos als auch Demetrios Poliorketes den Königstitel von Makedonien an. Um auf Augenhöhe mit ihren Rivalen zu bleiben, vollzogen die anderen Diadochen diesen Akt ein Jahr später auch in ihren Herrschaftsgebieten. Seit 306 beanspruchten somit fünf sich als gleichrangig anerkennende, ehemalige Feldherren Alexanders die (fortan dynastisch legitimierte) Königswürde in ihrem jeweiligen Herrschaftsbereich, nämlich Antigonos I. in Asien, Lysimachos in Thrakien und Kleinasien, Kassandros in Makedonien und einem Teil Kilikiens, Seleukos I. Nikator („Sieger") in Babylon sowie Ptolemaios I. Soter („Retter") als König und Pharao in Ägypten mitsamt Koilesyrien, das von den langjährigen Auseinandersetzungen zwischen Ptolemaios und Antigonos unmittelbar betroffen war.

Parteien in Jerusalem

Wahrscheinlich gab es zur Zeit der „Diadochenkämpfe" zwei rivalisierende Parteien in Jerusalem, die entweder mit dem einen oder mit dem anderen Herrscher sympathisierten. Insbesondere die Jerusalemer Oberschicht scheint zunächst auf der Seite des Antigonos gestanden zu haben und wurde deshalb von Ptolemaios hart bestraft, als dieser die Stadt auf seinem Marsch nach Kleinasien nahezu kampflos eroberte und besetzte. Teile der Bevölkerung Jerusalems wurden nach Ägypten deportiert. Flavius Josephus weiß zu berichten, Ptolemaios I. habe Jerusalem ohne Blutvergießen an einem Sabbat eingenommen:

Quelle

So erlitt auch Syrien von Ptolemaios, der sich damals Soter, das ist „Retter", nannte, das Gegenteil von dem, was sein Beiname bezeichnete. Jerusalem eroberte er durch Betrug und List. Er zog nämlich, als wollte er Opfer darbringen, am Sabbat in die Stadt ein, ohne dass die Juden, die in ihm keinen Feind erblickten und deshalb nichts Schlimmes ahnten, ihn davon abgehalten hätten. So bemächtigte er sich der Stadt ohne alle Anstrengung und behandelte sie hart und ungnädig. Das bezeugt auch Agatharchides von Knidos. [...] Er sagt: Es gibt ein Volk, das sich Juden nennt und die große und wohlbefestigte Stadt Jerusalem bewohnt. Diese ließ es ruhig in des Ptolemaios Gewalt gelangen, weil sie nicht zu den Waffen greifen, sondern aus unzeitigem Aberglauben lieber einer grausamen Herrschaft sich unterwerfen wollten. So schreibt Agatharchides über unser Volk. Um nun wieder auf Ptolemaios zurückzukommen, so nahm er in den Gebirgen Judäas, in der Umgebung von Jerusalem, in Samaria und Garizim viele Menschen gefangen und siedelte sie nach Ägypten um.

Flavius Josephus, *Antiquitates Judaicae* 12,5f

Der (ohne die Beteiligung des Ptolemaois erkämpfte) Sieg des Lysimachos und des Seleukos gegen Antigonos in der Schlacht bei Ipsos in Phrygien (302) hatte zur Folge, dass Seleukos nun ebenfalls Ansprüche auf Koilesyrien anmeldete, ohne jedoch aktiv gegen Ptolemaios vorzugehen, der das Land weiterhin besetzt hielt. Zwar gelang es zunächst weder Seleukos noch seinem Widersacher, sich in dieser Angelegenheit auf diplomatischem oder gar militärischem Wege durchzusetzen, doch wurde der nunmehr schwelende Konflikt um den Besitz Koilesyriens zum eigentlichen Anlass wiederholter militärischer Auseinandersetzungen zwischen den Nachkommen des Ptolemaios und des Seleukos um das in strategischer und wirtschaftlicher Hinsicht wichtige Gebiet. ■

Auf einen Blick

Alexander der Große siegte in der Schlacht bei Issos im Herbst des Jahres 333 über das persische Großreich. Wie war die innere Verwaltung Judäas unter seiner Herrschaft organisiert? Der Konflikt um den Besitz Koilesyriens war immer wieder Anlass für militärische Auseinandersetzungen. Warum war Koilesyrien für die Diadochen von hoher Bedeutung?
Auch in Judäa und Jerusalem durchdrang seit den Eroberungen Alexanders des Großen die griechische Kultur sukzessive die traditionellen Lebensformen. Welchen Einfluss hat der Hellenismus auf die gesellschaftlichen Strukturen in Jerusalem und Judäa, welche Beispiele für die Hellenisierung der Bevölkerung der Provinz gibt es?

Literaturhinweis

Kuhnen, Hans-Peter: Israel unmittelbar vor und nach Alexander dem Großen, in: Alkier, Stefan / Witte, Markus (Hg): Die Griechen und das antike Israel, Göttingen / Fribourg 2004, 1–27.
Zusammenfassung aller wichtigen Aspekte der Alexanderherrschaft im östlichen Mittelmeerraum.

Barceló, Pedro: Alexander der Große, Darmstadt 2007.
Gründliche Darstellung von Leben, Werk und Bedeutung des Makedonenherrschers.

IX. Judäa unter ptolemäischer Herrschaft

Überblick

Die Annexion und Besetzung Koilesyriens durch Ptolemaios I. bedeutete für Judäa eine lange Periode der politischen und wirtschaftlichen Stabilität. Als Teil der ptolemäischen Provinz Syrien und Phönizien behielt das Land seine teilautonome Stellung und bekam eine straff organisierte Verwaltungsstruktur. In Judäa begann der Aufstieg des Tobiaden-Clans, der die andauernden Rivalitäten zwischen den ägyptischen Ptolemäern und den syrischen Seleukiden geschickt zu seinen Gunsten zu nutzen verstand. In fünf „Syrischen Kriegen" kämpften die beiden benachbarten Königreiche um die Vorherrschaft in der Region. Erst die Wende zum 2. Jahrhundert v. Chr. brachte einen dauerhaften Sieg der Syrer. Judäa geriet unter seleukidische Herrschaft.

Syrien und Mesopotamien	
312–280	Seleukos I. Nikator
280–261	Antiochos I. Soter
261–246	Antiochos II. Theos
246–226	Seleukos II. Kallinikos
226–223	Seleukos III. Keraunos
Ägypten	
323–283	Ptolemaios I. Soter
283–246	Ptolemaios II. Philadelphos
246–221	Ptolemaios III. Euergetes
221–205	Ptolemaios IV. Philopator
205–181	Ptolemaios V. Epiphanes
Judäa	
274–271	Erster Syrischer Krieg
260–253	Zweiter Syrischer Krieg
246–241	Dritter Syrischer Krieg
221/19–217	Vierter Syrischer Krieg
202–198/194	Fünfter Syrischer Krieg

1. Die ptolemäische Provinz Syrien und Phönizien

Unter ptolemäischer Herrschaft

Mit der Besetzung Koilesyriens durch Ptolemaios I. begann - trotz mehrerer kriegerischer Auseinandersetzungen um die Hegemonie - eine fast hundertjährige Periode der politischen und wirtschaftlichen Stabilität des Landes. Von Anfang an strebten die Herrscher über Ägypten danach, den von ihnen annektierten Außenbesitz ihres Reiches politisch und militärisch gegen die Syrer (= Seleukiden) im Norden und gegen die Araber im Süden und Osten abzusichern. Im Jahr 274 unternahm der Nachfolger Ptolemaios' I., Ptolemaios II. Philadelphos („Bruderliebender"; reg. 283-246) eine Militärexpedition ins seleukidische Syrien, die von den Syrern jedoch rasch zurückgeschlagen werden konnte. Der von Antiochos I. angestrengte Versuch, die vermeintliche Überlegenheit seiner Truppen auszunutzen und nun seinerseits Ägypten zu erobern („Erster Syrischer Krieg"), scheiterte schließlich an den mangelnden wirtschaftlichen Ressourcen für eine solch großangelegte Gegenoffensive (271).

Syrische Kriege

Von den Kampfhandlungen im langen Zweiten Syrischen Krieg (260-253) zwischen den Ptolemäern und den Seleukiden war Koilesyrien zwar nicht unmittelbar betroffen, doch wurde die mit dem Friedensschluss verbundene, politisch motivierte Verheiratung des Seleukidenherrschers Antiochos II. mit Ptolemaios' II. Tochter Berenike zum Anlass weiterer diplomatischer Konflikte. Laodike, die nunmehr verstoßene Ehefrau Antiochos' II., ließ diesen mitsamt Berenike und ihrem gemeinsamen Sohn in Syrien ermorden, was die in ihrer Machtposition ohnehin geschwächten Ptolemäer als eine empfindliche Kränkung betrachteten, wodurch dann wiederum der Dritte Syrische Krieg bzw. „Laodikekrieg" (246-241) ausgelöst wurde. In dessen Verlauf marschierte Berenikes Bruder Ptolemaios III. Euergetes („Wohltäter"; reg. 246-221) zunächst kampflos in Koilesyrien ein, zog sich jedoch rasch wieder nach Süden zurück, als im ägyptischen Kernland bürgerkriegsähnliche Unruhen ausbrachen. Flavius Josephus (*Contra Apionem* 2,48ff) behauptet, Ptolemaios III. habe während seines Aufenthaltes im Jerusalemer Tempel Opfer darbringen lassen. Möglicherweise beruht dieses positive Bild des Ptolemäerherrschers in der jüdischen Tradition auch darauf, dass er mehreren Synagogen in Unterägypten das begehrte Asylrecht verliehen hatte. Mit dem Friedensschluss im Jahr 241 erlangte die Ptolemäerherrschaft über Koilesyrien ein hohes Maß an Stabilität.

Antiochos III.

Die von Anfang an gegensätzlichen Machtinteressen des (zunächst durchaus nicht kriegsbegeisterten) jungen Ptolemaios IV. Philopator („Vaterliebender"; reg. 221-204) und des etwa gleichaltrigen Seleukidenherrschers Antiochos III. Megas („der Große"; reg. 223-187) provozierten den Vierten Syrischen Krieg (221/19-217). Kleinere syrische Vorstöße nach Süden erfolgten bereits seit 221, aber erst ein großangelegter Angriff des ehrgeizigen Seleukidenherrschers im Jahr 219 drängte die ptolemäischen Truppen, deren General Theodotos überraschend zu den Syrern übergelaufen war, aus dem phönizischen und syrischen Küstenland zurück. Nach weiteren zwei Jahren, die Ptolemaios IV. nicht nur für diplomatische Verhandlungen, sondern auch für eine umfassende militärische Aufrüstung nutzte, gelang es dem wiedererstarkten ägyptischen Heer im Gegenzug, die Syrer in der entscheidenden Schlacht bei Raphia zu besiegen und den alten Grenzverlauf wiederherzustellen. Allein die Stadt Seleukeia am Orontes wurde Antiochos III. belassen. Ptolemaios IV. bereiste nun zusammen mit seiner Schwester und Ehefrau Arsinoë III. die Provinz Syrien und Phönizien und ließ sich von ihren Bewohnern öffentlich als Sieger feiern. Seine Eroberung Koilesyriens spiegelt sich auch in einer Festlegende des ägyptischen Judentums wider, die sowohl von seinem vergeblichen Versuch, den Jerusalemer Tempel zu schänden (3 Makk 1,9-2,24) als auch von seiner Anordnung, Juden durch ein Brandmal zu kennzeichnen (3 Makk 2,29), berichtet.

Schwächung des Ptolemäerreiches

Trotz des Sieges in der Schlacht bei Raphia wurde das Ptolemäerreich in militärischer und wirtschaftlicher Hinsicht zunehmend schwächer, während es Antiochos III. gelang, seine Macht durch eine offensive Politik nach innen und außen zu konsolidieren. Nach dem Tod seines Gegners im Jahr 204 gelangte sein minderjähriger Sohn Ptolemaios V. an die Macht. Tatsächlich bemächtigten sich dessen Minister Sosibios und Agathokles der faktischen Regierungsgewalt im Ptolemäerreich, was Antiochos III. geschickt ausnutzte, um - seinerseits gedeckt durch die Unterstützung des Makedonenkönigs Philipp V. (reg. 221-179) - überraschend in die ptolemäische Provinz einzumarschieren. Zwar eroberten die Ägypter das an die Seleukiden verlorene Koilesyrien im Fünften Syrischen Krieg (202-198/94) zunächst wieder zurück, doch wurde der ptolemäische Feldherr Skopas in der Schlacht bei Paneion (200) vernichtend geschlagen und musste sich nach Ägypten zurückziehen. Palästina wurde nun endgültig seleukidisch und blieb bis zu seiner Eroberung durch Rom (63) im syrischen Einflussbereich.

2. Politische und gesellschaftliche Strukturen in Judäa

Verwaltungs- und Wirtschaftsstrukturen

In den ersten vier Syrischen Kriegen hatte das Ptolemäerreich seine Oberherrschaft über Koilesyrien behaupten können. Die Ptolemäerherrscher übertrugen während dieser Zeit die in ganz Ägypten gebräuchlichen Verwaltungs- und Wirtschaftsstrukturen auf die Provinz Syrien und Phönizien; Griechisch fungierte fortan auch in der ehemaligen persischen Satrapie als Amtssprache. Jerusalem und Judäa behielten auch unter den Ptolemäern ihre teilautonome Stellung, während die anderen tributpflichtigen Hyparchien der phönizisch-syrischen Provinz der direkten königlichen Verwaltung des zentralistisch und planwirtschaftlich regierten Ptolemäerreiches unterstanden und zugleich durch eine Vielzahl ägyptischer Garnisonen überwacht wurden. Der militärische Oberbefehl in der Provinz wurde dem „Strategos" übertragen, ihre Zivilverwaltung oblag dem „Dioiketes". Beiden Funktionsträgern unterstanden die einzelnen kleineren Verwaltungseinheiten innerhalb der Provinzgrenzen, ihrerseits üblicherweise jeweils von einem „Hyparchos" und einem „Oikonomos" verwaltet. Der Hauptzweck dieser klar gegliederten Verwaltungsstruktur bestand in der Optimierung des in dem (nunmehr grundsätzlich als Eigenbesitz des ägyptischen Königs betrachteten) Land erwirtschafteten und vom ptolemäischen Finanzminister abgeschöpften Ertrags. Dieser setzte sich zusammen aus Tributen, aus Steuern auf Eigentum (Häuser, Vieh, Sklaven) sowie aus Zöllen auf Ein- und Ausfuhr, Handel und Straßenbenutzung.

Steuersystem

Verantwortlich sowohl für die Administration als auch für die zuverlässige Steuereintreibung (jährlich abzuliefern war vor allem eine Kronsteuer von zwanzig Talenten Silber) war der Jerusalemer Hohepriester, der von den Ptolemäern zunächst sowohl als Hyparchos als auch als Oikonomos wahrgenommen wurde. Unmittelbares Eingreifen der Ägypter hatte Judäa nur zu befürchten, falls deren fiskalisch-ökonomische Erwartungen nicht erfüllt wurden. Während die schmale städtische Oberschicht offenbar an diesen neuen wirtschaftlichen Gegebenheiten und den damit einhergehenden kulturellen Möglichkeiten zu partizipieren vermochte, bedeutete insbesondere die effizienz- und ertragsoptimierte Besteuerung Judäas eine zunehmend als Ausbeutung empfundene, drückende Belastung der breiten Bevölkerungsmehrheit.

Innerhalb des von den Ptolemäern auch in der Provinz Syrien und Phönizien eingeführten Systems der Steuerpacht war der Oikonomos einerseits dem ihm unmittelbar vorgesetzten Dioiketes (bzw. dem König) verantwortlich und mit seinem gesamten eigenen Vermögen haftbar. Andererseits hatte er die Aufsicht über eine pyramidal strukturierte Organisation von abhängigen einheimischen Steuerpächtern, welche ihrerseits in der Lage war, die wirtschaftliche Leistungsfähigkeit sämtlicher steuerpflichtiger Handwerks- und Landwirtschaftsbetriebe in der Hyparchie genau zu erfassen und die fälligen Steuern direkt einzutreiben. Dieses perfektionierte Verwaltungs- und Steuersystem, das dem ägyptischen König berechenbare und dauerhafte Erträge aus den Provinzen garantierte, scheint die fiskalische Belastung des Landes bald an ihre äußerste Grenze gebracht zu haben.

Stichwort

Die Zenonpapyri

Unter den im Jahr 1915 im ptolemäischen Philadelphia (dem heutigen Fayyum) gefundenen ca. 2000 Dokumenten des ägyptischen Verwaltungswesens aus den Jahren 261–252 befinden sich auch zahlreiche Schriftstücke, welche sich auf die Verhältnisse in der Provinz Syrien und Phönizien beziehen. Verfasser dieser griechischen Urkunden war ein gewisser Zenon aus Kaunos, der die gesamte Provinz als Gutsverwalter und Helfer des Dioiketes Apollonios im Auftrag seines Herrn bereiste, um ihre Finanzverwaltung gründlich zu inspizieren (bzw. zu optimieren) und um den Ausbau der wirtschaftlichen Beziehungen Ägyptens zur Nordprovinz zu befördern. Die Zenonpapyri gelten als besonders wichtige und zuverlässige, da nicht literarisch gestaltete, Quellen für das (mehrheitlich dezentral organisierte) Wirtschaftsleben in Palästina während der Ptolemäerherrschaft.

Die enge Anbindung Koilesyriens an das Ptolemäerreich begünstigte auch den regen kulturellen Austausch zwischen dem judäischen Mutterland und den Judäern in der ägyptischen Diaspora. Nicht nur Kreise der Oberschicht des Tempelstaates bemühten sich wiederholt um einen engen politischen Kontakt mit den ägyptischen Herrschern, sondern auch in breiteren Bevölkerungsschichten Alexandrias galt Jerusalem als das gegenwärtig erfahrbare religiöse Zentrum des Judentums. Viele alexandrinische Judäer kamen als Pilger zu den Wallfahrtsfesten nach Jerusalem, übereigneten dem Tempel kultische Abgaben und Weihegeschenke, und wohnten gemäß dem biblischen Gebot (Ex 23,17; Dtn 16,16) den von den Priestern vollzogenen Opfern bei. Später hatten die Alexandriner auch in Jerusalem eine eigene - griechischsprachige - Synagoge (vgl. Apg 6,9; Tosefta Megilla III 6).

3. Der Tobiaden-Clan

Onias II.

Die Tatsache, dass der politische Status sämtlicher Bewohner der ptolemäischen Hyparchie unlösbar an die privilegierende Macht gebunden war, bewirkte zum einen, dass sich die lokalen Eliten aus dem andauernden Konflikt zwischen Ägyptern und Syrern nicht einfach heraushalten konnten, und bedeutete zum anderen, dass eine vorausschauende Politik und ein rechtzeitiger Frontenwechsel für sie überlebenswichtig werden konnten. Während des Dritten Syrischen Krieges (246-241) gelang es den Tobiaden, einer Familie von hellenistisch gesinnten und entschieden proptolemäisch agierenden Großgrundbesitzern aus dem Ostjordanland, die falsche Einschätzung der wirklichen Machtverhältnisse durch die Jerusalemer Priesteraristokratie auszunutzen, um ihrerseits aufzusteigen und die politischen Führungspositionen in der Provinz zu erlangen. Der amtierende Hohepriester Onias II. hatte sich angesichts der vermeintlichen Schwächung des Ptolemäerreiches wohl Hoffnungen auf eine baldige Eroberung Koilesyriens durch die Syrer gemacht und deshalb die Zahlung der fälligen Tribute an Ptolemaios III. eingestellt, was die auch von diesem Herrscher nur geduldete Teilautonomie Jerusalems nun unmittelbar gefährdete. Flavius Josephus stellt Onias II. deshalb ein denkbar schlechtes Zeugnis aus:

Quelle

Der Hohepriester Onias war schmutzigen Charakters und habgierig, weshalb er die Abgabe von zwanzig Talenten, die seine Vorfahren den Königen für das Volk entrichtet hatten, nicht mehr zahlte. Hierdurch erbitterte er den König Ptolemaios Euergetes, den Vater des Philopator. Dieser schickte einen Gesandten nach Jerusalem und ließ dem Onias Vorwürfe machen, weil er den Tribut nicht gezahlt habe, sowie auch drohen, er werde, wenn das Geld nicht bezahlt würde, das Land verteilen und seine Soldaten dort ansiedeln. Als die Juden diese Drohung vernahmen, gerieten sie in Schrecken; Onias aber kümmerte sich in seinem Geize nicht darum.

Flavius Josephus, *Antiquitates Judaicae* 12,156–159

Der Aufstieg des Tobiaden Joseph

Die entschieden proptolemäische Position eines Teils des nichtpriesterlichen Adels kam zunächst darin zum Ausdruck, dass der Tobiade Joseph von seinem Onkel Onias II. forderte, sich wieder mit Ptolemaios III. zu versöhnen und seine proseleukidische Politik aufzugeben. Indem Joseph nun aus eigenem Vermögen den ausstehenden Geldbetrag an die Ptolemäer zahlte und damit den drohenden Verlust der Autonomie Jerusalems abzuwenden vermochte, gewann er nicht nur an Popularität in der Provinzbevölkerung, sondern bot sich den Ägyptern in Alexandria zugleich auch als geeigneter, loyaler und zuverlässiger Amtsträger an. Daher entzog Ptolemaios III. dem (nunmehr auf seine kultischen Funktionen beschränkten) Hohenpriester Onias II. das Doppelamt des Hyparchos und des Oikonomos und setzte Joseph zum offiziellen Generalsteuerpächter in der Provinz Syrien und Phönizien und zum politischen Vertreter ihrer Bewohner gegenüber dem König ein.

Joseph, der die Höhe des Pachtbetrags sogleich nach seiner Einsetzung nochmals verdoppelte, erhielt nun auch die Exekutivgewalt in seinem Amtsbereich, welche ihm fortan die gewaltsame Eintreibung fälliger Tribute in Form von Geld und Naturalien ermöglichte. Flavius Josephus (*Antiquitates Judaicae* 12,181ff) berichtet tadelnd, Joseph habe die Weigerung der Städte Askalon und Skythopolis, die von ihm beträchtlich erhöhten Tribute zu entrichten, sogleich durch die Hinrichtung ihrer reichsten Bürger und die Konfiskation ihrer Besitztümer bestraft.

Unter der Führung der Tobiaden veränderten sich die Macht- und Sozialstrukturen in der Hyparchie, die wirtschaftlichen und sozialen Gegensätze verschärften sich. Zugleich verbreitete sich die Vorstellung einer Gleichsetzung von Besitzlosigkeit und Frömmigkeit bzw. von Reichtum und Hellenisierung, wie sie sich etwa in Psalm 149 widerspiegelt. Nach dem Tod Josephs zerstritten sich dessen Söhne. Während der Tobiade Hyrkanos weiterhin Partei für die Ptolemäer ergriff, agierten seine älteren Brüder bald wieder offen proseleukidisch. Die von seinem Vater übernommenen Ämter, die seiner Familie von den Ptolemäern eigentlich zugestanden worden waren, konnte Hyrkanos selbst nie antreten. Vielmehr war er gezwungen, sich vor den Nachstellungen seiner Brüder, die sich in Jerusalem behaupten konnten, auf die im Ostjordanland zwischen Jericho und Amman gelegene Festung Iraq el-Emir zurückzuziehen. ■

Auf einen Blick

Mit der Besetzung Koilesyriens durch Ptolemaios I. begann eine Phase der Stabilität. Was bedeutete die lange Zeit der Ptolemäerherrschaft für die kulturelle Prägung Judäas? Wie funktionierte die neue Provinzialverwaltung? Und wie das ptolemäische Fiskalsystem? Der Tobiaden-Clan nutzte die Rivalitäten zwischen den ägyptischen Ptolemäern und den syrischen Seleukiden: Sie stiegen auf und erlangten politische Führungspositionen in der Provinz.

Literaturhinweis

Hölbl, Günther: Geschichte des Ptolemäerreiches, Darmstadt 1994.
Ausführliche und an den Quellen orientierte Untersuchungen zu sämtlichen Ptolemäerherrschern.

X. Judäa unter seleukidischer Herrschaft

Überblick

Die Eroberung der ptolemäischen Provinz Syrien und Phönizien durch den Seleukidenherrscher Antiochos III. brachte Judäa zunächst die Bestätigung seines politischen Status und die Anerkennung der Tora als seines traditionellen Staatsgesetzes. In Jerusalem kämpften der proseleukidische Priesteradel und die judäische Laienaristokratie erbittert um die Macht. Unter Antiochos IV. scheiterte der Versuch eines Teils der Jerusalemer Tempelaristokratie, die Stadt mit Hilfe des Seleukidenherrschers mittels einer lokalen „Religionsverfolgung" gewaltsam in eine hellenistische Polis zu verwandeln, um so die eigene Machtposition zu festigen. Den aufständischen Judäern unter der Führung der Makkabäerfamilie gelangen die Abwehr der gewaltsamen kulturellen und religiösen Hellenisierungsversuche und die Erlangung der politischen Selbständigkeit.

Syrien	
223–187	Antiochos III. Megas
187–175	Seleukos IV. Philopator
175–164	Antiochos IV. Epiphanes
164–162	Antiochos V. Eupator
162–151/50	Demetrios I. Soter
151/50–145	Alexander II. Balas
146/45–139	Demetrios II. Nikator
139/8–128	Antiochos VII. Euergetes
Ägypten	
205–181	Ptolemaios V. Epiphanes
181–145	Ptolemaios VI. Philometor
Judäa	
199	Syrische Annexion der Provinz
167	„Religionsverfolgung" unter Antiochos IV.
165	„Tempelreinigung" des Judas Makkabaios
152–143	Jonathan
143–135	Simon

1. Die Eroberung Koilesyriens durch Antiochos III.

Syrien unter ptolemäischer Herrschaft

Im Jahr 199 gelang dem syrischen Seleukidenherrscher Antiochos III. (reg. 223-187; der von ihm im Jahr 205 angenommene Beiname „Megas" [„der Große"] sollte ihn Alexander dem Großen gleichstellen) die Eroberung und Annexion der ptolemäischen Provinz Syrien und Phönizien, die damit zum tributpflichtigen Teil seines in religiöser, politischer und wirtschaftlicher Hinsicht inhomogenen Großreiches wurde. Das effiziente Steuersystem der Ptolemäer, das seit vielen Jahrzehnten auf dem Land lastete, wurde auch bei seiner Einbindung in das syrische Provinzverwaltungssystem beibehalten. Nur fielen die Zahlungen, die das Ethnos der Judäer zu entrichten hatte, jetzt der syrischen Staatskasse in Antiochia zu.

Antiochos III. hatte zur Stärkung seines ausgedehnten Reiches auch in Jerusalem und Judäa den lokalen Kult und die bisherigen inneren Organisationsstrukturen in Fortführung der seitherigen Praxis mit geringen Änderungen beibehalten - unter den Seleukiden wurden lediglich jeweils mehrere kleinere Verwaltungseinheiten zu insgesamt vier Hyparchien zusammengefasst. Auch den politischen Status der Judäer und die traditionelle Geltung der Tora als ihr Staatsgesetz hatte er ausdrücklich bestätigt und die Tora somit - gleichsam als Treuegarantie - zur seleukidisch sanktionierten Lokalverfassung erklärt. Damit wurde die jüdische Religion zwar des von ihr behaupteten Autonomieanspruchs beraubt, aber der Hellenisierung der jüdischen Untertanen waren fortan gewisse Grenzen gesetzt, z.B. im Hinblick auf den paganen Herrscher-

Das Seleukidenreich

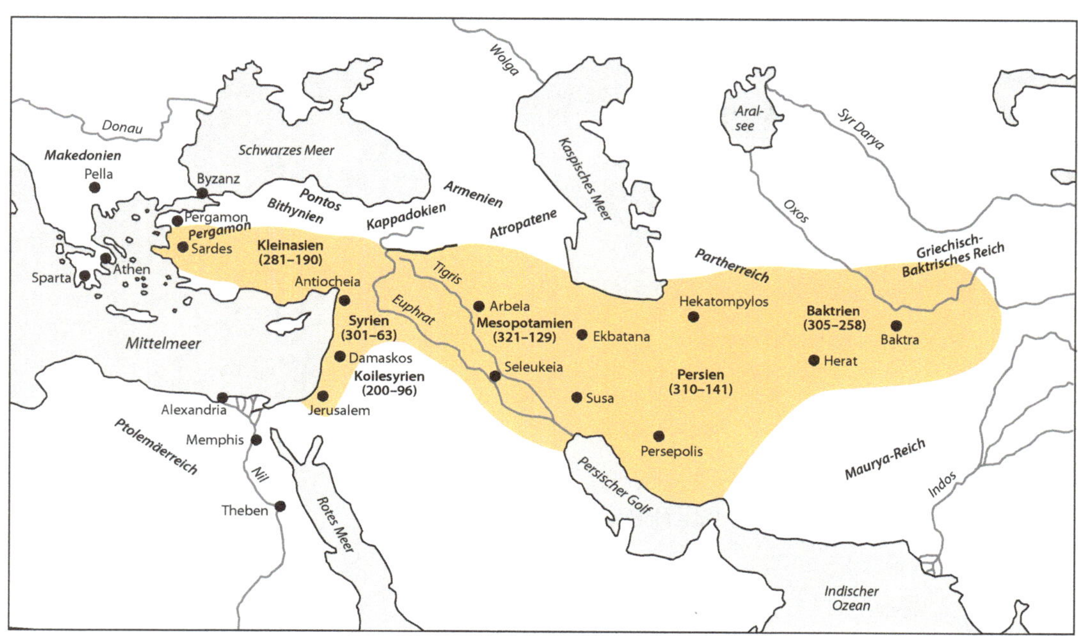

kult. Zudem bedurfte jede Modifikation dieser offiziellen Anordnung tatsächlich der Zustimmung des herrschenden Seleukidenkönigs.

Quelle

Antiochos' III. Freibrief für die Judäer

Der König Antiochos entbietet dem Ptolemaios seinen Gruß. Sowie ich das Land der Juden betrat, haben sie mir sogleich ihre Treue bewiesen, mich glänzend aufgenommen, meine Soldaten und Elefanten mit Lebensmitteln versorgt und mir bei der Vertreibung der ägyptischen Besatzung aus der Burg geholfen. Ich habe es nun für angemessen gehalten, mich ihnen hierfür erkenntlich zu zeigen und zunächst ihre von manchem widrigen Geschick heimgesuchte Stadt wiederherzustellen und durch Zurückberufung der zerstreuten Bewohner wieder zu bevölkern. Vorläufig habe ich beschlossen, ihnen um ihrer Gottesfurcht willen den Bedarf für die Opfer zu liefern, nämlich Vieh, Wein, Öl und Weihrauch für 20000 Schekel, sechs Artaben Weizenmehl nach dem Gebrauch ihres Landes, 1460 Scheffel Weizen und 375 Scheffel Salz. Das alles ist ihnen genau zu übergeben, wie ich befehle; zugleich sollen auch die Arbeiten am Tempel, an den Säulenhallen und wo sonst Bauten nötig sind, in Angriff genommen werden. Das Material dazu soll aus Judäa selbst, aus den anderen Bezirken und vom Libanon entnommen werden, ohne dass irgendeine Abgabe dafür erhoben werden darf. Dasselbe bestimme ich hinsichtlich aller übrigen Arbeiten, die zur Verschönerung des Tempels notwendig sind. Allen Angehörigen des Volkes soll gestattet sein, nach den Gesetzen ihrer Väter zu leben, und es sollen die Ältesten, die Priester, die Tempelschreiber und die Sänger von der Kopfsteuer, der Abgabe für die Krone und jeder anderen Steuer befreit sein. Damit nun die Stadt desto eher wieder bevölkert werde, bewillige ich ihren Bewohnern und allen, die sich bis zum Monat Hyperberetaios dort niederlassen, Steuerfreiheit für drei Jahre. Auch will ich ihnen den dritten Teil aller Abgaben erlassen, damit sie sich von ihrem Elend erholen können. Ferner setze ich hiermit alle, die aus der Stadt in die Sklaverei geschleppt worden sind, samt ihren Kindern in Freiheit und befehle, dass ihnen ihr Vermögen zurückgegeben werde.

Flavius Josephus, *Antiquitates Judaicae* 12,138–144

Privilegien

In der literarischen Darstellung des „Freibriefs“ des Antiochos III. für die Judäer spiegelt sich die Tatsache wider, dass die erkennbar prosyrische Position der Jerusalemer Tempelaristokratie den Seleukidenherrscher dazu bewogen hatte, sich durch eine Reihe von Gunsterweisen auch weiterhin die Loyalität seiner Untergebenen im Kampf gegen das Ptolemäerreich zu sichern. Dass die Judäer die politischen und militärischen Entwicklungen zuvor richtig eingeschätzt hatten, machte sich nun bezahlt. Der syrische König beteiligte sich an der Beseitigung sowohl der materiellen Kriegsschäden als auch der Bevölkerungsverluste des Landes und gewährte zudem eine Reihe von Steuervergünstigungen bzw. -befreiungen. Vor allem bestätigte er dem Hohenpriester Simon II. den teilautonomen Status des judäischen Ethnos und ihm selbst den Rang eines Ethnarchen (= „Volksherrschers“).

Tobiaden und Oniaden streiten um die Macht

Nach dem Tod Simons II. eskalierten die schwelenden Feindseligkeiten zwischen dem demonstrativ proseleukidischen Priesteradel in Jerusalem und der judäischen Laienaristokratie zu einem offen und erbittert ausgetragenen Machtkampf. Letztere hatte während der langen Zeit der Ptolemäerherrschaft zwar gute Verbindungen zum alexandrinischen Hof geknüpft, war aber nun ebenfalls von der Unterstützung ihrer Machtinteressen durch die Syrer abhängig. Andererseits wandte sich Simons II. Sohn und Nachfolger Onias III. bald von der proseleukidischen Politik seines Vaters ab und wurde zum Anhänger der Ptolemäer, von deren Oberherrschaft in der Provinz er sich offenbar weitaus mehr Vorteile versprach.

Hauptsächlicher Streitpunkt zwischen dem amtierenden Hohenpriester und dem (nunmehr proseleukidisch agierenden) Tobiaden Simon war wahrscheinlich die Aufsicht über den städtischen Markt in Jerusalem (Agoranomie). Da Simon bereits das Amt des Oikonomos innehatte und somit Verwalter des Tempelvermögens war, hätte er als gleichzeitiger Inhaber auch der Agoranomie die vollständige wirtschaftliche Kontrolle über Judäa in seinen Händen gehabt. Weil der Jerusalemer Tempel als Depositenbank auch das Geld des notorischen Ptolemäerfreundes Hyrkanos verwaltete und Simon diesen offenkundig belastenden Sachverhalt bei dem seleukidischen Statthalter Apollonios anzeigte, musste sich Onias III. nunmehr des Verdachtes erwehren, er horte beträchtliche Reichtümer und beteilige sich zugleich an einem antiseleukidischen Komplott.

„Friedensdiktat" von Apameia

Infolge einer Heiratsallianz zwischen den Ptolemäern und den Seleukiden – Antiochos III. gab Ptolemaios V. Epiphanes („Erscheinung [der Gottheit]"; reg. 205–181) seine siebenjährige Tochter Kleopatra I. zur Frau – wurde vereinbart, dass die Tribute aus der Provinz Syrien und Phönizien fortan zwischen Alexandria und Antiochia aufgeteilt werden sollten. Dadurch gestärkt, sah der syrische König nun den geeigneten Zeitpunkt gekommen, um mit seiner geballten Streitmacht das vermeintlich schwächere Griechenland anzugreifen. In dieser Situation griff jedoch das aufstrebende und seit seinem Sieg über Philipp V. von Makedonien zur politischen Weltmacht erstarkte Römische Reich in das Geschehen ein, da die Römer das syrische Expansionsstreben als Provokation betrachteten. In der Schlacht bei Magnesia in Lydien wurde das syrische Heer durch Lucius Scipio Asiaticus besiegt (190). Nach langen Verhandlungen wurde Antiochos III. im anschließenden „Friedensdiktat" von Apameia Kibotos in Phrygien (188) von den Römern auferlegt, als Reparationszahlung innerhalb von zwölf Jahren insgesamt 15000 euböische Talente Silber zu entrichten, weiter sämtliche Kriegselefanten und nahezu alle Schiffe abzuliefern, seine kleinasiatischen Besitztümer Karien und Lykien an Eumenes II. Soter („Retter"; reg. 197–160/59), den König von Pergamon, abzutreten, und schließlich zwanzig Söhne aus dem seleukidischen Adel als Geiseln nach Rom zu übersenden. Die gewaltige Höhe der finanziellen Forderungen Roms überstieg bald die Wirtschaftskraft des gesamten Seleukidenreiches; Antiochos III. kam deshalb schließlich im Jahr 187 in unrühmlicher Weise bei dem misslungenen Versuch ums Leben, den Bel-Tempel in Elymaïs zu plündern.

2. Die „Religionsverfolgung“ unter Antiochos IV.

Antiochos IV.

Auch Antiochos, gleichnamiger Sohn von König Antiochos III., war in Folge des römischen „Friedensdiktats“ von Apameia nach Rom deportiert worden, wo er über zehn Jahre als Geisel lebte und dabei Einblicke in die Mechanismen römischer Politik gewinnen konnte, bis ihn der Nachfolger seines Vaters, sein Bruder Seleukos IV. Philopator („Vaterliebender“; reg. 187-175) - wohl auf Betreiben und Wunsch der Römer - im Jahr 178 gegen dessen zweiten Sohn Demetrios austauschte. Nach der Ermordung Seleukos’ IV. im Herbst des Jahres 175 gelang es ihm, als Antiochos IV. Epiphanes (reg. 175-164) selbst die Herrschaft im Seleukidenreich zu übernehmen.

Unmittelbar nach dem Thronwechsel in Antiochia hatte sich der amtierende Jerusalemer Hohepriester Onias III. zu den Ptolemäern abgesetzt, während Hyrkanos in seiner Festung Iraq el-Emir den Freitod wählte. In der Folge gelang es den ebenso hellenisierten wie syrerfreundlichen Tobiaden, die unübersichtliche Lage für sich auszunutzen, indem sie Antiochos IV. eine signifikante Erhöhung der Tribute versprachen, falls er Jason, den Bruder des Onias III., zum Hohenpriester und Hyparchos erhob. Der junge Seleukidenkönig, den zum einen die von seinem Vater übernommenen, immensen Zahlungsverpflichtungen gegenüber Rom belasteten und der zum anderen auf loyale Parteigänger in der strategisch bedeutenden Provinz angewiesen war, entsprach diesem aus seiner Perspektive nicht unüblichen Ansinnen. Die von dem Hohenpriester Jason nunmehr betriebene Schaffung eines privilegierten Bürgerrechts der „Antiochener in Jerusalem“ sollte seiner hellenisierten und syrerfreundlichen Gefolgschaft fortan die politische Vorherrschaft in der Stadt sichern.

Menelaos als Hoherpriester

Als Jason im Jahr 171 den Tobiaden Menelaos nach Antiochia sandte, um den Syrern die fälligen Tribute zu überbringen, gelang es diesem, durch eine erneute Steigerung der Geldleistungen den seleukidischen König, der mit seinen Reparationszahlungen an Rom in Verzug geraten war, dazu zu bewegen, dass er ihn, Menelaos, an Stelle Jasons zum Hohenpriester einsetzte, obwohl er nicht dem hohepriesterlichen Geschlecht der Zadokiden angehörte. Menelaos erhöhte sogleich die ohnehin beträchtliche Steuerlast, die schwer auf der judäischen Bevölkerung lastete, und ließ seinen Konkurrenten Onias III. in dessen Asyl ermorden.

Gleichermaßen assimilationswillige wie machthungrige Teile der (mehrheitlich wohlhabenden und gebildeten) Jerusalemer Oberschicht strebten nun danach, alle abgrenzenden Identitätsmerkmale der autochthonen Religion und Kultur in Judäa zu beseitigen, und unternahmen den höchst eigennützigen Versuch, Jerusalem in eine griechische Polis umzuwandeln - nicht zuletzt, um sich mit erkaufter syrischer Billigung der sozialen und ökonomischen Konkurrenz der „konservativen" Priesteraristokratie zu entledigen. Dieser Versuch gewann gemäß 1 Makk 1,14 in ebenso demonstrativer wie provokanter Weise Gestalt in der Errichtung eines Gymnasions, welches als Inbegriff „moderner" Erziehung und als Kristallisationspunkt der griechischen Kultur, Denk- und Lebensweise galt. Wenn der politische Status einer Person als Polisbürger Jerusalems und die Zugehörigkeit zu diesem (trotz intensiver Grabungstätigkeit in Jerusalem archäologisch nicht zu belegenden) Gymnasion als städtischer Körperschaft tatsächlich miteinander verbunden waren, dann bedeutete diese Maßnahme die Entmachtung der Priesterschaft und zugleich die faktische Aufhebung der von Antiochos III. erlassenen Gunsterweise.

Nach dem Sieg seiner Truppen über das innenpolitisch geschwächte Ägypten in der Schlacht bei Pelusion (170) erschien Antiochos IV. die Gelegenheit günstig, sich des gesamten Ptolemäerreiches zu bemächtigen. Indes wurde der zweite Ägyptenfeldzug des Seleukidenkönigs (168) durch die gewaltsame Intervention Roms unterbrochen, das mit der zu erwartenden Verschiebung der Machtverhältnisse im östlichen Mittelmeerraum nicht einverstanden war. Bei Eleusis forderte der römische Legat C. Popilius Laenas den Syrer in ultimativer Weise dazu auf, seinen Ägyptenfeldzug sofort zu beenden und das ptolemäische Territorium unverzüglich wieder zu verlassen. Der so erzwungene Rückmarsch des seleukidischen Heeres längs der palästinischen Küste erfolgte wahrscheinlich im Spätsommer des Jahres 169.

Beginn der „Religionsverfolgung"

In dieser Situation scheinen in Jerusalem Gerüchte vom Tod des besiegten Antiochos IV. aufgekommen zu sein, welche Jason dazu veranlassten, sogleich seinen Rivalen Menelaos aus der Stadt zu verdrängen, um selbst wieder als Hoherpriester zu amtieren. Von den Syrern konnte dieser innerjudäische Machtkampf freilich als ein Versuch interpretiert werden, ihre Vorherrschaft gewaltsam abzuschütteln. Wahrscheinlich provozierte dieser angebliche Seitenwechsel der Judäer vor dem Hintergrund der offensichtlichen Beeinträchtigung der Machtposition des gereizten Seleukidenherrschers durch Rom die sofortige Bestrafung der aufsässigen Provinz nach Kriegsrecht (167). Die stereotype Schilderung sowohl der Plünderung, Verwüstung und Entfestigung der Stadt Jerusalem durch den syrischen Feldherrn Apollonios als auch der Versklavung eines Teils ihrer Bewohner (vgl. 1 Makk 1,31f) entspricht jedenfalls den durchaus erwartbaren Konsequenzen eines angeblichen bzw. fehlgeschlagenen Versuchs des judäischen Ethnos, sich in einer offenen Rebellion gegen die vermeintlich geschwächte seleukidische Oberherrschaft aufzulehnen. Auch die Stationierung einer bewaffneten syrischen Garnison zur Sicherung der unruhigen Region gehörte wohl zu den Folgen eines solchen lokalen Aufstands.

Quelle

Und der König erließ ein Edikt in seinem ganzen Reich, dass alle zu einem Volk werden sollten, und dass jeder seine Gebräuche aufgeben solle. Und alle Völker nahmen es an gemäß der Anordnung des Königs. Auch viele aus Israel fanden Gefallen an seiner Verehrung und opferten den Götzen und entweihten den Sabbat. Und der König sandte Briefe durch Boten nach Jerusalem und in die Städte Judas, dass sie sich nach Gebräuchen, die dem Land fremd waren, richten sollten und Brandopfer und Schlachtopfer und Trankopfer im Heiligtum einstellen, und Sabbate und Festtage entweihen, und Heiligtum und Heilige verunreinigen, und Altäre, Tempelbezirke und Götzenheiligtümer erbauen, und Schweine und unreine Tiere opfern, und ihre Söhne unbeschnitten lassen, damit sie sich mit jeder Art von Unreinheit und Gräuel befleckten, sodass sie das Gesetz vergäßen und alle Gebote verkehrten. Und wer sich nicht nach der Anordnung des Königs richtet, der solle sterben. Derartige Schreiben sandte er in sein ganzes Reich.

1 Makk 1,41–51

Zwangshellenisierung

Umstritten sind sowohl die Historizität einer reichsweiten „Religionsverfolgung" durch Antiochos IV. als auch deren gewaltsame Durchsetzung zur Beseitigung des Unruheherdes in Judäa. Eine solche innovative machtpolitische Maßnahme des Seleukidenherrschers ist kaum wahrscheinlich, da eine allgemeine Zwangshellenisierung im Widerspruch zur (angesichts der gewaltigen Ausdehnung ihres Herrschaftsbereiches notwendigen) generellen Toleranz der Syrer gegenüber regionalen Kulten und Gebräuchen stand. Beispielsweise betraf die Aufhebung der Tora als Verfassung nicht die samaritanische Religionsgemeinschaft in Sichem. Zudem wird ein solches Edikt von keinem zeitgenössischen nichtjüdischen Autor erwähnt. Jüdische Glaubensinhalte und Riten waren für die Seleukiden offenbar zunächst irrelevant. Es ist zu vermuten, dass die tatsächliche Kampflinie während der Krise unter Antiochos IV. und der makkabäischen Erhebung nicht zwischen Juden und Nichtjuden verlief, sondern zwischen Traditionalisten und Reformern innerhalb der aristokratischen Oberschicht des judäischen Gemeinwesens, denen die „moderne" hellenistische Leitkultur je und je unterschiedliche Möglichkeiten hinsichtlich ihrer Existenzsicherung, Lebensgestaltung und Machtausübung bot.

3. Der Kampf der Judäer gegen die syrische Oberherrschaft

Der Versuch der vom Hohenpriester Menelaos angeführten, syrerfreundlichen Fraktion der Jerusalemer Priesteraristokratie, den Tempelstaat Jerusalem gewaltsam in eine hellenistische Stadt zu verwandeln (167), um so die eigene Machtposition in der Provinz zu festigen, stieß auf heftigen Widerstand. Die Gegner fanden sich vor allem unter einfachen Tempelbeamten und Priestern, die durch diese als religiöse und kulturelle Erosion empfundenen, gewaltsamen Hellenisierungsbestrebungen die politische Reichweite und Zentralität des Tempels und somit ihre statusbestimmende Lebensgrundlage, Macht und Autorität bedroht sahen. Eine dieser aufständischen priesterlichen Familien waren die Makkabäerbrüder, wobei sowohl ihr Vater Mattathias als auch dessen Ahnherr Hasmon literarische Erzählfiguren sind. Ihnen gelang es in dieser Situation, eine breite „konservative" antihellenistische Sammelbewegung um sich zu scharen, um unter ihrer eigenen Führung die Bestrebungen der hellenistischen Modernisierer in einem andauernden Partisanenkrieg abzuwehren.

Judas Makkabaios

Nach einem erbittert geführten Kampf und dem Sieg der ortskundigen judäischen Guerillakämpfer unter der Führung des Judas Makkabaios über die Söldnertruppen des Apollonios (166) wurde das Umland Jerusalems zunächst wieder von den Rebellen kontrolliert, während die syrische Besatzung der Stadt in ihrer Garnison auf dem Tempelberg eingeschlossen war. Bereits während des Zuges des Antiochos IV. in die Provinzen des Seleukidenreiches östlich von Euphrat und Tigris (165) scheint sein militärisch geschwächter Feldherr Lysias die bisherige seleukidische Politik in der Provinz bzw. die Zwangsmaßnahmen gegen ihre Bewohner partiell revidiert zu haben, um sich dieses Unruheherdes zu entledigen. Ungeachtet dessen nahm Judas Makkabaios nun die Stadt Jerusalem gewaltsam ein und stellte dort den „väterlichen Kult" wieder her. Den Tod des Antiochos IV. in der Persis nutzte der Judäer zur weiteren Konsolidierung seiner Macht. Er befestigte das von ihm beherrschte Territorium und unternahm zugleich militärische Expeditionen in die benachbarten Gebiete.

Auch die andauernden Thronstreitigkeiten im Seleukidenreich verstand Judas Makkabaios geschickt zu nutzen. Er erweiterte seinen Machtbereich zur Küste hin und festigte die Herrschaft seiner Familie, bis er schließlich im Jahr 161 bei Elasa im Kampf gegen die übermächtigen Truppen des syrischen Generals Bakchides zu Tode kam. Unter seinem ihm nachfolgenden Bruder Jonathan herrschte wieder einige Jahre Kompromissfrieden im Land, begünstigt auch durch die Tatsache, dass Rom, die mittlerweile stärkste Macht im östlichen Mittelmeerraum, die Rebellion in der seleukidischen Provinz nun aus strategischen Gründen indirekt unterstützte.

Jonathan

Durch seine geschickte Schaukeldiplomatie gegenüber den syrischen Thronrivalen konnte Jonathan als neuer Anführer der Aufständischen die durch seinen Bruder Judas erlangte Machtposition der Makkabäerfamilie nach innen und nach außen befestigen und zugleich das Hohepriestertum der hasmonäischen Dynastie begründen, dessen nichtreligiöse (insbesondere politische) Autorität von ihm nunmehr explizit beansprucht wurde. Der syrische Thronprätendent Alexander Balas (reg. 151/50–145) beförderte Jonathan in den exklusiven Hofrang eines „ersten Freundes" im Dienst der Seleukiden und erklärte ihn zum privilegierten Inhaber sowohl der militärischen Gewalt als auch des zivilen Regiments in Judäa. Sein seleukidischer Gegenspieler Demetrios II. Nikator („Sieger"; reg. 146/45–139) gestand Jonathan (als Nichtzadokiden) zugleich die hohepriesterliche Würde zu (152), was für den Seleukidenherrscher im Gegensatz zu den Ämtern des Hyparchos und des Oikonomos freilich nicht mehr als ein lokaler Ehrentitel ohne administrative Funktionen war. Im Jahr 143 wurde Jonathan von dem syrischen Heerführer Diodotos Tryphon („Schwelger") gefangengesetzt und schließlich getötet.

Simon

Vor dem Hintergrund des fortschreitenden Verfalls der Diadochenreiche gelang es Simon, dem letzten überlebenden Makkabäerbruder, die militärische Befreiung Jerusalems von der syrischen Okkupation, die Unabhängigkeit von den Syrern und die vollständige politische Autonomie Judäas einschließlich Amnestie und Steuerfreiheit zu erlangen (139/38). Hinzu kam die Schaffung eines Zugangs zur Mittelmeerküste. Mit all dem verbunden war die Normalisierung der inneren Verhältnisse und die Stabilisierung der territorialen Ausdehnung des Landes unter der fortan dynastisch weitergegebenen, monarchischen Herrschaft Simons als militärischem, politischem und religiösem Führer. Diese machtpolitisch begründeten, angeblich vom gesamten judäischen Volk als Akklamationsinstanz bestätigten und auch von Rom offenbar gebilligten Maßnahmen waren sicher umstritten, denn sie widersprachen der traditionell hierokratischen Verfassung und der normativen jüdischen Textüberlieferung. Zur Popularität Simons in der Bevölkerung und zur Stabilisierung seiner Machtposition trug indes sein erfolgreiches Streben nach Schaffung neuer landwirtschaftlicher Nutzflächen für judäische Bauern und Hirten in den von ihm annektierten Territorien bei. Das Jahrzehnte später verfasste 1. Makkabäerbuch will Simons Machterhebung rückblickend als Erfüllung der Hoffnungen der jüdischen Frommen und Rebellen verstanden wissen (1 Makk 13,1–9). Tatsächlich war sie die demonstrative Selbständigkeitserklärung eines hellenistischen Fürsten. Im Jahr 135 fielen Simon und zwei seiner Söhne einem Attentat seines Schwiegersohnes Ptolemaios zum Opfer.

Quelle

Als Simon hörte, dass Tryphon eine große Streitmacht rekrutierte, um in das Land Juda zu ziehen und es zu vernichten, und er sah, dass dem Volk angst und bange war, zog er hinauf nach Jerusalem und versammelte das Volk. Und er munterte sie auf und sprach zu ihnen: „Ihr wisst selbst, was ich und meine Brüder und das Haus meines Vaters für das Gesetz und das Heiligtum getan haben, und von den Schlachten und den Entbehrungen, die wir erfahren haben. Deswegen, wegen Israel, kamen alle meine Brüder um, und ich allein bin übrig. Es sei nun fern von mir, dass ich in dieser Zeit der Bedrängnis mein Leben jemals schonte, denn ich bin nicht besser als meine Brüder. Vielmehr will ich der Rächer für mein Volk, für das Heiligtum und für eure Frauen und Kinder sein, denn alle Völker haben sich feindselig zusammengerottet, um uns zu vernichten." Als es diese Worte hörte, belebte sich die Hoffnung des Volkes aufs Neue. Und sie antworteten mit lauter Stimme: „Du bist unser Anführer an der Stelle des Judas und des Jonathan, deiner Brüder. Führe unseren Kampf, und alles, was du uns befiehlst, wollen wir tun!"

1 Makk 13,1–9

Johannes Hyrkanos I.

Mit der Machtergreifung und der über drei Jahrzehnte währenden Herrschaft seines überlebenden Sohnes Johannes Hyrkanos I. (reg. 135–104) war die antihellenistische Sammelbewegung unter der Führung der Makkabäerbrüder zwar auseinandergefallen, aber sie und ihre Anhänger hatten den innerjudäischen Bürgerkrieg letztendlich gewonnen. Unter der Herrschaft der durch ihn begründeten, in Jerusalem residierenden Dynastie der Hasmonäer (Flavius Josephus, *Bellum Judaicum* 1,16, führt das Geschlecht auf einen sagenhaften Ahnen „Asamonaios" zurück) wurde Judäa für mehr als sieben Jahrzehnte wieder ein mit wenigen Unterbrechungen unabhängiger jüdischer Staat. ■

Stichwort

Idumäer und Nabatäer

Die Idumäer waren in hellenistisch-römischer Zeit eine sozial und kultisch eigenständige Bevölkerungsgruppe im Süden Palästinas, die den antiken Autoren als Nachfahren der biblischen Edomiter galten. Die Nabatäer waren ein über die multiethnische Bevölkerung des nabatäischen Reiches herrschender (ursprünglich nomadisch lebender und tribal organisierter) arabischer Stamm im Negev und im südlichen Ostjordanland, dessen Haupterwerb im internationalen Warenhandel insbesondere entlang der „Weihrauchstraße" von Südarabien zum Mittelmeer bestand. Sie konnten von der Schwäche des Seleukidenreiches profitieren und seit dem 2. Jahrhundert v. Chr. eine starke Machtstellung in dem Gebiet aufbauen. Die Hauptstadt ihres Reiches war die monumentale Felsenstadt Petra.

Palästina zur Zeit der Makkabäer

Auf einen Blick

Unter den Seleukiden wurde der politische Status der Judäer bestätigt. Die Tora wurde als traditionelles Staatsgesetz anerkannt, was die Hellenisierung der jüdischen Untertanen einschränkte. Worin bestehen die wesentlichen Bestimmungen des „Freibriefs" Antiochos' III. für die Judäer? Die Judäer kämpften gegen die syrische Oberherrschaft. Welche militärischen und politischen Erfolge können den Makkabäerbrüdern Jonathan und Simon zugeordnet werden und welche Transformation erfuhr das hohepriesterliche Amt unter ihrer Herrschaft?

Literaturhinweis

Bringmann, Klaus: Hellenistische Reform und Religionsverfolgung in Judäa (AAWG.PH 132), Göttingen 1983.

Fischer, Thomas: Seleukiden und Makkabäer, Bochum 1980.

Beide Monographien vermitteln ein differenziertes Bild der Vorgeschichte und des Verlaufs der „Religionsverfolgung" unter Antiochos IV. Epiphanes.

XI. Die Hasmonäerherrschaft

Überblick

Die andauernde Schwäche des Seleukidenreiches und seine strategisch motivierte Unterstützung durch das *Imperium Romanum* begünstigten die politische Selbständigkeit der Hasmonäer und die sukzessive Ausweitung ihres Herrschaftsbereichs. Innenpolitisch entzündeten sich Konflikte vor allem an der problematischen Herrschaftslegitimation der Hasmonäerdynastie sowie an der von ihr betriebenen Vereinigung der königlichen und der hohenpriesterlichen Würden. Rivalisierende Herrschaftsansprüche innerhalb der Hasmonäerdynastie beeinträchtigten ihre politische Handlungsfähigkeit und provozierten auch gesellschaftliche Spannungen, was schließlich Rom zum Anlass wurde, die Hasmonäer zu entmachten und Judäa als territorial stark verkleinertes Klientelfürstentum der direkten Kontrolle des Statthalters der Provinz Syrien zu unterstellen.

Rom	
133	Pergamon fällt an Rom
86	Eroberung Athens
63	Pompeius verleibt Koilesyrien dem römischen Imperium ein
Judäa	
135–104	Johannes Hyrkanos I.
104–103	Aristobulos I.
103–76	Alexander Jannaios
76–67	Salome Alexandra
67–63	Aristobulos II.

1. Die hasmonäische Expansionspolitik

Die politische Selbständigkeit Jerusalems und Judäas unter der Herrschaft der Hasmonäer wurde begünstigt durch die andauernde Schwäche des Seleukidenreiches, dem es aufgrund fortwährender interner Machtkämpfe nicht gelang, die Provinz dauerhaft zu integrieren und militärisch zu kontrollieren. Als Instrumente der Herrschaftssicherung im Hasmonäerreich selbst dienten zum

Autonomie

einen die Einführung dynastischer Feste und zum andern der Bau von repräsentativen Memorialzentren.

Expansionsstreben

Auch Johannes Hyrkanos I. strebte die Ausweitung seines Machtbereiches über die Grenzen des jüdischen Kernlandes hinaus an. Gleich im ersten Jahr seiner Herrschaft musste er sich eines Angriffes von Antiochos VII. Euergetes („Wohltäter"; reg. 139/38–129) auf Jerusalem erwehren. Bei Josephus (*Antiquitates Judaicae* 13,236–253) ist von einer mehrjährigen Belagerung der Stadt durch den Seleukidenherrscher zu lesen, welche schließlich mit einem Waffenstillstand und einem erzwungenen Bündnisvertrag mit den Judäern endete. Der unterlegene Johannes Hyrkanos I. musste Jerusalem entfestigen, den Syrern fortan wieder Tribute zahlen und ihnen sowohl Geiseln als auch Hilfstruppen im Kampf gegen das feindliche Partherreich stellen.

Das Hasmonäerreich zwischen 141 und 63 v. Chr.

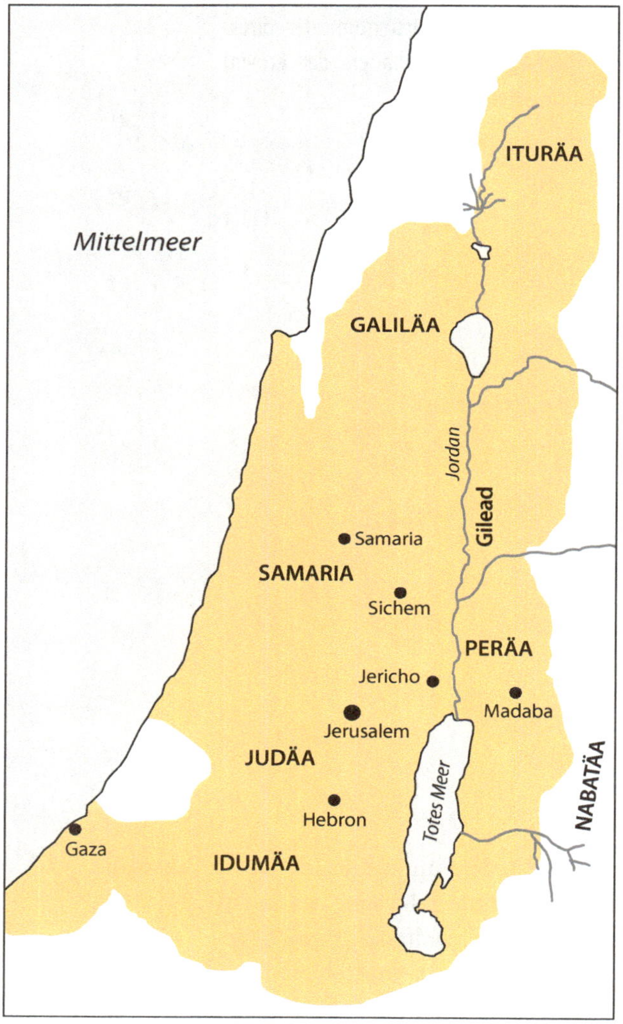

Nach dem Tod des Seleukidenherrschers im Kampf gegen die Parther nutzte Johannes Hyrkanos I. die politische Schwäche der angrenzenden Reiche der Ptolemäer und Seleukiden geschickt aus, um mit Hilfe eines eilig rekrutierten Söldnerheeres weitere Gebiete in Samaria, Galiläa und im Ostjordanland sowie einen Teil der Küstenstädte zu erobern und die wichtigen Handelsstraßen zu kontrollieren. Zugleich brachte er seine fortgesetzte politische Loyalität gegenüber Rom öffentlich zum Ausdruck.

Josephus (*Antiquitates Judaicae* 12,257f) behauptet, zahlreiche Bewohner der von Johannes Hyrkanos I. unterworfenen und annektierten Gebiete seien unter Zwang beschnitten und zur Befolgung der Toragebote gezwungen worden. Insbesondere in Bezug auf die südlich von Judäa lebenden Idumäer erscheint dies zweifelhaft, denn bei der im Jahr 63 erfolgten territorialen Neuordnung Koilesyriens durch Rom wurde das Gebiet sowohl von der Ordnungsmacht als auch von seinen – durchaus hellenisierten – Bewohnern unbestritten als integraler Teil des jüdisch dominierten Teiles der Provinz betrachtet. Bei der Eroberung des im Norden angrenzenden Samaria wurden indes die Stadt Sichem und der Garizim, das benachbarte Bergheiligtum der samaritanischen Religionsgemeinschaft, völlig verwüstet (129).

Der Hasmonäerfürst teilte seinen ausgedehnten Herrschaftsbereich in Analogie zu den vierundzwanzig nachexilischen Priesterklassen in vierundzwanzig Toparchien (= „Ortsherrschaften") ein, hob das bisherige System der Staatspacht auf und überließ das Königsland den jüdischen Bauern und Hirten zur Nutzung. Die unter seiner Herrschaft geprägten Münzen bezeichnen Johannes Hyrkanos I. als Hohenpriester und Ethnarchen.

2. Innenpolitische Konflikte in Judäa

Innenpolitischen Rückenwind bekam Johannes Hyrkanos I. zunächst durch Anhänger der pharisäischen Bewegung. Gegen deren wachsende Kritik insbesondere an der mangelnden genealogischen Legitimation seiner Amtsführung bekam er bis zu seinem Tod im Jahr 104 vor allem von Seiten der priesterlichen Aristokratie und ihrer sadduzäischen Parteigänger Unterstützung, weil gerade diese gesellschaftlichen Gruppen mit der Erhaltung seiner Machtfülle auch die Stärkung ihrer eigenen wirtschaftlichen und sozialen Position verbanden.

Aristobulos I.

Der über dreißigjährigen Regentschaft seines Vaters folgte die kurze Amtszeit von Aristobulos I. (reg. 104–103). Unsicher ist, ob bereits er als erster Hasmonäerfürst den Königstitel im Sinne der zeitgenössischen hellenistischen Herrscherideologie führte. Dem diesbezüglichen positiven Zeugnis des Josephus (*Antiquitates Judaicae* 13,301) steht entgegen, dass Aristobulos I. auf Münzen nur als Hoherpriester auftritt. Die aggressiv expansionistische Politik seiner Vorgänger scheint er unvermindert fortgesetzt zu haben. Zugleich entledigte er sich im Verlauf seiner Regentschaft sowohl seiner Mutter als auch seiner Brüder, die er entweder gefangensetzte oder aber töten ließ, da er in ihnen eine Bedrohung seiner Machtposition erblickte. Als Aristobulos I. starb, hatte sich der Tempelstaat Jerusalem vollends von einer Hierokratie in ein hellenistisches Fürstentum verwandelt. Dessen außenpolitische Stellung begann indes instabil zu werden. Zum einen glaubte die selbstbewusste judäische Aristokratie der Unterstützung durch das mächtige römische Reich immer weniger Bedeutung beimessen zu müssen, zum anderen betrachtete Rom die strategische Notwendigkeit enger politischer Beziehungen zu den Hasmonäern zunehmend als vernachlässigenswert.

Salome Alexandra

Nach dem Tod Aristobulos' I. setzte seine Witwe Salome Alexandra im Jahr 103 die Erhebung seines jüngeren Bruders Alexander Jannaios (reg. 103–76) zum Herrscher durch und machte ihn (entgegen der Tora, vgl. Lev

21,14) wahrscheinlich auch zu ihrem eigenen Ehemann. Die Regentschaft des Alexander Jannaios, der auf seinen Münzprägungen den Königstitel trägt, war durch eine weitere Fortführung des aggressiven Expansionsstrebens seiner Vorgänger und durch die gewaltsame Verfolgung seiner innenpolitischen Gegner geprägt, zu denen er selbst einen seiner Brüder zählte. Nachdem er sowohl die militärischen Auseinandersetzungen mit den Ptolemäern durch geschickte Verhandlungen und einen klugen Bündnisvertrag beilegen als auch die Küstenstadt Ptolemaïs von ihnen in Besitz nehmen konnte, führten seine Feldzüge zu bedeutenden Gebietsgewinnen an der Mittelmeerküste und im Ostjordanland. Dabei gelang es Alexander Jannaios zunächst, die Nabatäer von der Küste abzuschneiden, bis er jedoch dem Nabatäerkönig Obodas I. (reg. 93-85) unterlag. Die Ausdehnung seines Herrschaftsbereiches entsprach schließlich wieder annähernd derjenigen des sagenhaften Großreiches König Salomos.

Alexander Jannaios

Unbeschadet der antimonarchischen Tendenz der normativen jüdischen Textüberlieferung trug Alexander Jannaios als erster Hasmonäer auf seinen Münzprägungen den Königstitel. Freilich war dieses Königtum nicht an das traditionelle davidische Modell angelehnt, sondern orientierte sich am hellenistischen Königsverständnis. Als sich der selbstbewusste hellenistische Fürst und die von den Sadduzäern unterstützte privilegierte Priesterschaft mit den Anhängern toratreuer Gemeinschaften über die prinzipielle Frage nach der Geltung und Auslegung der Tora als Verfassung entzweiten, kam es im Jahr 94 zu einem mehrjährigen blutigen Bürgerkrieg. Seine pharisäischen Gegner warfen Alexander Jannaios ebenso wie seinem Vorgänger die Untauglichkeit zum Priesteramt vor. Flavius Josephus (*Antiquitates Judaicae* 13,372f) berichtet von der Hinrichtung von über sechstausend Menschen, weil der König während des Laubhüttenfestes öffentlich verhöhnt worden war. Von den Pharisäern um Unterstützung gebeten, rückte der syrische König Demetrios III. (reg. 95-88) zwar zunächst gegen den Hasmonäer vor, zog sich dann aber überraschend wieder zurück und lieferte damit die Kritiker des Alexander Jannaios dessen blutiger Rache aus. Über achthundert Anhänger der pharisäischen Bewegung wurden mitsamt ihren Angehörigen hingerichtet, viele Überlebende flohen aus dem Land. Alexander Jannaios starb im Jahr 76 während eines Feldzuges im Ostjordanland.

Kampf um die Macht

Nachdem sie zwei Hasmonäerfürsten überlebt hatte, übernahm Salome Alexandra (reg. 76-67) nun selbst die politische Herrschaft, woraus auch die Intensität des hellenistischen Einflusses auf dieses judäische Herrscherhaus abzulesen ist. Da sie als Frau das Amt des Hohenpriesters nicht übernehmen konnte und zugleich politische Konzessionen gegenüber den erstarkten Pharisäern machen musste, ernannte sie ihren älteren Sohn Johannes Hyrkanos II. zum obersten Kultbeamten am Jerusalemer Tempel. Mittels einer weitreichenden Amnestie, der Gestattung der Aufnahme von Pharisäern in das Synhedrion (die Nachfolgeinstitution der Gerusia) und der Bestrafung führender Sadduzäer gelang es der Hasmonäerfürstin, sich wieder mit der pharisäischen Opposition zu versöhnen und ihr Reich zu befrieden, welches nun durch ihre kluge und um Frieden bemühte Politik zusehends wieder erstarkte.

Salome Alexandra kündigte kurz vor ihrem Tod an, auch die Königswürde an ihren erstgeborenen Sohn vererben zu wollen, der offenkundig bestrebt war, ihre um inneren und äußeren Frieden bemühte Politik fortzusetzen. Unmittelbar nachdem sein Bruder Aristobulos II. hiervon erfuhr, begann dieser, eine loyale Gefolgschaft von Unzufriedenen aus den Reihen des Militärs und der alten sadduzäischen Führungsschicht um sich zu scharen und sich mit ihrer Hilfe einer Reihe strategisch wichtiger Festungen zu bemächtigen. Der Tod Salome Alexandras im Jahr 67 bedeutete für Johannes Hyrkanos II. zwar zunächst die Vereinigung des hasmonäischen Königtums und des Hohenpriestertums in seiner Person; der unmittelbar darauf einsetzende, dreimonatige Machtkampf mit seinem Bruder um die Nachfolge ihrer Mutter endete aber mit dem Sieg Aristobulos' II. Der ältere Bruder verzichtete zunächst auf die Königswürde, ob er aber weiterhin als Hoherpriester amtierte, geht aus den Quellen nicht hervor.

Stichwort

Sondergruppen in Judäa zur Zeit des zweiten Tempels

Sadduzäer

Die Sadduzäer begegnen seit der Hasmonäerzeit als zumeist der Oberschicht entstammende Parteigänger der theokratisch orientierten bzw. hierokratisch organisierten Tempelaristokratie in Jerusalem. Ihr Name leitet sich wahrscheinlich von Zadok ab, dem biblischen Ahnherrn der traditionellen Jerusalemer Priesterdynastie. Ihre wirtschaftliche und soziale Existenzgrundlage war eng mit dem Tempel und der Tora als Verfassung des Tempelstaates verknüpft. Von hier aus lassen sich die national-partikularistische Einstellung und der religiöse Konservativismus der Sadduzäer erklären. Als herrschende Schicht waren sie durchweg bestrebt, den Status quo, auf dem ihre Macht beruhte, aufrechtzuerhalten. Deutlich und plausibel ist eine dauerhafte enge Verbindung zwischen Sadduzäern und priesterlicher Aristokratie.

Pharisäer

Die Pharisäer begannen als eine spezifisch religiöse Erneuerungsbewegung innerhalb des Judentums. Ihr Name beruht auf dem hebräischen Wort *p^eruschim* („Abgesonderte"). Auch ihre Wurzeln gründen im Konflikt zwischen der traditionellen Religion und Kultur und dem Hellenismus während der Ptolemäer- und Seleukidenherrschaft. Im Gegensatz zu den Sadduzäern waren sie jedoch in erster Linie eine religiöse Gesinnungsgruppe, welche das Konzept der priesterlichen Reinheit auf das ganze Land und seine gesamte Bevölkerung ausweitete. Mit der hierdurch ausgelösten Relativierung der Heilsbedeutung des Tempelkultes ging eine Konzentration auf den individuellen Toragehorsam und eine Aufwertung des Synagogeninstituts als einem dezentralen Ortes des religiösen Lebens einher.

Zeloten

Die religiös orientierte jüdische Widerstandsbewegung der Zeloten bzw. Sikarier entstand in Reaktion auf den Provinzialzensus im Jahr 6 n. Chr. Die Selbstbezeichnung der Zeloten, hinter der der Eifer für Gott und sein Gesetz steht, beruht auf dem griechischen Wort *zēlotḗs* („Eiferer"). Ihre Ideologie bestand in der konsequenten Verteidigung des Königtums Gottes und der unbedingten Geltung der Tora durch guerillaartige Gewaltaktionen gegen die Besatzungsmacht und ihre Kollaborateure. Sie forderten eine eindeutige Entscheidung zwischen dem Kaiserkult und der Gottesherrschaft. Alle Herrschaftsansprüche der durch den römischen Kaiser verkörperten heidnischen Weltmacht wurden von den Zeloten kategorisch abgelehnt.

Essener

Gemäß dem gegenwärtig von der Mehrheit der Forschung vertretenen Konsensmodell besteht ein Zusammenhang zwischen den von antiken jüdischen und römischen Autoren mehrfach erwähnten Essenern, den Trägerkreisen der Schriftrollen vom Toten Meer und den Bewohnern von Chirbet Qumran. Das Bild der jüdischen Sondergemeinschaft, das sich insbesondere aus den literarischen Quellen ergibt, zeigt eine eigenständige priesterliche Sekte mit besonderer Organisationsform und Lebensweise, deren Leben und Frömmigkeit von einer Reihe von Eigenheiten bestimmt waren: Trennung vom praktizierten Jerusalemer Tempelkult und dem dort gültigen Kultkalender, Ideal dauerhafter priesterlicher Reinheit, Vergeistigung von Heiligtum und Opferdienst, gesteigerter Gesetzesgehorsam und exklusiver Anspruch, das wahre Gottesvolk der Endzeit zu sein.

3. Das Eingreifen Roms

Hilfegesuch nach Rom

Die Rivalitäten innerhalb der Hasmonäerdynastie beeinträchtigten ihre politische Handlungsfähigkeit und provozierten gesellschaftliche Spannungen. Johannes Hyrkanos II. suchte schlagkräftige Verbündete und fand sie in Antipatros, dem Sohn Antipas', des bereits von Alexander Jannaios ernannten Strategos von Idumäa, und im Nabatäerkönig Aretas III. (reg. 87–62). Ihm versprach Johannes Hyrkanos II. die Rückgabe der von Johannes Hyrkanos I. und Alexander Jannaios eroberten Nabatäerstädte im Ostjordanland. Gemeinsam belagerten sie Aristobulos II. in Jerusalem. Dieser sandte in seiner bedrängten Lage ein Hilfegesuch nach Rom. Das Imperium reagierte, indem Gnaeus Pompeius Magnus, der allen Statthaltern in den Provinzen übergeordnete Militärbefehlshaber des Ostens, im Jahr 64 den Quästor Marcus Aemilius Scaurus aus Syrien nach Jerusalem entsandte. Dieser sollte den lästigen Konflikt an der gefährdeten Ostgrenze des römischen Reiches dauerhaft beenden, um so eine Pufferzone für die erwarteten militärischen Konflikte mit dem Partherreich zu schaffen. Marcus Aemilius Scaurus, der seine weitere Karriere durch einen raschen und sichtbaren Erfolg zu befördern trachtete, unterstützte zunächst Aristobulos II. und forderte Aretas III. auf, die Belagerung Jerusalems zu beenden und sich aus Judäa zurückzuziehen.

Neuordnung

Im Jahr 63 begaben sich gleich drei Jerusalemer Delegationen nach Damaskus zu Pompeius, der in der ehemaligen Hauptstadt des mittlerweile zerfallenen Seleukidenreiches die Neuordnung der Provinz an der Grenze zum

Partherreich organisierte. Der Gesandtschaft Aristobulos' II., die dessen Anerkennung als König von Judäa beabsichtige (ohne jedoch zugleich auch die römische Suprematie anzuerkennen), standen zwei Gruppen gegenüber: in erster Linie die Anhänger von Johannes Hyrkanos II., die auf die dynastische Rechtmäßigkeit seiner Regentschaft pochten, sodann aber auch die Vertreter antihasmonäischer Kreise, die das hellenisierte hasmonäische Königtum ablehnten und eine Rückkehr zur traditionell dyarchischen Verfassung des Tempelstaates forderten. Pompeius, der ohnehin eine Neuordnung der römischen Herrschaft im östlichen Teil des Imperiums beabsichtigte, verwarf alle drei Vorschläge und ordnete die Einsetzung von Johannes Hyrkanos II. an. Dieser sollte aber lediglich Hoherpriester eines territorial stark verkleinerten Klientelfürstentums Judäa sein, das Pompeius dem Zuständigkeitsbereich des Statthalters der Provinz Syrien zwar permanent zuordnete, diesem aber nicht direkt einverleibte. Nach dieser drastischen Entscheidung musste der römische Feldherr auch unmittelbaren Einfluss auf die politische Entwicklung in der strategisch wichtigen Region nehmen. Im Jahr 63 zogen seine Legionen über Pella und Jericho nach Jerusalem. Nach dreimonatiger Belagerung wurde die Stadt mit Unterstützung der Soldaten des Johannes Hyrkanos II. eingenommen.

Klientelstaat

Die in Jerusalem befindliche Anhängerschaft des Aristobulos II. ließ Pompeius hart bestrafen. Ihre Anführer wurden nach Rom gebracht, um während des Triumphzuges des siegreichen Feldherrn im Jahr 61 der Menge präsentiert zu werden. Das Königtum und das erbliche Hohepriestertum in Jerusalem wurden abgeschafft, sämtliche militärischen Anlagen und Festungen in Judäa wurden zerstört. Zwar gestand der römische Feldherr den Judäern die Selbstverwaltung ihres Gemeinwesens zu, ebenso dem Tempel das Privileg, Steuern und Abgaben für kultische Zwecke zu erheben, doch wurde der hasmonäische Machtbereich stark beschnitten und auf die mehrheitlich von Judäern bewohnten Gebiete beschränkt. Die Territorien der nördlichen, zwischen Samaria und Galiläa gelegenen Städte unterlagen nun nicht mehr ihrer Kontrolle. Mit dem Verlust der mehrheitlich von nichtjüdischen Bevölkerungsgruppen bewohnten hellenistischen Hafenstädte im besonders ertragreichen Küstenstreifen ging den weitgehend entmachteten Hasmonäern zudem der wirtschaftlich wichtige Seehandel im Mittelmeer verloren. Als sichtbares Zeichen seiner Abhängigkeit als Klientelstaat musste Jerusalem fortan harte Tributzahlungen an Rom entrichten. Dagegen blühten die nunmehr autonomen hellenistischen Küstenstädte unter römischer Protektion rasch wieder auf. ■

Die Genealogie der Hasmonäer

Mattathias (gest. 161)
– Johannes (gest. 160)
– Simon (gest. 134)
– Judas Makkabäus (gest. 160)
– Eleazar (gest. 162)
– Jonathan (gest. 143)

Johannes Hyrkanos I. (reg. 135–104)
– Aristobulos I. (reg. 104–103)
– Alexander Jannaios
– Antigonos (gest. 103)

Alexander Jannaios (reg. 103–76), verh. mit Salome Alexandra (reg. 76–67)
– Johannes Hyrkanos II. (gest. 30)
– Aristobulos II. (gest. 49)

Johannes Hyrkanos II. (reg. 67)
– Alexandra, gest. 29, verh. mit Alexander

Aristobulos II. (reg. 67–63)
– Alexander, gest. 49, verh. mit Alexandra
– Antigonos (reg. 40–37)

Alexander, verh. mit Alexandra
– Aristobulos III. (reg. 36–35)
– Mariamme I., gest. 29/28, verh. mit Herodes I. (reg. 37–5/4)

Auf einen Blick

Unter den Hasmonäern wuchs die politische Selbständigkeit Jerusalems und Judäas. Welche militärischen und politischen Maßnahmen dienten den Hasmonäerherrschern zur Sicherung ihrer Macht? Erst die Rivalitäten innerhalb der Hasmonäerdynastie beeinträchtigten ihre politische Handlungsfähigkeit und provozierten Spannungen. Welche waren die Gründe für das Eingreifen Roms? Welche Maßnahmen ergriff Rom zur Neuordnung der Provinz?

Literaturhinweis

Regev, Eyal: The Hasmoneans: Ideology, Archaeology, Identity (Journal of Ancient Judaism. Supplements 10), Göttingen 2013.
Ausführliche Darstellung der Hasmonäerdynastie und ihrer Politik.

XII. Die römisch-herodianische Epoche

Überblick

Während der Zeit der unmittelbaren Herrschaft Roms über das Territorium des ehemaligen Hasmonäerreiches unternahmen die Parther einen zunächst erfolgreichen Versuch, das Gebiet gewaltsam ihrem Reich einzuverleiben. Nach der Rückeroberung Jerusalems durch die Römer (37 v. Chr.) herrschte Herodes der Große als „König, Freund und Bundesgenosse Roms" autokratisch über Judäa. Während seine Innenpolitik anfänglich durch die Entmachtung und gewaltsame Beseitigung sämtlicher Gegner geprägt ist, zeichnet sich seine Außenpolitik durch ein demonstratives Bemühen um politischen und kulturellen Anschluss an Rom aus. Aus seinen zahlreichen Baumaßnahmen ragt die 19 v. Chr. begonnene Renovierung des Jerusalemer Tempels als international beachtetes Wahrzeichen seiner Herrschaft hervor.

Rom	
47–44	Julius Caesar
30 v. Chr.–14 n. Chr.	Augustus (Octavianus)
Judäa	
40/37–4 v. Chr.	Herodes der Große

1. Das römische Klientelfürstentum Jerusalem-Judäa

Aristobulos II.

Auch wenn nach 63 keine römischen Beamten permanent in Koilesyrien präsent waren, bestimmte die unmittelbare Präsenz Roms fortan das politische Geschick der Region. Im Jahr 57 wurde Alexander, ein Sohn von Aristobulos II., von Pompeius als Geisel in die Hauptstadt des Imperiums geschickt. Während der Reise gelang ihm jedoch die Flucht und er sammelte in Judäa rasch eine Gruppe von Aufständischen um sich. Der neue römische Statthalter in Syrien, Aulus Gabinius, schlug diese Erhebung zwar rasch nieder, aber nur ein Jahr später zettelte Aristobulos II. selbst, nun unterstützt von seinem jüngeren Sohn Antigonos, einen erneuten Aufstand an. Der Statthalter ließ auch ihn festsetzen und wiederum nach Rom schicken, wo er im Jahr 49 vergiftet wurde. Gleichzeitig wurde sein Sohn Alexander in Antiochia enthauptet. Aristobulos' Rivale Johannes Hyrkanos II. konnte sich indes als Hoherpriester von Roms Gnaden behaupten und unterstützte seinerseits den römischen Ägyptenfeldzug mit Hilfstruppen.

Verwaltungsstruktur

Das ehemalige hasmonäische Territorium wurde nun wieder in fünf Verwaltungsdistrikte eingeteilt, um die Zentralgewalt in Jerusalem zu schwächen und insbesondere die effiziente Eintreibung der nunmehr von Rom eingeforderten Pauschalsteuern und -tribute leichter organisieren zu können. Verantwortlich für die Tributeinziehung war allerdings nicht der Hohepriester, sondern Antipatros, dessen militärische Unterstützung für Julius Caesar in Ägypten ihm neben dem römischen Bürgerrecht auch die Erhebung zum Epitropos (= „Verwalter") von Judäa eingebracht hatte. Nach dem Tod des Pompeius im Jahr 48 gelang es Antipatros und dem Hohenpriester Johannes Hyrkanos II., von Julius Caesar selbst sowohl zahlreiche Vergünstigungen (z. B. die begrenzte Autonomie Judäas, die erneute Befestigung Jerusalems und den Zugang zum Mittelmeer) als auch die fortgesetzte Billigung ihrer eigenen Machtposition als judäische Repräsentanten römischer Herrschaftsinteressen in dem Vasallenstaat zu erlangen.

2. Die Partherinvasion

Nach der Ermordung Julius Caesars (44) und des zum Generalsteuerpächter in der römischen Provinz ernannten Antipatros (43) unterstützten dessen Söhne Phasaël und Herodes die neuen Herrscher Marcus Antonius und Octavianus. Beide Judäer erhielten deshalb den Titel eines Tetrarchen (der Titel, der ursprünglich den Statthalter eines Teilgebietes eines viergeteilten Landes bezeichnete, hatte in hellenistisch-römischer Zeit seine ursprüngliche Bedeutung verloren und klassifizierte nunmehr einen abhängigen Fürsten).

Antigonos

Der dem hellenistischen Königsideal zugeneigte Antigonos, der verbliebene Sohn von Aristobulos II., verbündete sich im Jahr 40 mit den Parthern, deren schwer bewaffneten und gepanzerten Reitern mittlerweile der Durchbruch nach Jerusalem gelungen war. Gegen einen Tribut (1000 Talente Silber und 500 Frauen) räumten sie ihrem jüdischen Gefolgsmann die lokale Herrschaft als Hoherpriester und Ethnarch ein. Seinem Onkel Johannes Hyrkanos II. wurden von den Parthern beide Ohren abgeschnitten, um ihn für immer für das Amt des Hohenpriesters untauglich zu machen. Während Phasaël sich angesichts der vermeintlichen Ausweglosigkeit seiner Lage selbst tötete, gelang seinem Bruder Herodes die Flucht über Alexandria nach Rom. Ein zeitgleiches Angebot der Ptolemäerkönigin Kleopatra VII. (reg. 51–30), in ihren Dienst zu treten, lehnte er ab.

Während sich Antigonos in Jerusalem mit parthischer Duldung zum König und Hohenpriester erheben ließ, wurde Herodes in Rom vom Senat aus machtpolitischen Gründen und unter Missachtung der regulären Thronfolge zum „eigentlichen" König von Judäa ernannt. Nach der Rückeroberung Galiläas (38) und Jerusalems (37) durch die Römer und die Kämpfer des Herodes wurde der abtrünnige Hasmonäer Antigonos gefangengesetzt und in Antiochia hingerichtet. Diese (von Herodes nachdrücklich befürwortete) allererste Todesstrafe, die Rom je gegenüber einem besiegten König verhängt hatte, bedeutete zugleich das definitive Ende der Hasmonäerherrschaft in Jerusalem und Judäa.

Stichwort

Die Parther

Parther

Parthia (Παρθία) war unter Alexander dem Großen zunächst eine makedonische Reichsprovinz und wurde dann zu einer Satrapie des Seleukidenreiches. Unter Seleukos II. machte sich dort 246 der Satrap Andragoras selbständig. Um 244 brachen die Parner, ein Teilstamm des Reitervolkes der Skythen aus der turanischen Steppe in Nordostpersien, in das Gebiet ein. Als Staats- und Dynastiegründer des Partherreiches gilt Arsakes I. (reg. 248–224). Die Parner übernahmen nicht nur das Land, sondern bald auch die hellenistische Kultur und das Ethnonym „Parther". Ihre besonderen militärischen Stärken bestanden vor allem im Kampf mit Bogenschützen zu Pferde (ermöglicht durch die Erfindung des Steigbügels) und Kataphrakten (Panzerreitern). Unter Mithridates I. (171–137) dehnte sich das Partherreich unaufhaltsam aus und eroberte Medien, Babylon und die Persis, bis es auf dem Höhepunkt seiner Macht alle Gebiete zwischen dem Euphrat und dem Hindukusch mitsamt den wichtigsten Fernhandelsrouten umfasste. Mit der ersten direkten kriegerischen Auseinandersetzung mit Rom (92 v. Chr.) begann eine über Jahrhunderte anhaltende, erbitterte Rivalität der beiden mächtigen Reiche um die militärische und wirtschaftliche Vorherrschaft im Osten. Erst im 3. Jahrhundert n. Chr. wurden die Parther von den persischen Sassaniden besiegt und verdrängt.

Das Partherreich

3. Herodes der Große

Herodes, König von Roms Gnaden

Herodes, genannt „der Große" (reg. 40/37–4), der bereits im Jahr 40 auf Betreiben von Marcus Antonius zum König von Judäa bestimmt worden war, herrschte seit 37 als „Rex, socius et amicus populi romani" über ein tributpflichtiges Königreich von Roms Gnaden, dessen Rechtsgrundlage allein seine Ernennung durch den römischen Senat war. Der Titel eines „Königs, Freundes und Bundesgenossen" Roms wurde ihm jedoch nur *ad personam* und auf Lebenszeit verliehen. Herodes durfte keine eigene Außenpolitik treiben und hatte nur das Prägerecht für Kupfermünzen.

Unter der fortgesetzten Protektion durch Marcus Antonius regierte Herodes sein in Toparchien unterteiltes Reich nach außen opportunistisch und nach innen autokratisch ganz im Stil der hellenistischen Fürsten seiner Zeit. Da Herodes weder Angehöriger der Hasmonäerdynastie noch hoherpriesterlicher Herkunft war, konnte er deren politisch-religiöses Legitimationsmodell nicht übernehmen. Seine Abstammung von einem idumäischen Vater und einer nabatäischen Mutter, welche als genealogischer Makel galt, versuchte er deshalb (mit mäßigem Erfolg) mittels seiner Heiratspolitik zu kompensieren.

Der Klientelkönig Herodes war um eine umfassende Romanisierung seines Reiches bemüht. Zwar konnte er die dyarchische Verfassung Jerusalems und Judäas nicht einfach auflösen, doch ließ er viele aristokratische Mitglieder des Synhedrions umbringen und ihren Besitz beschlagnahmen. Zudem setzte er als römischer Vasallenherrscher die (unter der Herrschaft der Perser, Ägypter und Syrer mit zahlreichen Machtbefugnissen ausgestatteten und während der Hasmonäerherrschaft auch als Könige regierenden) Hohenpriester als bloße „Kultusbeamte" jederzeit nach Belieben ein und ab und annullierte die ursprüngliche Lebenslänglichkeit und Erblichkeit ihres Amtes. Ebenso ließ Herodes die Tora als Verfassung Jerusalems und Judäas durch das römische Rechtssystem ersetzen. Auch seine direkten Nachfolger beschränkten das hohepriesterliche Amt strikt auf seine kultischen Funktionen. Eine derartige Entmachtung dieser identitätstiftenden Institution begünstigte vor allem die nichtjüdischen Bevölkerungsteile.

Tatsächlich strebte Herodes von Anfang an danach, sich seiner zahlreichen Gegner zu erwehren, zu denen insbesondere die entmachtete Hasmonäerdynastie gehörte. Zu seinen ersten Maßnahmen gehörte deshalb die Ermordung zahlreicher aristokratischer Mitglieder des Synhedrions und Angehöriger der Hasmonäerfamilie, darunter auch von Johannes Hyrkanos' Enkel, dem beim Volk beliebten, jungen Hohenpriester Aristobulos. Zudem konfiszierte er ihren Besitz und beschränkte das Hohepriestertum auf ein nur noch *ad personam* übertragenes Kultusamt.

Quelle

Als Herodes daher nach dem Feste von Alexandra nach Jericho zum Mahl geladen war, suchte er durch Schmeicheleien den Jüngling an einen stillen Ort hinzulocken und stellte sich dann, als wollte er sich mit ihm in jugendlichem Spiel ergötzen. Da es aber an dem Ort sehr heiß war, gingen sie, ermattet vom Spiel, beiseite und traten an die Fischteiche, die in beträchtlicher Größe die Anlagen umschlossen und bei der Hitze angenehme Kühlung gewährten. Zunächst nur sahen sie einigen ihrer Freunde zu, wie diese in dem Wasser schwammen, und als sich dann der Jüngling auf Zureden des Herodes ebenfalls unter sie mischte, tauchten ihn die Freunde des Herodes, welche dieser entsprechend beauftragt hatte – es dämmerte bereits –, unter dem Schein des scherzhaften Spiels unter und ließen ihn nicht eher los, als bis sie ihn ertränkt hatten. So kam Aristobul im blühenden Alter von noch nicht achtzehn Jahren ums Leben, nachdem er nur ein Jahr lang die Hohepriesterwürde bekleidet hatte, die nun wieder auf Chananel überging.

Flavius Josephus, *Antiquitates Judaicae* 15,53–56

Kleopatra VII.

Im Jahr 34 erhob die selbstbewusste Ptolemäerin Kleopatra VII. Gebietsansprüche in Koilesyrien und setzte bei Marcus Antonius durch, dass Herodes ihr tatsächlich einige Territorien abtreten (bzw. von ihr pachten) musste. Herodes reagierte im Weiteren darauf so, dass er sich zum einen auf die Seite des Octavianus schlug und zum anderen den alten Johannes Hyrkanos II. ermorden ließ. Wie vorausschauend das war, zeigte sich nach dem Freitod von Marcus Antonius und Kleopatra VII. in Alexandria (30), denn Octavianus gab ihm nun sämtliche von der Ptolemäerin annektierten Gebiete zurück.

Mit dem von Octavianus unterstützten weiteren Aufstieg des Herodes nahm auch die Intensität der Handelskontakte und der kulturellen Beziehungen Jerusalems zu anderen städtischen Zentren im Osten des Römischen Weltreiches zu. Herodes, der seit dem Jahr 27 dem Kaiser und dem Senat unmittelbar unterstellt war, versuchte nicht nur, in seinem Herrschaftsbereich die Politik Roms durchzusetzen und durch demonstrative Kaiserverehrung, Schenkungen und Baustiftungen seine unbedingte Loyalität gegenüber dem herrschenden Imperator unter Beweis zu stellen: Zugleich wollte er durch seine ideologische Aufwertung des Jerusalemer Tempelkults auch als gottgefälliger jüdischer Herrscher erscheinen.

Zu den bemerkenswertesten Bauleistungen während der Herrschaft des Herodes gehört die Errichtung der Hafenstadt Caesarea Maritima. Seit 19 renovierte der judäische König auch den während der römischen Angriffe des Jahres 63 beschädigten Jerusalemer Tempel als Symbol des „weltstädtischen" Charakters der Stadt am Rand des *Imperium Romanum* und als international beachtetes Wahrzeichen seiner Herrschaft. Das Bauwerk wurde im Stil der hellenistisch-römischen Monumentalbauweise erneuert; das in Entsprechung zum bestehenden baulichen Strukturprinzip der konzentrischen Heiligkeit erweiterte, erhöhte und mit gewaltigen Umfassungsmauern versehene Tempelareal wurde zu dem erfahrbaren religiösen Zentrum des Judentums in Palästina und - unbeschadet aller Loyalität gegenüber und Teilhabe an der jeweils bestimmenden Umwelt - in der gesamten hellenistisch-römischen Welt.

Schreckensherrschaft

Das Bild, das die zeitgenössischen Quellen von Herodes liefern, zeigt ihn als einen machthungrigen, grausamen und unberechenbaren Herrscher, der seine politischen Gegner und missliebigen Verwandten nach seinem Aufstieg zur Macht reihenweise ermorden ließ. Seine Untertanen kontrollierte der misstrauische Klientelkönig durch griechische und phönizische Söldner. An seinem Hof regierten Intrigen, Misstrauen und Verschwörung. Gerade die letzten Jahre seines Lebens waren geprägt von seiner erbitterten und mitunter geradezu neurotischen Schreckensherrschaft.

Die Herodianer

Herodes von Askalon (ca. 178–?)

– Antipas I. (ca. 148–?)

– Antipatros I. (ca. 113–43)

– Phallion I. (ca. 105–65)

– Joseph I. (ca. 95–34)

Antipatros I. (ca. 113–43) * Cyprus I.

– Phaseal I. (ca. 77–40)

– Herodes der Große (72–5/4 v. Chr.)

– Joseph II. (ca. 70–38)

– Pheroras (ca. 65–7 v. Chr.)

– Salome I. (ca. 57–10 n. Chr.)

Die Frauen des Herodes und ihre Nachkommen

1. Doris (verh. 47, weggeschickt 37, zurückgerufen ca. 14, erneut weggeschickt ca. 7/6)
   – Antipatros II. (ca. 46–5/4 v. Chr.)
2. Mariamme I. (verh. 37–29/28; hingerichtet 29/28)
   – Alexander I. (36–7 v. Chr.)
   – Aristobulos I. (35/4–7 v. Chr.)
   – Salampsio (ca. 22–?)
   – unbekannter Sohn (ca. 31–15 v. Chr.)
   – Cyprus II. (29–?)
3. unbekannte Enkelin (Tochter von Joseph II.?, Hochzeit ca. 37)
4. unbekannte Kusine (Tochter von Joseph I.?, Hochzeit ca. 34/33)
5. Mariamme II. (verh. 29/28 und geschieden ca. 7/6 v. Chr.)
   – Herodes III. (ca. 28 v. Chr. – nach 33 n. Chr.?)
6. Malthake (verh. 28–4/5; gestorben 4/5 n. Chr.)
   – Archelaos (ca. 27 v. Chr. – nach 20 n. Chr.)
   – Antipas II. ca. 25 v. Chr. – nach 39 n. Chr.)
   – Olympias (ca. 22 v. Chr. – ?)

7. Kleopatra (Hochzeit 28/27)
   - Herodes IV. (ca. 27 v. Chr. – nach 33 n. Chr.?)
   - Philippos (ca. 26 v. Chr. – 33 n. Chr.?)
8. Pallas (Hochzeit ca. 16 v. Chr.)
   - Phasaël III. (ca. 15 v. Chr. – 33 n. Chr.)
9. Phaedra (Hochzeit ca. 16 v. Chr.)
   - Roxane (ca. 15 v. Chr. – ?)
10. Elpis (Hochzeit ca. 16 v. Chr.)
   - Salome II. (ca. 15 v. Chr. – ?)

Auf einen Blick

Nach 63 bestimmte die Herrschaft Roms die Region. Bis ins 3. Jahrhundert kämpfte Rom gegen die Parther um die militärische und wirtschaftliche Vorherrschaft im Osten. Warum stellte die Partherinvasion für Rom eine nicht hinnehmbare Bedrohung dar?

Herodes wurde 37 Klientelkönig von Judäa. Wie versuchte er das Problem seiner mangelnden Herrschaftslegitimation zu lösen? Welche Gründe könnte das negative „Image" Herodes' des Großen im Matthäusevangelium (2,1–18) haben?

Literaturhinweis

Baltrusch, Ernst: Die Juden und das römische Reich. Geschichte einer konfliktreichen Beziehung, Darmstadt 2002.

Umfassende Beschreibung der wechselhaften Position von Juden im Imperium Romanum.

Eck, Werner: Rom und Judaea (Tria Corda 2), Tübingen 2007.

Überaus gründliche Behandlung wichtiger Einzelaspekte der römischen Besatzung Judäas.

XIII. Vom Ende Herodes' des Großen bis zum Jüdischen Krieg

Überblick

Nach Herodes' Tod teilte Augustus das tributpflichtige Reich des Tetrarchen unter den Herodessöhnen Archelaos, Herodes Antipas und Philippos auf. Nach der Absetzung und Verbannung des Archelaos wurde sein Herrschaftsgebiet dem Kompetenzbereich des syrischen Statthalters zugeschlagen. Die lange Herrschaft des Herodes Antipas war geprägt von Versuchen, zwischen der jüdischen Religion und der römischen Kultur zu vermitteln, um so die eigene Machtposition zu sichern. Nach dem Tod des Philippos übertrug Rom sein Herrschaftsgebiet als Königtum an den Herodesenkel Agrippa I., welchem später auch die Gebiete des Herodes Antipas zugeschlagen wurden. Agrippas I. Sohn Agrippa II. hatte nur beschränkten Einfluss auf die römischen Prokuratoren. Die verfehlte Amtsführung der römischen Statthalter sowie schwelende politische und soziale Konflikte führten zum Ausbruch des Jüdischen Krieges, an dessen Ende die Zerstörung Jerusalems und seines Tempels durch den römischen Feldherrn Titus stand.

Rom	
14–37	Tiberius
37–41	Caligula
41–54	Claudius
54–68	Nero
68–69	Galba, Otho, Vitellius
69–79	Vespasian
Judäa	
4 v. Chr. – 6 n. Chr.	Archelaos
4 v. Chr. – 34 n. Chr.	Philippos
4 v. Chr. – 39 n. Chr.	Herodes Antipas
6 n. Chr.	Provinzialzensus des Quirinius
39–44	Herodes Agrippa I.
50–70	Herodes Agrippa II.

1. Die Herrschaft der Herodessöhne

Testament des Herodes

Bereits im Jahr 7 v. Chr. hatte Herodes der Große seine beiden Söhne Alexander und Aristobulos als Aufrührer hinrichten lassen; tatsächlich waren sie von ihrer Tante Salome angestiftet worden, die Ermordung ihrer Mutter Mariamme durch Herodes zu rächen. Nachdem ihr Vater von der Beteiligung auch seines ältesten Sohnes Antipatros an der Verschwörung der Brüder erfahren hatte, veranlasste er auch dessen Hinrichtung, musste sich aber daraufhin nach einem neuen Erben umsehen. Herodes' Söhne Archelaos und Philippos waren um 5 v. Chr. aus Rom, wo sie erzogen worden waren, nach Judäa zurückgekehrt. Beide hofften in dieser Situation, als überlebende Kronprinzen das Reich ihres Vaters zu erben. Wenige Monate nach ihnen traf auch ihr Bruder Antipas aus Rom in Jerusalem ein, und auch er machte sich Hoffnungen, das gesamte Reich seines Vaters zu erhalten. Tatsächlich bestimmte dieser ihn in seinem Testament zunächst zu seinem Haupterben, doch kurz vor seinem Tod (4 v. Chr.) ließ Herodes noch ein zweites Testament aufsetzen.

Darin wurden alle drei Söhne bedacht: Antipas wurde Tetrarch über die beiden nördlichen Landesteile Galiläa und Peräa ohne die Dekapolis (die „zehn Städte" im Ostjordanland). Philippos erhielt die Herrschaft über die nordöstlich des Sees Genezareth gelegenen Gebiete der Trachonitis, Auranitis, Gaulanitis, Batanea und den Ort Paneion. Er instrumentalisierte den Kaiserkult als integrierten Teil seiner politischen Beziehungen mit Rom, worauf seine Tempelbautätigkeit und seine Münzprägungen hindeuten, auf denen römische Kaiser und pagane Heiligtümer abgebildet sind. Archelaos bekam Judäa und Samaria zugesprochen. Jedoch wurde er wegen seiner tyrannischen Herrschaft und weil er die Witwe seines Halbbruders Alexander heiratete, was der Tora widersprach, seinen jüdischen Untertanen zunehmend verhasst und deshalb eine ärgerliche Belastung auch für Rom.

Absetzung des Archelaos

Im Jahr 6 n. Chr. wurde Archelaos, der sich weder durch seine an die Juden gerichtete Euergesie noch durch symbolische Loyalitätsbekundungen gegenüber Rom besonders hervorgetan hatte, von Augustus mitsamt seinen Brüdern nach Rom zitiert, abgesetzt und nach Vienna in Gallien verbannt. Sein Herrschaftsgebiet wurde dem ordentlichen rechtlich-politischen Kompetenzbereich des Statthalters der Großprovinz Syrien zugeschlagen und zugleich der direkten Herrschaft von Amtsträgern unterstellt, die dem syrischen Statthalter untergeordnet waren. Judäa und Samaria standen fortan unter der Verwaltung eines in Caesarea Maritima (dem ehemaligen Hauptsitz der Herodianer) residierenden Statthalters aus dem Ritterstand („Präfekt"), der die römische Macht in der Region repräsentierte und für die Aufrechterhaltung der öffentlichen Ordnung verantwortlich war.

Die Statthalter der römischen Provinz Judaea (6–66)	
Coponius (6–9)	Marcus Ambibulus (9–12)
Annius Rufus (12–15)	Valerius Gratus (15–26)
Pontius Pilatus (26–36)	Marcellus (36–37)
Marullus (37–41)	Cuspius Fadus (44–46)
Tiberius Iulius Alexander (46–48)	Ventidius Cumanus (48–52)
Marcus Antonius Felix (52–60)	Porcius Festus (60–62)
Lucceius Albinus (62–64)	Gessius Florus (64–66)

Volkszählung

Für die aristokratische Oberschicht Judäas bedeutete die unmittelbare römische Herrschaft keine gravierende Änderung. Die bäuerliche Mehrheit litt hingegen in hohem Maße unter der rücksichtslosen Besteuerung. Die Eintreibung dieser römischen Steuern basierte auf umfassenden Listen, die anlässlich von Herrschaftswechseln oder Änderungen der Verwaltungsstruktur immer wieder aktualisiert werden mussten. Eine solche landesweite Durchsicht der Steuerlisten der römischen Provinz war die Volkszählung (Zensus) zur Zeit des Publius Sulpicius Quirinius, des ersten senatorischen Statthalters Syriens unmittelbar nach der Unterstellung Judäas unter direkte römische Verwaltung (6 n. Chr.):

Quelle

Es begab sich aber zu der Zeit, dass ein Gebot von dem Kaiser Augustus ausging, dass alle Welt geschätzt würde. Und diese Schätzung war die allererste und geschah zu der Zeit, da Quirinius Statthalter in Syrien war. Und jedermann ging, dass er sich schätzen ließe, ein jeder in seine Stadt.

Lukas 2,1–3

Herodes Antipas

Sofort nach seiner Rückkehr aus Rom nahm Antipas den dynastischen Titularnamen Herodes an, den zuvor allein sein Bruder Archelaos getragen hatte. Von nun an wollte er allein die herodianische Familie und ihren Herrschaftsanspruch repräsentieren. Gegenüber Rom versuchte Herodes Antipas von Anfang an, seine unbedingte Vasallentreue als „Freund und Bundesgenosse" herauszustellen. Zur Demonstration seiner Loyalität begann er bald mit dem Wiederaufbau der zirka 30 km westlich des Sees Genezareth gelegenen Stadt Sepphoris. Er nannte sie zu Ehren von Kaiser Augustus „Autocratoris" („[Stadt] des Kaisers"). Und den Ort Bet Haram in Peräa östlich des Jordans, den er als Festung gegen die Nabatäer wiederaufbauen ließ, nannte Herodes Antipas „Livias", um Livia Drusilla zu ehren, die dritte Ehefrau des Augustus.

Zwischen 20 und 30 hörten die Baumaßnahmen des Herodes Antipas größtenteils auf. Gleichzeitig war sein Verwaltungssystem zur lückenlosen Besteuerung Galiläas nun vollständig aufgebaut. Das soziale Gefälle verstärkte sich weiterhin; immer mehr Menschen gelang es nicht mehr, zu erwirtschaften, was sie zum Lebensunterhalt brauchten. Die grundlegenden Formen des sozialen Zusammenlebens und der Gruppensolidarität innerhalb der Dorfgemeinschaften waren in ihrem Kern bedroht. In Reaktion auf diese Entwicklung entstanden in dem Gebiet bewaffnete Banden und sozialrevolutionäre Widerstandsgruppen, aber auch gewaltlose prophetische Protest- und Erneuerungsbewegungen. Eine davon war die in das Christentum mündende Jesusbewegung, deren Anhänger eine grundlegende Änderung der gegenwärtigen Verhältnisse durch Gott selbst erhofften. Die öffentliche Hinrichtung Jesu aus Nazareth unter Pontius Pilatus, der sich durch eine ebenso ungeschickte wie harte Amtsführung auszeichnete und dem als Präfekt die oberste Gerichtsbarkeit in Judäa oblag, sowie innerhalb des Kreises seiner Anhänger kursierende Zeugnisse von der wundersamen Wiederauferwekkung des Gekreuzigten durch Gott begründeten den nachösterlichen Christusglauben.

Die Herrschaftsgebiete der Herodessöhne

Christentum

Die ersten Christen waren davon überzeugt, angesichts der von ihnen erwarteten Zeit des endgültigen Weltgerichtes das wahre Judentum zu repräsentieren. Ausgehend von Jerusalem entstanden bald an zahlreichen Orten kleine Hausgemeinden, die immer größere Bereiche ihres Lebens gemeinsam gestalteten. Von der Jerusalemer Tempelaristokratie und ihrer Anhängerschaft offenbar als ketzerische Aufrührer verfolgt und von der aufgehetzten Volksmenge bedroht, flüchteten viele Anhänger des neuen Glaubens nach Samaria, an die phönizische Küste und bis nach Antiochia, wo sie zum ersten Mal als eine eigenständige Gruppe in Erscheinung traten. Von der nichtjüdischen Bevölkerung der Stadt wurden die Angehörigen der neuen jüdischen Endzeitsekte bald „Christen“ genannt, wahrscheinlich um sie durch diese Bezeichnung, die den Hoheitstitel „Christus" (griechisch für „der Gesalbte", entspricht dem ursprünglich hebräisch-aramäischen, später so gräzisierten „Messias") wie einen Eigennamen behandelte, von der großen Mehrheit des Judentums zu unterscheiden.

Kaiser Augustus gestattete Herodes Antipas 200 Talente Silber als sein persönliches Jahreseinkommen. Um diesen Anteil an den von den Bewohnern Galiläas und Peräas zu leistenden Steuern, Zöllen und Tributen einzutreiben, bemühte sich der Tetrarch um eine effiziente Verwaltungsstruktur. Indem er sowohl Galiläa als auch Peräa in je fünf Toparchien einteilte, schuf er eine überaus effiziente Verwaltungsstruktur für die umfassende Besteuerung der über 300 000 Bewohner der beiden Landesteile.

Herodes Antipas versuchte, zwischen den Ausdruckformen hellenistisch-römischer Kultur und der autochthonen jüdischen Religion zu vermitteln. Unbeschadet seiner Politik der Hellenisierung beider Landesteile vermied er unnötige religiöse Provokationen ihrer jüdischen Bewohner. So verzichtete er bei seinen Münzprägungen auf die in anderen römischen Provinzen übliche, aber von frommen Juden als anstößig empfundene Abbildung des römischen Kaisers und verwendete stattdessen nur neutrale Münzembleme (z. B. Schilfrohr oder Palme). Alles in allem zeigt seine lange Regierungszeit – er herrschte 43 Jahre – an, dass Rom mit seiner Amtsführung zunächst zufrieden war.

Bald nach seinem Herrschaftsantritt nahm Herodes Antipas eine Tochter des Nabatäerkönigs Aretas IV. (reg. 9 v. Chr. – 40 n. Chr.) zur Frau. Hierdurch sollten vor allem die politischen Beziehungen zu den benachbarten römischen Klientelfürstentümern verbessert werden. Auch erwartete Rom von Herodes Antipas, dass er durch seine Außenpolitik die unsichere Ostgrenze des Imperiums stärkte.

Tod des Philippos

Im Jahr 34 starb Philippos, woraufhin sein Herrschaftsgebiet zunächst der direkten römischen Verwaltung unterstellt wurde. Da er ohne eigene Nachkommen geblieben war, machte sich Herodes Antipas bald Hoffnungen darauf, auch das Erbe seines Bruders in Besitz nehmen zu können. Dass der Kaiser bereit war, mit ihm hierüber zu verhandeln, schien sich für ihn daraus zu ergeben, dass die fälligen Steuern aus der Tetrarchie des Philippos von der römischen Verwaltung zunächst einbehalten wurden. Kurze Zeit darauf lernte Herodes Antipas während eines Besuches in Rom, der dem Zweck diente, sich mit Kaiser Tiberius zu arrangieren, Herodias, die Tochter seines Bruders Aristobulos kennen. Herodias lebte dort als Ehefrau seines Halbbruders Herodes, eines weiteren Sohnes Herodes' des Großen. Herodes Antipas ließ sich von seiner Schwägerin und Nichte Herodias überzeugen, gemeinsam das Königtum seines Vaters anzustreben.

Herodes Antipas verstieß die nabatäische Königstochter und schickte sie zurück nach Petra, um gemeinsam mit seinem Halbbruder Herodes Ehemann seiner Nichte Herodias zu werden. Aretas IV. entsandte daraufhin seine Truppen, die der Streitmacht des Herodes Antipas im Jahr 36 eine vernichtende Niederlage beibrachten. Sofort nachdem diese Niederlage dem römischen Kaiser gemeldet wurde, erteilte er dem syrischen Statthalter und Legaten Lucius Vitellius den Auftrag, dem bedrohten Tetrarchen den notwendigen militärischen Beistand gegen die Nabatäer zu leisten und Aretas IV. zu ergreifen. Als Lucius Vitellius jedoch vom Tod des Kaisers erfuhr, brach er seinen Anmarsch sofort ab und entzog Herodes Antipas jeglichen militärischen Schutz.

Caligula setzt Herodes Antipas ab

Caligula (37–41) klagte den Tetrarchen wegen Verrats an, da der Kaiser mittlerweile beschlossen hatte, seinen Jugendfreund Agrippa I. zu fördern, einen Enkel Herodes' des Großen, mit dem er in Rom aufgewachsen war. Ihm hatte Caligula bereits das Territorium des Philippos übertragen und gleichzeitig einige Gebietsansprüche der Nabatäer gebilligt, um auf diese Weise die politischen Spannungen in der syrischen Provinz zu lockern. Herodes Antipas wurde in Rom verurteilt, sein gesamtes Vermögen wurde konfisziert, und er selbst zusammen mit Herodias lebenslänglich verbannt, wo er im Jahr 39 starb.

Caligulakrise

Aufgrund der Unmöglichkeit, zwischen der Forderung des römischen Imperators nach öffentlicher Anerkennung seiner göttlichen Natur und dem traditionellen Ausschließlichkeitsanspruch des jüdischen Gottes zu vermitteln, drohte die ursprünglich beabsichtigte Funktion des Kaiserkults als friedensicherndes Integrationssymbol nicht nur in Judäa, sondern auch im gesamten hellenistischen Osten hinfällig zu werden. Mit der zunehmenden Bedeutung des Kaiserkults als öffentlicher Loyalitätsbekundung entstand vielmehr ein identitätstiftendes Differenzmerkmal des Judentums. Vermutlich als politisch motivierte Reaktion auf die Zerstörung eines in Iamneia zu seiner Verehrung errichteten Altars durch toratreue Judäer befahl Caligula im Jahr 39, seine Kolossalstatue im Jerusalemer Tempel aufzustellen. Petronius, der Statthalter Syriens, weigerte sich indes, diesen Befehl unmittelbar in die Tat umzusetzen, da er einen Volksaufstand befürchtete. Angesichts des sichtlichen Widerstandes der Judäer gegen den öffentlichen Herrscherkult nahm Caligula seinen Befehl zunächst zurück und befahl Petronius den Suizid. Verhindert wurde diese Bestrafung nur durch die Ermordung Caligulas (Januar 41); seine goldene Statue im Jerusalemer Tempel wurde nie aufgestellt.

Quelle

Schließlich traf (Gaius) Anstalten, den Tempel in der Heiligen Stadt, der noch unberührt geblieben war und als völlig unverletzlich galt, in ein Heiligtum für seine Person umzuwandeln und umzudeuten. Er sollte den Namen des Gaius tragen, des „neuen Zeus Epiphanes".

Philon von Alexandria, *Legatio ad Gaium* 346

2. Herodes Agrippa I. und sein Königreich

Agrippa I.

Nach dem Tod des Philippos (37) zog sich Rom vorübergehend aus der Region zurück. Zunächst wurde dessen Herrschaftsgebiet als Königtum an den in Rom erzogenen Herodesenkel Agrippa I. übertragen. Agrippa I. selbst wurde zum Konsul ernannt. Zwei Jahre später konnte er aus der Hand seines Förderers Caligula auch den Besitz und die Tetrarchie des in Ungnade gefallenen Herodes Antipas in Besitz nehmen.

Agrippas I. demonstrative Loyalität gegenüber Kaiser Claudius (reg. 41–54) brachte dem Nachfahren der Hasmonäer schließlich auch die Herrschaft über Judäa mit Ituräa und Samaria ein. Nach dem Tod Agrippas I. (44) gehörte das von ihm regierte Staatsgebiet jedoch wieder als unselbständiges Teilgebiet zur römischen Provinz Syria unter der Oberaufsicht eines Statthalters in senatorischem Rang.

Die während seiner Herrschaft amtierenden Prokuratoren Cuspius Fadus (44–46), Tiberius Alexander (46–48) und Ventidius Cumanus (48–52) zeichneten sich durch ein hohes Maß an persönlicher Habsucht und administrativem Unvermögen aus. Ihre Tätigkeit konzentrierte sich vor allem auf eine effiziente finanzielle Ausbeutung des Territoriums.

3. Herodes Agrippa II.

Agrippa II.

Der ebenso wie sein Vater in Rom erzogene Herodes Agrippa II. (reg. 50–70) wurde nach dessen Tod nicht sofort zum Nachfolger ernannt, sondern blieb, da er erst siebzehn Jahre alt war, zunächst in der Hauptstadt des Imperiums. Nachdem Agrippa II. von Claudius die Herrschaft über Batanaea, die Trachonitis und die Gaulanitis erhalten hatte (53), überantwortete ihm Kaiser Nero (reg. 54–68) im darauffolgenden Jahr weitere Gebiete im Norden und Osten der Provinz. Aus seinen Stiftungen und seiner eifrigen Bautätigkeit ragt die starke und prachtvolle Erweiterung der (von Agrippa II. in „Neronias" umbenannten) Stadt Caesarea Philippi hervor. Das Land selbst blieb indes weiterhin unter römischer Verwaltung.

Vor allem unter den Prokuratoren Felix (52–60), der u.a. Agrippas I. Tochter Drusilla zur Frau nahm, Porcius Festus (60–62), der sich mit wachsenden Konflikten zwischen Agrippa II. und der Priesteraristokratie konfrontiert sah, und Albinus (62–64), der den machthungrigen Hohenpriester Ananus II. absetzte, spitzten sich sowohl die wirtschaftliche Not als auch die angespannte politische Situation in der Provinz immer mehr zu. Wiederholt kam es auch zu heftigen Auseinandersetzungen zwischen jüdischen und nichtjüdischen Bevölkerungsgruppen.

4. Der Jüdische Krieg und die Neuordnung in Judäa

Gessius Florus

Das Versagen der externen Ordnungsmacht und das Auseinanderbrechen der internen Gesellschaftsstruktur Judäas mündeten, auch infolge des andauernden Konfliktpotentials des römischen Kaiserkults in der Provinz, schließlich in die Katastrophe des Jüdischen Krieges. Die angespannte politische Situation in Judäa spitzte sich im Jahr 66 zu. Wiederholt kam es zu heftigen Auseinandersetzungen zwischen (gleichermaßen verarmten) jüdischen und nichtjüdischen Bevölkerungsgruppen. Als der Prokurator Gessius Florus dem Tempelschatz widerrechtlich 17 Talente Silber entnahm, um hierdurch das nachlassende Steueraufkommen auszugleichen, wurde er von der aufgebrachten Bevölkerung Jerusalems öffentlich verhöhnt. Jüdische Eiferer erhoben sich nun auch mit Waffengewalt gegen die römische Besatzung, und Gessius Florus musste sich zunächst nach Caesarea Maritima zurückziehen. Der Hohepriester Ananias und der Tempelvorsteher, sein Sohn Eleazar, nahmen fortan keine Opfer von Nichtjuden mehr an. Insbesondere wurde das tägliche Tempelopfer zugunsten des römischen Kaisers eingestellt. Diese Verweigerung sowohl der Steuerzahlung als auch des Kaiseropfers konnte von Rom nur als feindselige Aufkündigung der Loyalität durch die unterworfene Provinzbevölkerung aufgefasst werden.

Machtkämpfe in Jerusalem

In Jerusalem selbst war die Situation bald von blutigen Richtungskämpfen und Bandenkriegen geprägt. Die politische Führung in der Stadt polarisierte sich rasch. Einer um Frieden und Sicherung der eigenen privilegierten Lebensumstände bemühten Partei unter Führung der priesterlichen Aristokratie stand die nach einer radikalen Neuordnung der religiösen, sozialen und wirtschaftlichen Verhältnisse strebende zelotische Bewegung gegenüber. Die Aufrührer, angeführt von Eleazar und dem Zeloten Menachem, eroberten zunächst den Herodespalast und die Burg Antonia. Neben dem hohepriesterlichen Palast steckten sie auch das Tempelarchiv mitsamt allen darin befindlichen Schuldscheinen und Steuerlisten in Brand. Die in Jerusalem verbliebenen römischen Soldaten, die sich in den verbliebenen Festungen verschanzt hatten, wurden bei ihrem Abzug hinterrücks niedergemacht. Die Ermordung des amtierenden Hohenpriesters Ananias durch Menachem führte zur endgültigen Spaltung der von Anfang an inhomogenen jüdischen Aufstandsbewegung. Ananias' Sohn Eleazar rächte sich für den Tod seines Vaters und ließ seinen ehemaligen Kampfgefährten umbringen. Die Anhänger Menachems hingegen zogen sich in die von den jüdischen Eiferern eroberte Bergfestung Masada am Südwestufer des Toten Meeres zurück.

Vespasian

Im Herbst des Jahres entsandte der syrische Statthalter Cestius Gallus die Legio XII. Fulminata, um den Aufstand in der Provinz zu beenden. Die Aufständischen hatten inzwischen begonnen, ihre überfallartigen Aktionen immer besser zu koordinieren. Nach einer erfolglosen Belagerung des Tempelbergs wurden die von Jerusalem nach Antiochia zurückkehrenden römischen Truppen durch einen Hinterhalt im Bergland bei Bet Horon vernichtend geschlagen. Der römische Kaiser Nero übertrug nun seinem erfahrenen General Vespasian den Oberbefehl über den Feldzug gegen die aufständischen Juden. Die Offensive Vespasians und seines Sohnes Titus begann im Frühjahr 67 mit der Absicherung der Küstenebene am Mittelmeer. Drei römische Legionen drangen von Norden her in die Provinz ein. Kampflos ergaben sich zunächst die Städte Sepphoris und Tiberias. Erst im Juni des Jahres kam es zum ersten militärischen Aufeinandertreffen römischer und jüdischer Truppen. Die Aufständischen vermochten der überlegenen Größe und Kampferfahrung der Legionen wenig entgegensetzen, und so konnte Vespasian rasch nach Süden vorrücken. Bei der Einnahme der galiläischen Festung Jotapata wurde der Militärkommandant Galiläas, der spätere Historiker des Jüdischen Krieges Flavius Josephus, gefangengenommen. Nach seinem eigenen Bericht sagte er Vespasian seinen Aufstieg zum Weltherrscher voraus und tatsächlich wurde Josephus nach dessen Erhebung zum Kaiser freigelassen. Er erlebte den weiteren Fortgang der Auseinandersetzungen als ortskundiger Dolmetscher der römischen Truppen. Gegen Ende des Jahres 67 war der nördliche Teil des Gebietes wieder in römischer Hand.

Aufgrund der unsicheren politischen Lage in Rom nach dem Tod Neros im Juni 68 unterbrach Vespasian seinen Feldzug. Dem Zelotenführer Simon bar Giora gelang es nun, das Ostjordanland unter seine Kontrolle zu bringen und zahlreiche befreite Sklaven und verarmte Kleinbauern um sich zu scharen. Währenddessen ergriff der radikale Eiferer Johannes von Gischala die Macht in Jerusalem und errichtete ein Terrorregiment in der Stadt. Die meisten Vertreter der privilegierten Priesteraristokratie wurden von seinen Anhängern ermordet. Die verbliebenen gemäßigten Bewohner Jerusalems riefen nun ihrerseits Simon bar Giora und seine Kämpfer um Hilfe, und es kam zu einem blutigen Bürgerkrieg zwischen den verfeindeten Gruppen.

Belagerung Jerusalems

Im Frühsommer des Jahres 69 setzte Vespasian seinen Feldzug fort, rückte bis unmittelbar an die Stadtgrenzen Jerusalems vor und ließ rings um die Stadt befestigte Lager errichten. Die politischen Verwicklungen in Rom, aus denen Vespasian im August des Jahres als der erste nicht dem Adel entstammende römische Kaiser hervorging, bewirkten jedoch eine weitere Unterbrechung des Feldzuges. In Jerusalem trat nun neben den Anhängern des Johannes von Gischala und des Simon bar Giora eine weitere Partei auf. Deren Anführer Eleazar ben Simon war möglicherweise mit dem Sohn des Hohenpriesters Ananias identisch. Im Verlauf der erbitterten Auseinandersetzungen zwischen den Parteien in der belagerten Stadt wurde sogar ein Großteil der Nahrungsvorräte vernichtet, um die gegnerischen Gruppen zu schwächen.

Tempelzerstörung

Im Frühjahr des Jahres 70 schloss Titus, der von seinem Vater mit der Fortführung des Feldzuges beauftragt worden war, Jerusalem mit vier Legionen von allen Seiten ein. Unterstützt wurde er von den Hilfstruppen Agrippas II. Ihre Hauptlager schlugen die römischen Truppen im Westen und im

Norden der Stadt auf. Die belagerten jüdischen Revolutionäre konnten sich erst nach der Ermordung des Eleazar ben Simon auf einen gemeinsamen Abwehrkampf gegen die Römer verständigen. Am 14. Xanthikos (14. Nisan = 15./16. April 70) begann der entscheidende Angriff. Am 7. Artemisios (= 6./7. Mai) eroberten die römischen Truppen nach heftigen Kämpfen die äußere, fünf Tage später die innere Stadtmauer, um dann die Burg Antonia anzugreifen (12. bis 29. Artemisios = 12. bis 29. Mai). Die Einwohner Jerusalems verschanzten sich, wichen der direkten Konfrontation aus, und Titus war gezwungen, seine Taktik zu ändern. Er ließ einen Einschließungswall um die gesamte Stadt errichten, um ihre Versorgung mit Lebensmitteln abzuschneiden und ihre Bewohner auszuhungern. Bald herrschte eine furchtbare Hungersnot in der Stadt. Flavius Josephus berichtet von Seuchen und sogar von Fällen von Kannibalismus unter ihren Bewohnern. Gefangene Aufständische ließ Titus zu Hunderten vor der Stadt kreuzigen, um den Durchhaltewillen ihrer Bevölkerung zu brechen. Am 17. Panemos (12./13. Juli) wurde die Burg Antonia eingenommen und zerstört. Da der Widerstand nicht nachließ, errichteten die Römer nun Wälle gegen den Tempel und legten Brandsätze an seinen Toren. Am 9. Ab (6. August) des Jahres 70 begann der entscheidende Angriff auf den inneren Tempelbezirk. Wohl gegen den Willen des Titus (bzw. gegen den ausdrücklichen Befehl seines Vaters) ging der Jerusalemer Tempel im Laufe der Kampfhandlungen in Flammen auf und wurde völlig zerstört. Während die Stadt am 8. Gorpianos (3. September) in Flammen stand, richtete Titus unter der in die Oberstadt geflüchteten Bevölkerung ein Massaker an. Nach dreitägigen Siegesfeiern zogen sich die siegreichen römischen Legionen nach Caesarea Maritima zurück. Johannes von Gischala und Simon bar Giora wurden gefangen und nach Rom gebracht, um vor ihrer Verurteilung bei dem - auf dem Titusbogen verewigten - Triumphzug des siegreichen Kaisers und seines Sohnes zur Schau gestellt zu werden. ■

Der Titusbogen auf dem Forum Romanum

Auf einen Blick

Nach Herodes' Tod teilte Augustus das Reich des Tetrarchen unter dessen Söhnen Archelaos, Herodes Antipas und Philippos auf. Wodurch unterschied sich die Herrschaft der Herodessöhne? In Reaktion auf die Herrschaft des Herodes Antipas entstanden bewaffnete Widerstandsgruppen und auch die Jesusbewegung. Welche Beweggründe der römischen Politik in der Provinz sind erkennbar? Welche Gründe führten zum Ausbruch des Jüdischen Krieges?

Literaturhinweis

Kuhnen, Hans-Peter (Hg.): Mit Thora und Todesmut: Judäa im Widerstand gegen die Römer, Stuttgart [2]1995.

Reich illustrierter Band, der vor allem auf die militärischen Auseinandersetzungen zwischen Judäern und Römern eingeht.

Schefzyk, Jürgen / Zwickel, Wolfgang (Hg.): Judäa und Jerusalem. Leben in römischer Zeit, Stuttgart 2010.

Eingehende Behandlung zahlreicher Gesichtspunkte der Geschichte und des Alltagslebens in Judäa im 1. Jahrhundert n. Chr.

XIV. Die römische Provinz Syria Palaestina

Überblick

Nach dem Ende des Jüdischen Krieges und der Zerstörung Jerusalems wurde Judäa zu einer kaiserlichen Provinz. Mit der rabbinischen Bewegung bildete sich nun eine Institution heraus, die unter der Duldung Roms Aufgaben der früheren jüdischen Selbstverwaltung an sich zog. Unter Trajan kam es in Ägypten zu blutigen Aufständen, an denen auch Judäer beteiligt waren. Auch der religiös, politisch und sozial motivierte Aufstand des judäischen Messiasprätendenten Simon ben Kosiba („Bar Kochba") wurde von Rom niedergeschlagen; die Provinzen Judaea und Syria wurden vereinigt und in Syria Palaestina („Philisterland") umbenannt. Im 2. Jahrhundert n. Chr. erlangte das Rabbinat die Anerkennung als offizielle Repräsentanz der gesamten Judenschaft im römischen Reich.

Rom	
81–96	Domitian
98–117	Trajan
117–138	Hadrian
138–161	Antoninus Pius
161–180	Marcus Aurelius
180–192	Commodus
193–211	Septimius Severus
211–217	Caracalla
Judäa	
70–135	Rabbinische Schülerkreise in Jabne
135–170	Rabbinische Schülerkreise in Uscha
ca. 160–215	Rabbi Jehuda ha-Nasi

1. Vom Ende des Jüdischen Krieges bis zu Kaiser Hadrian

Neuorganisation der Provinzverwaltung

Nach der Niederschlagung des Aufstandes der Judäer organisierte Rom die Verwaltung der unruhigen Region neu. Zwar wurde ihre bisherige Einteilung in Toparchien auch nach 70 beibehalten, doch wurde das bislang dem syrischen Statthalter untergeordnete Gebiet nun aus dessen Befehlsgewalt ausgegliedert und zu einer eigenständigen kaiserlichen Provinz unter einem Legatus Augusti Pro Praetore umgeformt. Große Teile Jerusalems waren nach der römischen Eroberung verwüstet, der Hauptteil der Bevölkerung tot, versklavt oder geflohen. Der Jerusalemer Tempel, der wichtigste Anknüpfungspunkt für das religiöse Selbstverständnis und für die Lebensgestaltung der jüdischen Mehrheit und sämtlicher jüdischer Sekten, war zerstört. Auch der Fortbestand eines Widerstandsnestes radikaler Zeloten in der Bergfestung Masada, deren Eroberung dem römischen Statthalter Lucilius Bassus erst im Jahr 74 gelang, änderte nichts mehr an der vollständigen Niederlage. Die wenigen Juden, die in der Stadt geblieben waren, mussten mitansehen, wie nun römische Soldaten, Veteranen und fremde Siedler einzogen, um in ihr zu leben. Die römischen Truppen in Judäa wurden verstärkt und der Legio X. Fretensis wurde Jerusalem als ihr dauerhaftes Standlager zugewiesen. Die übrig gebliebenen jüdischen Bewohner der Stadt wurden zu harten Zwangsdiensten verpflichtet und mussten hohe Abgaben leisten. Anstelle der Tempelsteuer war nun von allen Juden der *Fiscus Iudaicus* als demütigende Steuer an den Tempel des Stadtgottes Jupiter Capitolinus in Rom zu leisten.

Die Zerstörung des Jerusalemer Tempels bedeutete auch einen radikalen Einschnitt im sozialen und religiösen Leben der Stadt. Die überlebenden Priester, Leviten und Tempelbeamten waren nach der Tempelzerstörung ohne Amt, ohne kultische Funktion und ohne öffentliche Macht, wenn auch der relative Wohlstand ihrer aristokratischen Oberschicht nicht unmittelbar von der allgemeinen wirtschaftlichen Notlage betroffen war. Ein Teil der Priesterschaft versuchte neben der aufstrebenden jüdischen Laiengelehrsamkeit, verkörpert vor allem durch die pharisäische Bewegung und die sich herausbildenden rabbinischen Schülerkreise, als konsolidierte Gemeinschaft fortzubestehen. Begünstigt durch die Tatsache, dass die Römer an den religiösen Aspekten des Judentums kaum interessiert waren, versuchten sie, die für Priester geltenden besonderen Gebote und kultischen Anordnungen weiterhin zu bewahren, um dadurch eine besondere gesellschaftliche Funktion insbesondere im Bereich der Rechtsprechung zu erlangen. Auch die den Priestern des Jerusalemer Tempels von der jüdischen Bevölkerung zuvor zuerkannte Kompetenz scheint nicht abrupt an ihr Ende gekommen zu sein. Einige von ihnen betätigten sich fortan als rabbinische Gelehrte.

Rabbinen

Obwohl sämtliche Herrschaftsfunktionen von der römischen Provinzverwaltung ausgeübt wurden, scheint sich mit dem rabbinischen „Lehrhaus“ in Jabne, einer kleinen Stadt in der Küstenebene südlich von Jaffa, bald eine Institution herausgebildet zu haben, die unter der Duldung Roms einige Aufgaben der früher in Jerusalem angesiedelten jüdischen Selbstverwaltung an sich zog. Die spätere jüdische Tradition verbindet die Entstehung dieses wohl zunächst lose organisierten Netzwerkes von jüdischen Gelehrten mit dem Patriarchen (hebr. „Nasi“) Rabban Jochanan ben Zakkai und seinem Nachfolger

Rabban Gamaliel II. Beide gelten als Gründergestalten des verfassten rabbinischen Judentums (vgl. den Mischnatraktat Gittin 56a/b).

Unter Kaiser Domitian (reg. 81-96) wurde neben dem öffentlichen Bekenntnis zur jüdischen Religion auch die Beschneidung zum Kriterium der Zahlungsverpflichtung des *Fiscus Judaicus* erhoben, was nun auch Apostaten der ersten Generation und Judenchristen einschloss. Die jüdischen Bauern in der römischen Provinz wurden zu *coloni*, die ihr Land nur bearbeiten konnten, wenn sie einen Pachtzins entrichteten. Nur noch in rein jüdischen Ortsgemeinden bestand die Chance auf eine jüdische Selbstverwaltung.

Zwangsmaßnahmen

Unter Domitian, der als „dominus noster et deus" verehrt werden wollte, kam es offenbar zu ersten harten Zwangsmaßnahmen gegen Christen, die sich seiner politisch motivierten Selbstvergöttlichung demonstrativ widersetzten und die Teilnahme am öffentlichen Kaiseropfer wegen ihrer streng monotheistischen Glaubensüberzeugung verweigerten.

Dem kurzen Kaisertum Nervas (reg. 96-98) folgte die Herrschaft des adoptierten „Soldatenkaisers" Trajan (reg. 98-117), der auf dem Territorium des Nabatäerreiches im Süden und Osten Judäas die römische Provinz Arabia Petraea gründete (106), und diese (ebenso wie die Provinzen Judaea und Syria) kaiserlichen Verwaltungsbeamten unterstellte, um so die örtlichen Führungseliten engmaschig zu kontrollieren. Im Jahr 113 fasste Trajan den Entschluss, das Problem der ständigen Bedrohung durch die Parther durch einen Präventivkrieg zu beseitigen, welcher zugleich den bedeutenden Indienhandel Roms absichern sollte. Trajan versammelte seine Truppen zunächst in Syrien, eroberte von hier aus Armenien und Mesopotamien, und rückte im Winter 115/16 bis zum Persischen Golf vor.

Erneute Unruhen

Die Truppenkonzentration in Syrien bedeutete den Truppenabzug aus anderen Provinzen, was die dortige Kontrolle der autochthonen Bevölkerung erschwerte. Insbesondere in Städten wie Antiochia und Alexandria lebten zudem viele losgekaufte Kriegsgefangene aus Judäa. Diese hatten nicht selten eine militant-apokalyptische Einstellung. Bald kam es in Ägypten zu gezielten Terroraktionen gegen öffentliche Einrichtungen und Tempel. Auch in der Kyrenaika, in Mesopotamien und auf Zypern kam es während des Partherfeldzuges Trajans zu Aufständen, an denen Angehörige der jüdischen Ethnien beteiligt waren. Ob sich zugleich auch Juden in Judäa gegen Rom aufgelehnt haben, ist indes fraglich.

Quelle

Währenddessen hatten die Juden in der Kyrenaika einen gewissen Andreas als ihren Anführer eingesetzt und fielen sowohl über die Römer als auch über die Griechen her. Sie fraßen das Fleisch ihrer Feinde, machten sich Gürtel aus ihren Därmen, ölten sich mit ihrem Blut und trugen ihre Häute als Kleider. Viele sägten sie in zwei Hälften, vom Kopf abwärts. Andere warfen sie den wilden Tieren vor;

wieder andere zwangen sie dazu, als Gladiatoren zu kämpfen. Alles in allem starben über 220000 Menschen. Auch in Ägypten fanden ähnliche Ausschreitungen statt, und auch auf Zypern, angeführt von einem gewissen Artemion. Auch dort starben 240 000 Menschen.

Cassius Dio, *Römische Geschichte* LXVIII 32

Lucius Quietus

Entgegen der drastischen Darstellung des römischen Senators und Geschichtsschreibers Cassius Dio (ca. 155–230) gingen die Volksaufstände keinesfalls von den jüdischen Provinzbewohnern aus, sondern waren Ausdruck der eskalierenden Rivalitäten zwischen den unterschiedlichen Ethnien. Dennoch gehörte zu den ersten Zwangsmaßnahmen des römischen Generals Lucius Quietus, den Kaiser Trajan im Jahr 116 nach Syrien und Mesopotamien entsandt hatte, um die dortige Rebellion der Provinzbewohner niederzuschlagen, ein generelles Verbot der Beschneidung.

Die Absetzung des als potentiellen Verschwörer betrachteten Lucius Quietus durch Kaiser Hadrian (117–138) bedeutete für die jüdische Bevölkerung Judäas zunächst eine beträchtliche Erleichterung. Allerdings wollte Hadrian durch diese (in Wirklichkeit rein strategisch begründete) Maßnahme sicher nicht den jüdischen Bevölkerungsanteil unterstützen, sondern die Länder an der durch das Partherreich bedrohten Ostgrenze des Imperiums demographisch und ökonomisch stärken.

2. Der Bar-Kochba-Aufstand und seine Folgen

Beschneidungsverbot

In den Ursachen des jüdischen Aufstandes gegen die römische Fremdherrschaft unter Hadrian verflochten sich verschiedene religiöse, politische und soziale Motive. Der Plan des Kaisers, neben den umfangreichen militärischen Erschließungsarbeiten und Garnisonsgründungen in der unruhigen Randprovinz auf den Trümmern Jerusalems die römische Stadt Colonia Aelia Capitolina zu errichten, wurde von Teilen der notleidenden jüdischen Bevölkerung als Demütigung und Provokation aufgefasst. Zugleich scheinen auch apokalyptische Hoffungen auf einen Wiederaufbau des Tempels und die göttlichen Errettung der jüdischen Frommen vor ihren Feinden um sich gegriffen zu haben. Unwahrscheinlich ist hingegen, dass Hadrian bereits zu diesem Zeitpunkt ein allgemeines Beschneidungsverbot erlassen hatte. Eine solche Unterdrückung des religiösen Lebens der Provinzbevölkerung hätte seiner – generell um Frieden und Wohlergehen im Reich bemühten – Realpolitik widersprochen. Festzuhalten ist zudem, dass keineswegs alle Juden in der Provinz römerfeindlich und kompromisslos toratreu waren. So stießen römische Tempelgründungen in den Städten Sepphoris und Tiberias offenbar auf keinen Widerstand seitens der dortigen Bevölkerung.

Die Unruhen begannen in Jerusalem kurz nach einem Aufenthalt des (sich als Restitutor bedeutender Städte in den Provinzen darstellenden) Kaisers im Jahr 132. Die römischen Truppen wurden von der lokalen Erhebung zunächst völlig überrascht. Quintus Tineius Rufus, der Statthalter und Befehlshaber der Legio X. Fretensis, musste seine Soldaten deshalb zunächst zurückziehen. Unmittelbar nach diesen Ereignissen scheinen die Aufständischen römische Münzen überprägt zu haben, deren neue Aufschrift demonstrativ nach dem „Jahr der Erlösung Israels" datiert.

Jüdische Münzprägung während des Bar-Kochba-Aufstandes

Simon ben Kosiba

Der charismatische Anführer der jüdischen Rebellen war Simon ben Kosiba. Sein in den christlichen Quellen begegnender Beiname Bar Kochba („Sternensohn") entspricht einer im antiken Judentum verbreiteten messianischen Deutung der Bileamprophezeiung (Num 24,17) und wohl auch seinem Selbstverständnis als Retter Israels. In den Texten der rabbinischen Schülerkreise, die der messianischen Aufstandsbewegung durchweg ablehnend gegenüberstanden, begegnet er hingegen als in abfälliger Weise als Bar Kozeba („Lügensohn").

Niederschlagung des Aufstandes

Simon ben Kosiba ergriff nicht nur die militärische Leitung, sondern errichtete auch eine straffe Organisation der Aufstandsbewegung. Sein absoluter Führungsanspruch erstreckte sich auch auf die Betonung der rigorosen Torafrömmigkeit und der rituellen Observanz seiner Anhänger. Bei seinem Kampf gegen die römische Fremdherrschaft führte er den Ehrentitel Nasi („Fürst") Israels, dessen eschatologisch-messianische Bedeutung sich von Ez 37,24–28 her erschließt.

Es ist strittig, ob die jüdischen Aufständischen den römischen Legionsstandort Jerusalem tatsächlich erobern, dauerhaft verteidigen und den Opferbetrieb auf dem Tempelgelände wieder aufnehmen konnten. Die Verteilung der Münzfunde deutet daraufhin, dass sich das Zentrum der Widerstandsbewegung im unwegsamen Felswüstengebiet südlich und südöstlich von Jerusalem befand. Münzen mit der Aufschrift „Jerusalem" können auch auf die hohe symbolische Bedeutung der Stadt verweisen; die Münzlegende „Für die Freiheit Jerusalems" kann durchaus programmatischen Charakter haben.

Quelle

Am 20. Schevat des Jahres 2 der Erlösung Israels durch Schimon ben Kosiba, den Nasi Israels. Im Lager, das sich in Herodeion befindet, sprach Elazar ben ha-Schiloni zu Hillel ben Garis: Ich, mit meinem freien Willen, pachte von dir etwas Land, das ich in Ir Nachasch in Pacht genommen habe; ich pachte es von Schimon, dem Nasi Israels, für fünf Jahre. Ich pachte es von dir von heute an bis zum Ende des Jahres vor dem Erlassjahr. Den Pachtzins, den ich dir hier zahle, jedes Jahr: schönen und reinen Weizen, vier Kor und acht Sea, verzehntet, jene, die du auf dem Dach des Magazins in Herodeion abmisst, jedes Jahr. (Dieser Vertrag) ist für mich in dieser Form bindend, Elazar ben ha-Schiloni für sich selbst, Schimon ben Kosiba durch sein Wort.

Mur. 24B (DJD II, 124f)

Simon ben Kosiba galt seinen Anhängern als der unbestrittene Herrscher über das gesamte Land. Indem er von ihnen den von der Tora gebotenen, an den Jerusalemer Tempel abzuliefernden Zehnten von allen landwirtschaftlichen Erträgen verlangte, bestritt er zugleich das Anrecht des römischen Kaisers über seine Provinz. Hadrian konnte dies nur als Hochverrat auffassen. Er beauftragte Tineius Rufus, unterstützt von den Legionen des syrischen Legaten Poblicius Marcellus, mit der Niederschlagung des Aufstandes. Da die leicht bewaffneten und beweglichen jüdischen Rebelleneinheiten jede direkte Begegnung mit den römischen Truppen in offenem Gelände vermieden und stattdessen mit überraschenden Angriffen aus dem Hinterhalt nach Guerillataktik operierten, erlitten die Römer zunächst dramatische Verluste. Schließlich beorderte Hadrian im Jahr 134 den kampferfahrenen Heerführer Sextus Julius Severus aus Britannien, um den Aufstand zu beenden. Julius Severus änderte die verlustreiche Angriffstaktik. Er führte fortan einen Zermürbungskrieg, errichtete an strategisch wichtigen Orten Befestigungen und schnitt seinen Gegnern Nachschub und Wasserversorgung ab. Vor allem teilte er die Legionen in kleine bewegliche Einheiten auf, die das Gebiet systematisch durchkämmten und die Aufständischen in ihren Verstecken bekämpften. Es benötigte noch fast ein Jahr, bis die Rebellion endlich niedergeschlagen war. Insgesamt waren mindestens zwölf Legionen in die entlegene Provinz entsandt worden.

In den Höhlen und Felsspalten im unzugänglichen Wüstengebiet Judäas am Westufer des Toten Meeres suchten zahlreiche kleine Gruppen von versprengten jüdischen Aufständischen Schutz vor den römischen Legionären. Die letzten Rebellen wurden im Jahr 135 in der ca. 11 km südwestlich von Jerusalem gelegenen Bergfestung Bethar von einer gewaltigen römischen Übermacht eingekesselt und ausgehungert. Beim anschließenden römischen Angriff fand auch Simon ben Kosiba den Tod.

Syria Palaestina

Nach der brutalen Niederschlagung der Erhebung wurde Jerusalem in ein von römischen Soldaten, Veteranen und zahlreichen fremden Siedlern bewohntes paganes Kultzentrum mit einem planvollen Straßensystem, Repräsentationsbauten und einem Jupiterheiligtum (wahrscheinlich kein Tempelgebäude, sondern ein Standbild des Jupiter Capitolinus) auf dem Tempelareal umgewandelt. Die Provinzen Judaea und Syria wurden vereinigt und in Syria Palaestina („Philisterland") umbenannt. Für Sieger und Besiegte war dies ein Symbol der völligen Unterwerfung des jüdischen Aufstandes und des Triumphes der überlegenen Weltmacht Rom.

Hadrians Politik in der Provinz enthielt religionspolitische Strafmaßnahmen mit dem Ziel, dem Judentum seine Identität zu nehmen. Insbesondere betrieb Rom nun die totale Paganisierung Jerusalems. Die Stadt wurde für Juden zum verbotenen Gebiet erklärt. Der Grundbesitz der Rebellen wurde konfisziert. Den jüdischen Provinzbewohnern zuvor gewährte Privilegien wurden zurückgenommen; insbesondere die Pflege ihrer religiösen Tradition mitsamt der Beschneidung und der Schulbetrieb der rabbinischen Gelehrten wurden verboten. Die Verluste in der Bevölkerung und die Zerstörung des Landes waren immens. Zahlreiche Namen jüdischer Siedlungen aus der Zeit vor dem Aufstand wurden danach nie wieder erwähnt. Zahlreiche Juden flohen (nach Syrien oder bis ins Partherreich) oder wurden auf Sklavenmärkten im ganzen römischen Reich verkauft.

3. Die römische Provinz Syria Palaestina im 2. und 3. Jahrhundert

Verlagerung des jüdischen Lebens nach Galiläa

Mit der Niederwerfung des Bar-Kochba-Aufstandes war der Wille der Judäer zu weiteren gewaltsamen Erhebungen gegen das *Imperium Romanum* gebrochen. Judäa verlor seine Stellung als Zentrum des jüdischen Siedlungsgebietes; das geistige und wirtschaftliche Zentrum des jüdischen Lebens verlagerte sich sukzessive nach Galiläa. Hier existierten zu dieser Zeit nicht nur mit Sepphoris und Tiberias weiterhin zwei mehrheitlich von Juden bewohnte Städte, sondern auch eine sesshafte jüdische Landbevölkerung. Dieses galiläische Judentum war zahlenmäßig zwar relativ klein, aber im 2. Jahrhundert n. Chr. fraglos der bestimmende Faktor im palästinischen Judentum. Zugleich kam es zu einer starken Abwanderung der verbliebenen jüdischen Bevölkerung in die Länder der Diaspora, vor allem in das benachbarte Syrien. In Judäa selbst waren die Juden bald nur noch eine kleine Minderheit.

Die jüdische Bevölkerung in Palästina war nunmehr befriedet. Für die militärische Sicherung der Provinz sorgten die bei Jerusalem und Megiddo dauerhaft stationierten Legionen X. Fretensis und VI. Ferrata. Jedoch bedrohten immer noch arabische Banden von Süden und Osten her das Land. Ebenso bestand eine ständige latente Bedrohung durch das Partherreich. Der unter Hadrian erfolgte Ausbau Eilats als Handelshafen sollte vor diesem Hintergrund eine Alternative zu den bisherigen Osthandelsrouten schaffen, welche durch feindliches parthisches Gebiet führten. Die antijüdischen Zwangsmaßnahmen Hadrians wurden nach seinem Tod (138) fast vollständig wieder aufgehoben.

Patriarchat

Als Ansprechpartner Roms nach dem Bar-Kochba-Aufstand boten sich die nach 70 entstandenen rabbinischen Schülerkreise an, deren lokales Zentrum sich mittlerweile nach Uscha in Obergaliläa verlagert hatte. Nach 138 gewann das Rabbinat unter der personalen Leitung des Patriarchen sukzessiv

Syria Palaestina

wachsende Akzeptanz durch die Provinzverwaltung und erreichte schließlich die Anerkennung als offizielle Repräsentanz der gesamten Judenschaft im römischen Reich. Seine damit einhergehende Stellung als Vertretung der jüdischen Volksgruppe in Palästina entsprach rechtlich der eines Vasallenkönigs.

Sanhedrin

Als oberste administrative Instanz und Lehrautorität des palästinischen rabbinischen Judentums fungierte der bis ca. 170 in Uscha residierende „Sanhedrin“ (die jüdischen Gelehrten der folgenden Jahrhunderte trugen die Aufgaben und Kompetenzen des ehemaligen Synhedrions in anachronistischer und verallgemeinernder Weise in diese rabbinische Institution ein) unter dem Vorsitz des Patriarchen aus der Familie Gamaliels II. Beide Institutionen boten sich Rom als regionale Instanzen an, um sowohl die innere Verwaltung der unruhigen Provinz zu organisieren und ihre Kontrolle zu erleichtern als auch die Steuerlast auf ihre Bewohner zu verteilen. Die Gelehrten in Uscha boten aus der Perspektive Roms zudem das Modell eines durchschaubar organisierten jüdischen Gemeinwesens ohne einen territorialen Anspruch und ohne bedrohliche politische Ambitionen seiner Führungselite.

Bald nach dem Bar-Kochba-Aufstand trat Rabbi Schim'on ben Gamaliel als Patriarch an die Spitze des Rabbinats. Er erfuhr offenbar nicht nur breite Anerkennung im jüdischen Volk, sondern auch Unterstützung durch die römischen Behörden. Der in Uscha, später in Bet Schearim, in Sepphoris und in Tiberias residierende Patriarch war für Rom wohl der Garant für das andauernde Wohlverhalten der Juden (Religionsfreiheit wurde im römischen Reich durch Privilegrecht geregelt). Prägenden Einfluss auf die Institutionalisierung der rabbinischen Bewegung und auf die Formation ihrer Schultraditionen seit der zweiten Hälfte des 2. Jahrhunderts n. Chr. hatte schließlich der in Bet Schearim und später in Sepphoris residierende Patriarch Jehuda ha-Nasi (wohl ein Sohn Schim'on ben Gamaliels), der von den Römern sicher als Vertreter aller Juden Palästinas anerkannt und unterstützt wurde.

Institutio Antoniniana

In der „Institutio Antoniniana“ gewährte Kaiser Caracalla (reg. 198–217) fast allen Provinzbewohnern – und damit auch allen Juden in Palästina – die römischen Bürgerrechte und Bürgerpflichten (212). Sie durften nun zwar gleichberechtigt im römischen Militär dienen, mussten aber auch – mitunter kostspielige – kommunale Verwaltungsposten bekleiden. Die ersten jüdischen Jerusalempilger kehrten im 3. Jahrhundert in das verwüstete Jerusalem zurück. Nahezu drei Jahrhunderte sicherte das Patriarchat fortan den Frieden in Palästina und verhinderte Aufstände gegen Rom. Erst mit dem Aussterben der Patriarchenfamilie zu Beginn des 5. Jahrhunderts erlosch das Amt für immer. ■

Auf einen Blick

Nach dem Ende des Jüdischen Krieges und der Zerstörung Jerusalems war Jerusalem verwüstet und der Hauptteil der Bevölkerung tot, versklavt oder geflohen. Judäa wurde zur kaiserlichen Provinz Syria Palaestina. Welchen Sinn hatten die römischen Zwangsmaßnahmen in der Provinz, die schließlich zum Aufstand eines Teils der jüdischen Bevölkerung führten? Wie kam es zum Bar-Kochba-Aufstand, wie waren sein Verlauf und die Folgen? Wie entstand schließlich das rabbinische Patriarchat in Syria Palaestina?

Literaturhinweis

Schäfer, Peter: Der Bar Kokhba-Aufstand (TSAJ 1), Tübingen 1981.
Standardwerk zur Geschichte der antirömischen Erhebung in Judäa zu Beginn des 2. Jahrhunderts n. Chr.

Stemberger, Günter: Das klassische Judentum, München [2]2009.
Abwägende Darstellung der Formierung und Konsolidierung der rabbinischen Bewegung.

Verzeichnis der Siglen und Abkürzungen

Biblische Bücher

Gen	Genesis (1. Mose)	Ex	Exodus (2. Mose)
Lev	Levitikus (3. Mose)	Num	Numeri (4. Mose)
Dtn	Deuteronomium (5. Mose)	Jos	Josua
Ri	Richter	1 Sam	1. Samuel
2 Sam	2. Samuel	1 Kön	1. Könige
2 Kön	2. Könige	1 Chr	1. Chronik
2 Chr	2. Chronik	Esr	Esra
Neh	Nehemia	1 Makk	1. Makkabäer
3 Makk	3. Makkabäer	Ps	Psalmen
Prv	Sprüche	Sir	Jesus Sirach
Klgl	Klagelieder	Jes	Jesaja
Jer	Jeremia	Ez	Ezechiel
Hos	Hosea	Am	Amos
Mi	Micha	Zef	Zefanja
Sach	Sacharja	Apg	Apostelgeschichte

Sammelwerke und Reihen

AAWG.PH	*Abhandlungen der Akademie der Wissenschaften* [zu Göttingen], *Philologisch-Historische Klasse*
ABS	*Archaeology and Biblical Studies*
BE	*Biblische Enzyklopädie*
BZAW	*Beihefte zur Zeitschrift für die alttestamentliche Wissenschaft*
CRI	*Compendia Rerum Iudaicarum ad Novum Testamentum*
CSCT	*Columbia Studies in the Classical Tradition*
DJD	*Discoveries in the Judaean Desert*
EdF	*Erträge der Forschung*
GAT	*Grundrisse zum Alten Testament*
GNT	*Grundrisse zum Neuen Testament*
Hist.E	*Historia, Einzelschriften*
HTAT	*Historisches Textbuch zum Alten Testament* (GAT 10, Göttingen 2010)
HUCA	*Hebrew Union College Annual*
JSNT	*Journal for the Study of the New Testament*
Mur.	*Les Grottes de Murabba'ât* (DJD II, Oxford 1961)
NEB.EAT	*Die neue Echter-Bibel, Ergänzungsband zum Alten Testament*
OBO	*Orbis Biblicus et Orientalis*
RdM	*Die Religionen der Menschheit*

SFSHJ	*South Florida Studies in the History of Judaism*
SJLA	*Studies in Judaism in Late Antiquity*
StTh	*Studienbücher Theologie*
TADAE	*Textbook of Aramaic Documents from Ancient Egypt*
ThW	*Theologische Wissenschaft*
TNT	*Texte zum Neuen Testament*
TSJA	*Texte und Studien zum antiken Judentum*
TUAT	*Texte aus der Umwelt des Alten Testaments*
UTB	*Uni-Taschenbücher*
WUNT	*Wissenschaftliche Untersuchungen zum Neuen Testament*
ZDPV	*Zeitschrift des deutschen Palästina-Vereins*

Auswahlbibliographie

Quellen und Quellensammlungen (in Übersetzung)

Berger, Klaus / Colpe, Carsten: *Religionsgeschichtliches Textbuch zum Neuen Testament* (TNT 1), Göttingen 1987.

Correns, Dietrich (Übers.): *Die Mischna. Das grundlegende enzyklopädische Regelwerk rabbinischer Tradition*, Wiesbaden 2005.

Flavius Josephus: *De Bello Judaico. Der Jüdische Krieg* [*Bellum Judaicum*]. Hg. und eingel. v. Otto Michel und Otto Bauernfeind, 3 Bde., Darmstadt [2]2013.

Flavius Josephus: *Jüdische Altertümer* [*Antiquitates Judaicae*], übers. v. Heinrich Clementz, Wiesbaden 2004.

Flavius Josephus: *Über die Ursprünglichkeit des Judentums (Contra Apionem)*, hg., übers., und eingel. v. Folker Siegert in Zusammenarbeit mit dem Josephus-Arbeitskreis des Institutum Judaicum Delitzschianum, Münster, 2 Bde., Göttingen 2008.

Janowski, Bernd / Wilhelm, Gernot (Hg.): *Texte aus der Umwelt des Alten Testaments.* Neue Folge (TUAT.NF), bisher 8 Bde., Gütersloh 2004–2015.

Kaiser, Otto u. a. (Hg.): *Texte zur Umwelt des Alten Testaments* (TUAT), 3 Bde. + Ergänzungsband, Gütersloh 1982–2002.

Kippenberg, Hans G. / Wewers, Gerd A. (Hg.): *Textbuch zur neutestamentlichen Zeitgeschichte* (GNT 8), Göttingen 1979.

Leipoldt, Johannes / Grundmann, Walter (Hg.): *Umwelt des Urchristentums*, 3 Bde., Berlin [8]1990f.

Neusner, Jacob (Übers.): *The Tosefta*, 6 Bde., New York 1977–1981.

Philo von Alexandrien: *Die Werke in deutscher Übersetzung*, hg. und übers. v. Leopold Cohn, Isaak Heinemann, Maximilian Adler, Willy Theiler, 7 Bde., Breslau / Berlin 1909–1938 ([2]1962), 1964.

Schröter, Jens / Zangenberg, Jürgen (Hg.): *Texte zur Umwelt des Neuen Testaments*, Tübingen [3]2013.

Weippert, Manfred: *Historisches Textbuch zum Alten Testament* (GAT 10) (HTAT), Göttingen 2010.

Übergreifende Literatur

Donner, Herbert: *Geschichte des Volkes Israel und seiner Nachbarn in Grundzügen* (GAT 4/1), Göttingen [3]2000 ([1]1984) und (GAT 4/2), Göttingen [3]2001 ([1]1986).

Frevel, Christian: *Geschichte Israels* (StTh 2), Stuttgart 2015.

Tilly, Michael / Zwickel, Wolfgang: *Religionsgeschichte Israels. Von der Vorzeit bis zu den Anfängen des Christentums*, Darmstadt [2]2015 ([1]2011).

VanderKam, James C.: *From Joshua to Caiaphas. High Priests after the Exile*, Minneapolis / Assen 2004.

Literatur – von den Anfängen bis zur Perserzeit

Übergreifende Darstellungen

Albertz, Rainer: *Religionsgeschichte Israels in alttestamentlicher Zeit* (GAT 8/1, 8/2), Göttingen [2]1996/[2]1997 (1992).

Berlejung, Angelika: Geschichte und Religionsgeschichte des antiken Israels, in: Jan C. Gertz u. a. (Hg.): *Grundinformation Altes Testament. Eine Einführung in Literatur, Religion und Geschichte des Alten Testaments* (UTB 2745), Göttingen [4]2013 (2006).

Dietrich, Walter / Mathys, Hans-Peter / Römer, Thomas / Smend, Rudolf: *Die Entstehung des Alten Testaments.* Neuausgabe (ThW 1), Stuttgart 2014.

Finkelstein, Israel / Mazar, Amihai: *The Quest for the Historical Israel. Debating Archaeology and the History of Early Israel.* Edited by Brian B. Schmidt (ABS 17), Atlanta 2007.

Görg, Manfred: *Die Beziehungen zwischen dem alten Israel und Ägypten. Von den Anfängen bis zum Exil* (EdF 290), Darmstadt 1997.

Kessler, Rainer: *Sozialgeschichte des alten Israel. Eine Einführung*, Darmstadt [2]2008 (2006).

Mazar, Amihai / Stern, Ephraim: *Archaeology of the Land of the Bible.* 2 Bde., Vol. I: Amihai Mazar: *10000–586 B.C.E.*, New York 1990; Vol. II: Ephraim Stern: *The Assyrian, Babylonian, and Persian Periods 732–332 BCE.*, New York 2001.

Miller, J. Maxwell / Hayes, John H.: *A History of Ancient Israel and Judah*, Philadelphia [2]2006 (1986).

Niehr, Herbert: *Religionen in Israels Umwelt* (NEB.EAT 5), Würzburg 1998.

Oswald, Wolfgang: *Staatstheorie im Alten Israel. Der politische Diskurs im Pentateuch und in den Geschichtsbüchern des Alten Testaments*, Stuttgart 2009.

Römer, Thomas / Macchi, Jean-Daniel / Nihan, Christophe (Hg.): *Einleitung in das Alte Testament. Die Bücher der Hebräischen Bibel und die alttestamentlichen Schriften der katholischen, protestantischen und orthodoxen Kirchen*, Zürich 2013.

Schmid, Konrad: *Literaturgeschichte des Alten Testaments. Eine Einführung*, 2., durchgesehene und bibliographisch erweiterte Auflage Darmstadt 2014 (2008).

Veenhof, Klaas: *Geschichte des Alten Orients bis zur Zeit Alexanders des Großen* (GAT 11), Göttingen 2001.

Zwickel, Wolfgang: *Einführung in die biblische Landes- und Altertumskunde*, Darmstadt 2002.

Zur Vor- und Frühgeschichte

Dever, William: *Who Were the Early Israelites and Where Did They Come From?*, Grand Rapids 2003.

Fritz, Volkmar: *Die Entstehung Israels im 12. und 11. Jahrhundert v. Chr.* (BE 2), Stuttgart 1996.

Lemche, Niels P.: *Die Vorgeschichte Israels (vor 1200 v. Chr.)* (BE 1), Stuttgart 1996.

Zu den Königreichen Juda und Israel

Dever, William: *The Lives of Ordinary People in Ancient Israel. Where Archaeology and the Bible Intersect*, Grand Rapids 2012.

Dietrich, Walter: *Die frühe Königszeit in Israel. 10. Jahrhundert v. Chr.* (BE 3), Stuttgart 1997.

Finkelstein, Israel / Silberman, Neil: *David und Salomo. Archäologen entschlüsseln einen Mythos*, München 2009.

Heckl, Raik: Art. Hiskia, in: <http://www.wibilex.de> (erstellt Dezember 2012).

McKenzie, Steven L.: *König David. Eine Biographie*, Berlin / New York 2001.

Schoors, Antoon: *Die Königreiche Israel und Juda im 8. und 7. Jh. v. Chr.* (BE 5), Stuttgart 1998.

Zur babylonischen und persischen Zeit

Albertz, Rainer: *Die Exilszeit. 6. Jahrhundert v. Chr.* (BE 7), Stuttgart 2001.

Gerstenberger, Erhard: *Israel in der Perserzeit. 5. und 4. Jahrhundert v. Chr.* (BE 8), Stuttgart 2005.

Grabbe, Lester L. / Lipschits, Oded (Hg.): *Judah between East and West. The Transition from Persian to Greek Rule (ca. 400–200 BCE)*, London / New York 2011.

Karrer, Christiane: *Ringen um die Verfassung Judas. Eine Studie zu den theologisch-politischen Vorstellungen im Esra-Nehemia-Buch* (BZAW 308), Berlin 2001.

Lipschits, Oded / Blenkinsopp, Joseph (Hg.): *Judah and the Judeans in the Neo-Babylonian Period*, Winona Lake 2003.

Lipschits, Oded / Knoppers, Gary N. / Albertz, Rainer (Hg.): *Judah and Judeans in the Fourth Century B.C.E.*, Winona Lake 2007.

Lipschits, Oded / Oeming, Manfred (Hg.): *Judah and the Judeans in the Persian Period*, Winona Lake 2006.

Literatur – von Alexander dem Großen bis ins 2. Jh. n. Chr.

Übergreifende Darstellungen

Grabbe, Lester L.: *Judaism from Cyrus to Hadrian*, 2 Bde., Minneapolis 1991.1992.

Haag, Ernst: *Das hellenistische Zeitalter. Israel und die Bibel im 4. bis 1. Jahrhundert v. Chr.* (BE 9), Stuttgart u. a. 2003.

Hayes, John H. / Mandell, Sara R.: *The Jewish People in Classical Antiquity from Alexander to Bar Kochba*, Louisville 1998.

Hengel, Martin: *Judentum und Hellenismus*, Tübingen [3]1988.

Kollmann, Bernd: *Einführung in die neutestamentliche Zeitgeschichte*, Darmstadt 2006.

Kuhnen, Hans-Peter: *Palästina in griechisch-römischer Zeit* (Handbuch der Archäologie. Vorderasien II 2), München 1990.

Maier, Johann: *Grundzüge der Geschichte des Judentums im Altertum*, Darmstadt [2]1989.

Otzen, Benedikt: *Judaism in Antiquity. Political Development and Religious Currents from Alexander to Hadrian*, Sheffield 1990.

Rostovtzeff, Michael I.: *Gesellschafts- und Wirtschaftsgeschichte der hellenistischen Welt*, 3 Bde., Darmstadt 1955.

Safrai, Shmuel: *Das jüdische Volk im Zeitalter des Zweiten Tempels*, Neukirchen-Vluyn 1978.

Sasse, Markus: *Geschichte Israels in der Zeit des Zweiten Tempels*, Neukirchen-Vluyn [2]2009.

Schäfer, Peter: *Geschichte der Juden in der Antike. Die Juden Palästinas von Alexander dem Großen bis zur arabischen Eroberung*, 2., durchgesehene Auflage Tübingen 2010 (Stuttgart / Neukirchen 1983).

Zu Alexander dem Großen und der Diadochenherrschaft

Barceló, Pedro: *Alexander der Große*, Darmstadt 2007.

Kuhnen, Hans-Peter: Israel unmittelbar vor und nach Alexander dem Großen, in: Alkier, Stefan / Witte, Markus (Hg): *Die Griechen und das antike Israel* (OBO 201), Göttingen / Fribourg 2004, 1–27.

Stoneman, Richard: Jewish Traditions on Alexander the Great, in: *Studia Philonica Annual* 6 (1994), 37–53.

Tcherikover, Victor A.: *Hellenistic Civilization and the Jews*, New York 1975.

Zu Judäa unter ptolemäischer Herrschaft

Bagnall, Roger S.: *The Administration of the Ptolemaic Possessions outside Egypt* (CSCT 4), Leiden 1976.

Den Hertog, Cornelis G.: Erwägungen zur Territorialgeschichte Koilesyriens in frühhellenistischer Zeit, in: *ZDPV* 111 (1995), 168–183.

Hölbl, Günther: *Geschichte des Ptolemäerreiches*, Darmstadt 1994.

Tcherikover, Victor: Palestine under the Ptolemies. A Contribution to the Study of the Zenon Papyri, in: *Mizraim* 4–5 (1937), 9–90.

Zu Judäa unter seleukidischer Herrschaft

Bernhardt, Johannes Christian: *Die Jüdische Revolution. Untersuchungen zu Ursachen, Verlauf und Folgen der hasmonäischen Erhebung* (Klio. Beihefte NF 22), Berlin 2015.

Bringmann, Klaus: *Hellenistische Reform und Religionsverfolgung in Judäa* (AAWG.PH 132), Göttingen 1983.

Ehling, Kay: Untersuchungen *zur Geschichte der späten Seleukiden (164–63 v. Chr.). Vom Tode des Antiochos IV. bis zur Einrichtung der Provinz Syria unter Pompeius* (Hist.E 196), Stuttgart 2008.

Fischer, Thomas: *Seleukiden und Makkabäer*, Bochum 1980.

Gera, Dov: *Judaea and Mediterranean Politics: 219 to 161 B.C.E.* (Brill's Series in Jewish Studies 8), Leiden u.a. 1998.

Harrington, Daniel J.: *The Maccabean Revolt*, Wilmington 1988.

Zur Hasmonäerherrschaft

Dąbrowa, Edward: *The Hasmoneans and Their State. A Study in History, Ideology, and the Institutions* (Electrum 16), Krakau 2010.

Efron, Joshua: *Studies on the Hasmonean Period* (SJLA 39), Leiden u.a. 1987.

Regev, Eyal: *The Hasmoneans: Ideology, Archaeology, Identity* (Journal of Ancient Judaism. Supplements 10), Göttingen 2013.

Sievers, Joseph: *The Hasmoneans and Their Supporters: From Mattathias to the Death of John Hyrcanus I.* (SFSHJ 6), Atlanta 1990.

Stern, Menahem: *Hasmonean Judaea in the Hellenistic World: Chapters in Political History*, Jerusalem 1995.

Zur römisch-herodianischen Epoche

Baltrusch, Ernst: *Die Juden und das römische Reich. Geschichte einer konfliktreichen Beziehung*, Darmstadt 2002.

Bernett, Monika: *Der Kaiserkult in Judäa unter den Herodiern und Römern* (WUNT 203), Tübingen 2007.

Eck, Werner: *Rom und Judaea* (Tria Corda 2), Tübingen 2007.

Günther, Linda-Marie: *Herodes der Große*, Darmstadt 2005.

Noethlichs, Karl Leo: *Das Judentum und der römische Staat*, Darmstadt 1996.

Schalit, Abraham: *König Herodes. Der Mann und sein Werk*, Berlin 1969.

Smallwood, Edith Mary: *The Jews under Roman Rule* (SJLA 20), Leiden u.a. 1976.

Vogel, Manuel: *Herodes. König der Juden, Freund der Römer* (Biblische Gestalten 5), Leipzig 2002.

Zur Zeit vom Ende Herodes' des Großen bis zum Jüdischen Krieg

Hanson, Kenneth C. / Oakland, Douglas E.: *Palestine in the Time of Jesus*, Minneapolis 1998.

Hengel, Martin: *The „Hellenization" of Judaea in the First Century after Christ*, London / Philadelphia 1989.

Jeremias, Joachim: *Jerusalem zur Zeit Jesu*, Göttingen [3]1962.

Kuhnen, Hans-Peter (Hg.): *Mit Thora und Todesmut: Judäa im Widerstand gegen die Römer*, Stuttgart [2]1995.

McLaren, James S.: *Power and Politics in Palestine* (JSNT.S 63), Sheffield 1991.

Safrai, Shmuel / Stern, Menahem (Hg.): *The Jewish People in the First Century* (CRI I/1.2), 2 Bde., Assen / Philadelphia 1974.1987.

Schefzyk, Jürgen / Zwickel, Wolfgang (Hg.): *Judäa und Jerusalem. Leben in römischer Zeit*, Stuttgart 2010.

Schürer, Emil: *The History of the Jewish People in the Age of Jesus Christ.* Revised and edited by Vermes, Geza / Millar, Fergus / Black, Matthew, 3 Bde. in 4, Edinburgh 1973–1987.

Schwartz, Daniel R.: *Agrippa I. The Last King of Judaea* (TSAJ 23), Tübingen 1990.

Tilly, Michael: *So lebten Jesu Zeitgenossen*, Stuttgart [2]2008.

Zur römischen Provinz Syria Palaestina

Cohen, Shaye J.D.: The Significance of Yavneh. Pharisees, Rabbis, and the End of Jewish Sectarianism, in: *HUCA* 55 (1984), 27–53.

Hezser, Catherine: *The Social Structure of the Rabbinic Movement in Roman Palestine* (TSAJ 66), Tübingen 1997.

Schäfer, Peter: *Der Bar Kokhba-Aufstand* (TSAJ 1), Tübingen 1981.

Stemberger, Günter: *Das klassische Judentum*, München [2]2009.

Zeller, Dieter (Hg.): *Christentum I* (RdM 28), Stuttgart u.a. 2002.

Bibelstellenregister

Altes Testament

Gen 1 – Jos 24 73
Gen 12,8 75
Gen 12-50 72
Gen 13,18 75
Gen 25-35 33.72
Gen 26,25 75
Gen 28,10-22 75.84
Gen 29,31-30,24 20
Gen 35,16-20 20
Gen 35,22b-26a 20
Gen 37-50 21
Gen 37-50 91
Gen 49 20
Gen 50,19-21 92

Ex 1 – 2 Kön 25 81
Ex 1,11-24,3 73
Ex 1,11b 61
Ex 18,13-26 74.83
Ex 18,19-20 83
Ex 18,20 74
Ex 18-24 74
Ex 20,24-23,19 73.81
Ex 20,24-26 73.75
Ex 21,12-22,19 73
Ex 21,2-11 73
Ex 22,20-23 73
Ex 22,24 73
Ex 22,25-26 73
Ex 22,27 73
Ex 22,28-29 73
Ex 23,1-8 73
Ex 23,9 73
Ex 23,10-11 73
Ex 23,12 73
Ex 23,14-17 73
Ex 23,17 110
Ex 23,18-19 73
Ex 24,3 74
Ex 30,13-15 93
Ex 34,11-16 91

Lev 4,3 96
Lev 10,11 95
Lev 17-26 73
Lev 21,10 95
Lev 21,14 128
Lev 24,10-16 95

Num 7 96
Num 11 97
Num 11,24-25 98
Num 15,32-36 95
Num 24,17 155

Dtn 1 – Jos 21 73.75.81
Dtn 1,9-17 82
Dtn 7,1-5 91
Dtn 12-26 73.81f.84
Dtn 12-28 60
Dtn 12,1-16,17 84
Dtn 14,22-27 84
Dtn 15,19-16,17 84
Dtn 16,16 110
Dtn 16,18-20 82
Dtn 17,8-13 83
Dtn 17,14-20 83
Dtn 18,1-8 83
Dtn 18,6-8 83
Dtn 18,9-22 83
Dtn 19,1-13 83
Dtn 20 83
Dtn 27 97
Dtn 28 73
Dtn 28 81
Dtn 29,9-12 83
Dtn 29,9-14 82
Dtn 33 20

Jos 4,20 84
Jos 24 97

Ri 4 32
Ri 5 20
Ri 5 32
Ri 7 32
Ri 9 97
Ri 11-12 32
Ri 14-16 32
Ri 20f 74

1 Sam 7,6 74
1 Sam 10,17 74
1 Sam 11,14-15 75
1 Sam 13,1-15 75
1 Sam 22,2 27
1 Sam 27 27
2 Sam 5,1-3 33
2 Sam 5,1-4 47
2 Sam 5,3 75
2 Sam 7,11-16 32
2 Sam 8,16-18 27
2 Sam 8,17 26
2 Sam 14,30 26
2 Sam 15,7-9 75
2 Sam 20,23-26 27
2 Sam 20,25 26

1 Kön 3-10 27
1 Kön 4 27f
1 Kön 4,2-6 27
1 Kön 4,3 26
1 Kön 4,8-19 28
1 Kön 4,30 33
1 Kön 9,15 24
1 Kön 9,26-28 50
1 Kön 10,11-12 50
1 Kön 10,17 48
1 Kön 10,22 50
1 Kön 12 28
1 Kön 12 75
1 Kön 13 75
1 Kön 14,19 28
1 Kön 14,25 29
1 Kön 14,25-26 48
1 Kön 14,28 40
1 Kön 14,29 28f
1 Kön 15,7 33
1 Kön 15,9-15 49
1 Kön 15,16-22 33
1 Kön 15,25-32 31
1 Kön 15,32 33
1 Kön 15,33-16,14 31
1 Kön 16,1-4 31
1 Kön 16,16 33
1 Kön 16,21f 33
1 Kön 17-19 34
1 Kön 22,2-4 35
1 Kön 22,39 41
1 Kön 22,45 50
1 Kön 22,49-50 50

2 Kön 3,4-5 37
2 Kön 3,7 35.50
2 Kön 8,7-15 39
2 Kön 8,18 50
2 Kön 8,26 35.50
2 Kön 8,28-10,14 38
2 Kön 8,29 35
2 Kön 11,1 35
2 Kön 10,18 39
2 Kön 10,32b-33a 39
2 Kön 12,18 27.51
2 Kön 12,18-19 39
2 Kön 12,19 51
2 Kön 12,21-22 51
2 Kön 13,3 39
2 Kön 13,7 39
2 Kön 13,22 39
2 Kön 13,25 40
2 Kön 14,7 51
2 Kön 14,8-14 40.51
2 Kön 14,13-14 51
2 Kön 14,22 52
2 Kön 14,25 40.51
2 Kön 15,8-17 41
2 Kön 15,19-20 42
2 Kön 15,25 42
2 Kön 15,27 42
2 Kön 15,30 43
2 Kön 15,35 52
2 Kön 15,37 42.52
2 Kön 16,10-18 52
2 Kön 16,5 42.52
2 Kön 16,7-8 42.52
2 Kön 17,3 43
2 Kön 17,4 55
2 Kön 17,4-6 43
2 Kön 17,7-41 44
2 Kön 18,4 58
2 Kön 18,8 54
2 Kön 18,13-16 56
2 Kön 18,22 58
2 Kön 19,35 58
2 Kön 20,20 53
2 Kön 21,1-18 58
2 Kön 21,19-26 59
2 Kön 22-23 60
2 Kön 23,4-15 60
2 Kön 23,14 53
2 Kön 23,15 61
2 Kön 23,19-20 61
2 Kön 23,29 61
2 Kön 23,33-35 61
2 Kön 24,1 63
2 Kön 24,7 63
2 Kön 24,10-16 63
2 Kön 25,1-10 64
2 Kön 25,11-12 70
2 Kön 25,22-26 70
2 Kön 25,21 67
2 Kön 25,26 67.71
2 Kön 25,27-30 67f

1 Chr 3,19 80
1 Chr 23-26 85

2 Chr 30 96
2 Chr 35 96

Esr 7,8 92
Esr 7-10 92
Esr 7,12-26 95
Esr 7,24 97
Esr 8,33f 93
Esr 9,1 91
Esr 9,8-9 93

Neh 1,3 86
Neh 1-6 83
Neh 1-7 86
Neh 3,7 74
Neh 5,1-5 87
Neh 6,15 87
Neh 7,4 86
Neh 8,1 92
Neh 8-10 92
Neh 10,33 93
Neh 10-13 96
Neh 11,1 89
Neh 11,1-2 87
Neh 11-13 86
Neh 12,10-11 95
Neh 12,22 95
Neh 13,4-9 91.96
Neh 13,6 86
Neh 13,10 85
Neh 13,13 93
Neh 28 91

1 Makk 1,14 118
1 Makk 1,31f 118
1 Makk 1,41-51 119
1 Makk 13,1-9 121
1 Makk 13,1-9 122

3 Makk 1,9-2,24 108
3 Makk 2,29 108

Ps 46 58
Ps 48 58
Ps 149 112

Spr 25-29 53

Sir 48,17 53

Jes 1,10-15 58
Jes 1,7-8 56
Jes 5,8-10 41
Jes 20,1-5 55
Jes 30,1-5.15-17 55
Jes 31,1-5 55
Jes 37,36 58
Jes 40,27 69
Jes 40-55 78
Jes 45,1-7 78
Jes 45,1a 78
Jes 45,1b 78
Jes 45,2-3 78
Jes 49,14 69
Jes 50,1 69
Jes 55,6-11 79
Jes 61,1-7 96

Jer 26,19 58
Jer 27 64
Jer 30-31 91
Jer 37 64
Jer 39,10 70
Jer 39-40 70
Jer 40 70
Jer 40,9-12 70
Jer 42,1-6 71
Jer 42,3 74
Jer 43,4-7 71
Jer 43-44 71
Jer 46,2 62
Jer 52,30 71

Klg 4,17 64

Ez 3,15 67
Ez 8,1 68
Ez 11,13-21 70
Ez 14,1 68
Ez 17 64
Ez 17,15.17 64
Ez 17,7 64
Ez 20,1 68
Ez 21, 23-29 65
Ez 29,6 64
Ez 33,23-29 70
Ez 37,24-28 155
Ez 44,24 95

Hos 7,3-7 41
Hos 8,4 41
Hos 12,2 43

Am 1,1 51
Am 1,3 40
Am 3,10 40
Am 3,12 40
Am 3,13-14 75
Am 4,1 40
Am 4,4-5 75
Am 5,5-6 75
Am 6,13 51

Mi 3,9-12 53

Sach 11,13 93

Zef 1,10 53
Zef 1,11 53
Zef 1,4-6 60
Zef 1,8-9 60

Neues Testament

Lk 2,1-3 142

Apg 6,9 110

Zeitfracht Medien GmbH
Ferdinand-Jühlke-Straße 7
99095 Erfurt, Deutschland
produktsicherheit@kolibri360.de